Journalistische Praxis

Gegründet von
Walther von La Roche

Herausgegeben von
Gabriele Hooffacker

Der Name ist Programm: Die Reihe Journalistische Praxis bringt ausschließlich praxisorientierte Lehrbücher für Berufe rund um den Journalismus. Praktiker aus Redaktionen und aus der Journalistenausbildung zeigen, wie's geht, geben Tipps und Ratschläge. Alle Bände sind Leitfäden für die Praxis – keine Bücher über ein Medium, sondern für die Arbeit in und mit einem Medium. Seit 2013 erscheinen die Bücher bei SpringerVS (vorher: Econ Verlag).

Die gelben Bücher und die umfangreichen Webauftritte zu jedem Buch helfen dem Leser, der sich für eine journalistische Tätigkeit interessiert, ein realistisches Bild von den Anforderungen und vom Alltag journalistischen Arbeitens zu gewinnen. Lehrbücher wie „Sprechertraining" oder „Frei sprechen" konzentrieren sich auf Tätigkeiten, die gleich in mehreren journalistischen Berufsfeldern gefordert sind. Andere Bände begleiten Journalisten auf dem Weg ins professionelle Arbeiten bei einem der Medien Presse („Zeitungsgestaltung", „Die Überschrift"), Radio, Fernsehen und Online-Journalismus, in einem Ressort, etwa Wissenschaftsjournalismus, oder als Pressereferent/in oder Auslandskorrespondent/in.

Jeden Band zeichnet ein gründliches Lektorat und sorgfältige Überprüfung der Inhalte, Themen und Ratschläge aus. Sie werden regelmäßig überarbeitet und aktualisiert, oft sogar in weiten Teilen neu geschrieben, um der rasanten Entwicklung in Journalismus und Neuen Medien Rechnung zu tragen. Viele Bände liegen inzwischen in der dritten, vierten, achten oder gar, wie die „Einführung" selbst, in der neunzehnten völlig neu bearbeiteten Auflage vor. Allen Bänden gemeinsam ist der gelbe Einband. Er hat den Namen „Gelbe Reihe" entstehen lassen – so wurden die Bände nach ihrem Aussehen liebevoll von Studenten und Journalistenschülern getauft.

Gegründet von
Walther von La Roche

Herausgegeben von
Gabriele Hooffacker

Weitere Bände in dieser Reihe http://www.springer.com/series/11722

Michael Rossié

Sprechertraining

Texte präsentieren in Radio, Fernsehen und vor Publikum

8., bearbeitete Auflage

Beratung: Norbert Linke

Michael Rossié
Gräfelfing, Deutschland

Ergänzendes Material zu diesem Buch finden Sie auf
http://www.springer.com/de/book/9783658170615

Journalistische Praxis
ISBN 978-3-658-17061-5   ISBN 978-3-658-17062-2   (eBook)
DOI 10.1007/978-3-658-17062-2

Die Deutsche Nationalbibliothek verzeichnet diese Publikation in der Deutschen National-bibliografie; detaillierte bibliografische Daten sind im Internet über http://dnb.d-nb.de abrufbar.

Springer VS
© Springer Fachmedien Wiesbaden GmbH 2000, 2002, 2009, 2013, 2017
Das Werk einschließlich aller seiner Teile ist urheberrechtlich geschützt. Jede Verwertung, die nicht ausdrücklich vom Urheberrechtsgesetz zugelassen ist, bedarf der vorherigen Zustimmung des Verlags. Das gilt insbesondere für Vervielfältigungen, Bearbeitungen, Übersetzungen, Mikroverfilmungen und die Einspeicherung und Verarbeitung in elektronischen Systemen.
Die Wiedergabe von Gebrauchsnamen, Handelsnamen, Warenbezeichnungen usw. in diesem Werk berechtigt auch ohne besondere Kennzeichnung nicht zu der Annahme, dass solche Namen im Sinne der Warenzeichen- und Markenschutz-Gesetzgebung als frei zu betrachten wären und daher von jedermann benutzt werden dürften.
Der Verlag, die Autoren und die Herausgeber gehen davon aus, dass die Angaben und Informationen in diesem Werk zum Zeitpunkt der Veröffentlichung vollständig und korrekt sind. Weder der Verlag noch die Autoren oder die Herausgeber übernehmen, ausdrücklich oder implizit, Gewähr für den Inhalt des Werkes, etwaige Fehler oder Äußerungen. Der Verlag bleibt im Hinblick auf geografische Zuordnungen und Gebietsbezeichnungen in veröffentlichten Karten und Institutionsadressen neutral.

Lektorat: Barbara Emig-Roller
Tonaufnahmen: Speaker's Corner, München

Springer VS ist Teil von Springer Nature
Die eingetragene Gesellschaft ist Springer Fachmedien Wiesbaden GmbH
Die Anschrift der Gesellschaft ist: Abraham-Lincoln-Str. 46, 65189 Wiesbaden, Germany

Inhalt

Vorwort zur 8. Auflage IX
Vorwort XI

1 Lernprogramm 1
   1.1   Der erste Satz 1
   1.2   Der Satz wird länger 5
   1.3   Die Betonung im Wort 9
   1.4   Besonderheiten der Betonung 13
   1.5   Falsche Betonungen 21
   1.6   Der Textzusammenhang 26
   1.7   Die Pausen 32
   1.8   Sprechzeichen 38
   1.9   Titel 42
   1.10 Die Pause im Gedanken 46
   1.11 Die Satzzeichen 60
   1.12 Vom Sach- zum Unterhaltungstext 71
   1.13 Das Tempo 76
   1.14 Die Lautstärke 86
   1.15 Die Melodie 89
   1.16 Die Stimmlage 105
   1.17 Der Rhythmus 108
   1.18 Die Stimmfarbe 115
   1.19 Einsatz der Gestaltungsmittel 126
   1.20 Besonderheiten 128
         1.20.1 Überschriften 128
         1.20.2 Zahlen 130
         1.20.3 Abkürzungen 138

		1.20.4	Geräusche	139
		1.20.5	Witze	140
2	**Sprechtechnik**			**151**
	2.1	Atmung		151
		2.1.1	Mit dem Zwerchfell atmen	151
		2.1.2	Die Luft einteilen	153
		2.1.3	Einatmen durch Mund oder Nase	154
		2.1.4	Den Atem stützen	155
	2.2	Stimmbildung		156
		2.2.1	Die Stimme nach vorne holen	158
		2.2.2	Den Unterkiefer locker machen	160
		2.2.3	Mit wenig Luft sprechen	162
	2.3	Phonetik		165
		2.3.1	Artikulation	165
		2.3.2	Übungen zur Aussprache	168
		2.3.3	Hilfsmittel	176
	2.4	Stimmstörungen		178
	2.5	Versprecher		180
	2.6	Schön sprechen		184
	2.7	Mimik und Gestik		185
	2.8	Lampenfieber		186
3	**Übungsprogramm**			**191**
	3.1	Übungen zur Sprechtechnik		191
		3.1.1	Nachrichten	191
		3.1.2	Nachrichten	192
		3.1.3	Nachrichten	193
		3.1.4	Wettervorhersage	195
		3.1.5	Sachtext	197
		3.1.6	Sachtext	199
		3.1.7	Anekdote	201
		3.1.8	Literarischer Text	203
		3.1.9	Literarischer Text	209
		3.1.10	Fabel	213
		3.1.11	Werbung	219
		3.1.12	Satire	222
		3.1.13	Zwei Personen sprechen	228
	3.2	Übungen zur Artikulation		230

4 Sprechen als Beruf 235
    4.1 Sprechercastings 235
    4.2 Demo-Material 238

Dank 241
Register 243
Hörbeispiele 249

Vorwort zur 8. Auflage

Dieses Buch gibt es jetzt seit 17 Jahren. Das zeigt, dass die Nachfrage nicht nur ungebrochen ist, sondern stetig steigt: Bei Radio und Fernsehen wird immer mehr „gescriptet". Wo früher noch ein Fernsehmoderator der Dreh- und Angelpunkt einer Sendung war, auf dessen Moderationsqualitäten man sich weitgehend verließ, so wird heute alles durchgeplant und der Raum für freie Improvisation wird jeden Tag geringer. Heute hat der Moderator einen kleinen Lautsprecher im Ohr, durch den er Anweisungen und Text bekommt. Diese Texte haben Autoren geschrieben und Redakteure haben sie verändert, Produzenten abgesegnet. Der Moderator hat die Aufgabe, den Text zu lernen.

Auch das hat sich vereinfacht: Während ein Teleprompter vor 20 Jahren 60 000 Mark kostete, ist ein einfaches Gerät heute für 2000 Euro zu haben und wird in vielen Formaten eingesetzt. Moderatoren spazieren von Teleprompter zu Teleprompter und selbst in Talkformaten kommen fast alle Fragen durch den Lautsprecher im Ohr.

In Zukunft wird noch stärker die Fähigkeit gefragt sein, sich einen vorgegebenen Text zu eigen zu machen, ihn natürlich zu sprechen und dem Zuhörer das Gefühl zu geben, dass es weder Redakteur im Ohr, noch Autor noch Teleprompter gibt. Genau das zu erreichen ist Ziel dieses Buches.

Auch im Radio möchte der Redakteur nicht nur wissen, welche Nachrichten gelesen werden, sondern am liebsten auch schon vorher erfahren, was der Moderator sagen wird, damit er Fehler oder schlechte Witze vermeiden kann, bevor sie passieren. Doch so vorzulesen, dass keiner merkt, dass vorgelesen wird, ist eben nicht einfach. Aber das kann man lernen, Schritt für Schritt und mit der Unterstützung von Audiobeispielen. Deshalb finden Sie weitere Übungen, Beispiele und aktuelle Ergänzungen unter www.onlinejournalismus.org/gelbe-reihe/sprechertraining, Hinweise auf diese Webseite erkennen Sie an diesem Symbol 💻. Hinweise auf die Hörbeispiele erkennen Sie an dem Symbol 📷. Diese können Sie unter www.springer.com/de/book/9783658170615 abrufen, wenn Sie auf „Hörbeispiele, gesamt" oder „Hörbeispiele, einzeln" klicken.

Gräfelfing im Frühjahr 2017
Michael Rossié

Vorwort

Warum ist gelesen nie wie erzählt, nie wie erklärt, nie wie gesprochen, sondern immer wie... gelesen, wie vorgelesen? Erzählen ist in jedem Fall direkter als Vorlesen. Jemand, der etwas erzählt oder mitteilt, sei es ein Märchen, eine Geschichte aus seinem Leben, eine wichtige Information oder etwas, was er gerade erlebt hat, tut das in der Regel sehr viel lebendiger, anschaulicher und spannender, als wenn er etwas vorliest. Und zwar auch dann, wenn er den Text, den er vorliest, selbst geschrieben hat.

Es gibt Unterschiede. Manche Menschen können nur langweilig erzählen, und andere haben eine sehr große Perfektion im Vorlesen erreicht. Aber für gewöhnlich hören wir lieber die erzählte Geschichte als die vorgelesene.

Es sieht so aus, als ginge uns auf dem Weg über das geschriebene Wort etwas verloren. Ich müsste doch einen Sachverhalt, den ich mir aufschreibe, um ihn nicht zu vergessen, wieder genauso vorlesen können, wie ich ihn frei erzählen würde. Das ist aber leider nicht so. Wir machen plötzlich Pausen an den falschen Stellen, zerstückeln den Sinn und kommen vielleicht sogar mit unserem Atem nicht aus. Alles Dinge, die uns beim Erzählen nie passieren würden.

Beim Vorlesen muss ich das wieder lernen, genauso wie ich lernen muss, anschaulich und lebendig zu sprechen, deutlich zu artikulieren, sinnvoll zu betonen und mich nicht zu versprechen. Um dabei zu helfen, habe ich dieses Buch geschrieben.

Lesen Sie doch, wie Sie reden! Vielleicht werden Sie einen Moment nachdenken, wie das denn gemeint sein könnte. Dabei wäre es so einfach. Wenn der Radiomoderator vor dem Mikrofon genauso logisch und klar gegliedert lesen würde, wie er in der Freundesrunde am Abend zuvor erzählt hat (und zwar noch vor dem ersten Glas Wein), wie gern würden wir ihm zuhören?

Warum zerhackt der Nachrichtensprecher alle Sätze an den Kommas, anstatt seine Informationen so einfach zu strukturieren, wie wenn er seiner Frau die Abseitsfalle beim Fußball erklärt?

Alle Tipps und Anregungen in diesem Buch sind keine Regeln, die ich dem Sprechvorgang aufzwingen will, sondern es sind Strukturen und Spielregeln, die in Gesprächen und Erzählungen zu beobachten sind, wo wir nie nach Regeln fragen oder zweifeln, ob wir einen Satz oder Satzteil richtig betonen. Wir machen das dort immer richtig.

Für mich können keine speziellen Regeln für das Vorlesen gelten, die sich nicht aus dem privaten Gespräch zwischen Menschen ergeben, auch wenn eine ganze Reihe von Fachbüchern solche Regeln fordern.

Dieses Buch soll helfen, in Situationen, in denen Sie für oder vor einer Gruppe von Menschen etwas vorlesen, den richtigen Ton zu finden, die Verständlichkeit zu verbessern und die Beziehung zwischen Vorleser und Zuhörern zu intensivieren.

Die Beispiele, die ich gewählt habe, stammen aus ganz verschiedenen Bereichen. Vom Universitätsprofessor bis zur Wetterfee wird jeder sich wiederfinden können, und ich versuche möglichst umfassend auf die unterschiedlichen Bedürfnisse einzugehen. Regisseure von Hörspielen oder Vertonungen werden angeregt zu gestalten, und Produzenten von Fernseh-Magazinen wissen nach der Lektüre dieses Buches, worauf sie achten sollten. Auch zum Thema Werbung, bei der ja besondere sprecherische Fähigkeiten gefordert sind, finden sich ein paar Beispiele.

Es gibt kaum Literatur, die sich mit dem Sprechen von Texten beschäftigt, hingegen sehr viele Bücher über das Schreiben von Texten.

Der Grund ist einfach: Wie man etwas liest, lässt sich in einem Buch sehr schwer darstellen. Die vielen Nuancen der Sprache beispielsweise lassen sich durch Lesezeichen im Text nur unvollkommen wiedergeben. Deswegen sollen Ihnen die Hörbeispiele, die Sie online finden, helfen, sich von meinen Vorschlägen ein akustisches Bild zu machen.

Wenn Sie ab und zu einen meiner Vorschläge verwerfen wollen, ist das ganz normal. Ich will Sie anregen, Ihren Stil zu finden. Und bei allem, was ich Ihnen in diesem Buch vorschlage, versuche ich, es zu begründen. Wenn Sie es dann doch lieber anders machen wollen, ist das Ihre Sache. Sie sollen davon überzeugt sein, wie Sie etwas lesen oder vortragen. Und Sie sollten die Frage nach dem Warum beantworten können. Dann ist das Ziel schon erreicht.

Um Sie nicht mit theoretischen Vorbemerkungen zu langweilen, beginnt dieses Buch mit einem aufeinander aufbauenden Lernprogramm, in dem wir uns vom einfachen Zweiwortsatz bis zu komplizierten grammatikalischen Gebilden alle Probleme in Form von Aufgaben ansehen.

Dann folgen einige theoretische Grundlagen über die Sprechtechnik und ihre Besonderheiten. Anschließend ein Übungsteil, der vertiefen soll, was Sie im Lernprogramm schon durchgearbeitet haben. Hier finden Sie viele Texte, die Sie sich in beliebiger Reihenfolge ansehen können. Zum Schluss folgt ein kurzes Kapitel mit Tipps für Menschen, die mit dem Sprechen Geld verdienen oder verdienen wollen.

Sie sollten alle Übungssätze dieses Buches laut lesen. Das mag Ihnen am Anfang seltsam vorkommen, besonders dann, wenn Sie nicht allein im Raum sind, aber der Erfolg ist so ungleich größer, und Sie verstehen besser, was ich meine.

Auch wenn Sie Texte selbst geschrieben haben, seien es Nachrichten oder Textaufgaben, Ansagen oder Geburtstagsreden, sprechen Sie sie mindestens einmal laut. Nur so merken Sie, ob das, was Sie da geschrieben haben, auch sprechbar ist, oder ob Sie nicht vielleicht die eine oder andere Stelle umformulieren müssen.

Nach jeder Aufgabe, an der Stelle, an der Ihre Mitarbeit gefragt ist, finden Sie ein Ausrufezeichen!------. Hören Sie hier auf zu lesen und machen Sie die angegebene Übung, oder beschäftigen Sie sich mit der gestellten Frage.

Die Übungen im Sprechtechnik-Teil sind mit einem großen Ü gekennzeichnet, so dass Sie die Übungen auch später bei bestimmten Problemen mit der Aussprache schnell finden können.

In den Übungssätzen schreibe ich der Einfachheit halber das ganze Wort, das ich betonen möchte, in Großbuchstaben, obwohl eigentlich nur eine Silbe betont wird. Also nicht: das VORhängeschloss, sondern: das VORHÄNGESCHLOSS, da die betonten Silben innerhalb des Wortes festliegen.

Für Kritik an diesem Buch, Ideen und ungewöhnliche Beispielsätze bin ich jederzeit offen (mr@sprechertraining.de). Vielleicht haben sich ja auch ein paar Fehler eingeschlichen? Nicht die Druckfehler, die meine ich nicht, sondern zum Beispiel ein Betonungsfehler, weil ich vor lauter Ausprobieren und Konstruieren von Beispielen meine eigenen Empfehlungen missachtet habe.

Die meisten Beispiele stammen aus der Praxis und sind, über die Jahre entstanden, immer wieder korrigiert und verändert worden. Aber das heißt gar nichts. Es ist mir schon passiert, dass ein Seminarteilnehmer mich nach fünf Jahren, in denen ich mit einem Text gearbeitet habe, noch auf eine neue Idee gebracht hat.

Vorlesen oder Vortragen ist eine Arbeit, die ich schon zu leisten habe, bevor ich den Mund aufmache. Überlassen Sie das Lesen also nicht dem Zufall, so dass Sie je nach Stimmung anders vortragen. Lassen Sie Ihr eigenes Gefühl zu Hause, wenn Sie ernsthaft arbeiten gehen, und beschäftigen Sie sich mit den Strukturen und Gestaltungsmerkmalen, die uns unsere täglichen Unterhaltungen vorgeben. Erarbeiten Sie sich Ihren Text. Ihre Zuhörer werden es Ihnen danken.

Die 7. Auflage dieses Buches erscheint bereits im dritten Verlag. Nach List und Econ ist die Gelbe Reihe jetzt zu Springer VS gezogen und hat hier eine neue

Heimat gefunden. Mögen es vielen den Spaß am Vorlesen von Texten vermitteln. Jemanden gut zu informieren, zu berühren oder zu unterhalten ist eine Frage der Vorbereitung.

Gräfelfing, im Juli 2009
Michael Rossié

Lernprogramm 1

1.1 Der erste Satz

Einen Satz vorlesen? Kein Problem. Nehmen wir irgendeinen einfachen Satz, zum Beispiel Vater schläft. Lesen Sie ihn einmal laut vor und hören Sie sich zu, wie Sie diesen Satz betonen.

? Wie würden Sie den Satz Vater schläft betonen?

! --

Haben Sie sich für eine Betonung entschieden? Es ist eigentlich gar nicht schwer, denn Ihnen bleiben ja im Grunde nur vier Möglichkeiten, wobei wir die vierte Möglichkeit, nämlich einen sinnvollen Satz ohne jede Betonung zu sprechen, gleich ausschließen können.

Um nun eine Aussage über eine sinnvolle Betonung dieses Satzes machen zu können, müssen wir erst ein paar Voraussetzungen klären.

Wir nehmen zunächst einmal an, dass es sich bei Vater schläft um den ersten Satz eines Textes oder Beitrages handelt. Wir wissen nicht, wovon der Text handeln wird. Wäre der Satz in der Mitte oder am Ende eines Textes aus dem Zusammenhang gerissen, müssten wir die Sätze davor kennen, um ihn richtig betonen zu können.

Und zweitens nehmen wir an, dass der Satz ernst gemeint ist, also kein Teil einer Persiflage oder einer Satire ist, und keine weiteren Informationen braucht, um verstanden zu werden.

Wenn diese Voraussetzungen erfüllt sind, gibt es für den Satz nur eine sinnvolle Betonung. Es werden nämlich beide Worte betont:

VATER SCHLÄFT.

Aber noch eine weitere wichtige Voraussetzung müssen wir klären, damit wir den Satz richtig sprechen können. Wir legen fest, dass es sich bei dem Satz um eine *Aussage* handelt und nicht etwa um eine *Frage*. Das heißt, wir führen die Stimme nach unten, als Zeichen dafür, dass der Satz, und damit der Gedanke, nach schläft zu Ende ist.

Vater schläft ↓

Wir sprechen also einen Satz auf Punkt, das heißt, wir führen die Melodie des Satzes nach unten.

Wenn der Ton in der Schwebe bliebe (Vater schläft →) oder wir die Melodie nach oben führten (Vater schläft ↑), hätten unsere Zuhörer den Eindruck, wir wollten weiter sprechen, aber das wollen wir ja zunächst nicht. Unser Gedanke heißt lediglich Vater schläft.

Aus dieser fallenden Stimmführung ergibt sich dann, dass wir das zweite Wort noch eine Idee stärker betonen als das erste.

Denn das letzte betonte Wort eines Gedankens bekommt durch seine Stellung noch einmal ein besonderes Gewicht. SCHLÄFT bekommt den Hauptton, also den stärksten Akzent im Satz. Da läuft die Aussage hin. Dadurch bekommt der Satz eine Dynamik, ein Ziel. Das wird uns bei längeren Sätzen noch weiter beschäftigen.

Wenn wir nur eines der beiden Worte betonen, muss sich das aus dem Zusammenhang ergeben haben, also zum Beispiel

Gott sei Dank, es ist geschafft. Vater SCHLÄFT.

oder

Deine Mutter schläft immer noch? – Nein! VATER schläft.

Für den ersten Satz eines unbekannten Textes eignet sich eine solche Betonung nicht.

Dass je nach Zusammenhang des Satzes eine Betonung des Verbs häufiger vorkommen wird, hängt auch damit zusammen, dass neben dem Zusammenhang der Informationsgehalt der Wörter selbst bei der Entscheidung für eine bestimmte Betonung eine Rolle spielt.

So wird der Satz Beckenbauer kommt wohl häufiger auf dem ersten Wort betont werden, weil dessen Informationsgehalt ungleich höher ist als der des zweiten Wortes kommt, wohingegen wir für den Satz Er verzweifelt mehr Beispiele finden, in denen das Verb betont wird. Das Gewicht des zweiten Wortes ist hier eindeutig größer.

1.1 Der erste Satz

Auch wenn Vater schläft **der erste Satz ist,** kann ich mich für die Betonung eines der beiden Wörter entscheiden, nämlich dann, wenn ich den Hörer zu einem bestimmten Aspekt hinführen will oder bei den Zuhörern ein bestimmtes Wissen voraussetzen kann.

Dazu Beispiele: Ich kann einen Radiobeitrag mit dem Satz Rüdiger LEBT beginnen, wenn es im folgenden ausführlich darum geht, wie Rüdiger einen schweren Autounfall knapp überlebt hat. Ich liefere also mit dem ersten Satz schon eine zusätzliche Information, die den Zuhörer direkt zur Thematik des Textes hinführt. Oder nehmen wir einmal an, dass in den Nachrichten der vergangenen Tage immer wieder die Meldung auftauchte, dass es dem Politiker Hartmann nach einer Operation zusehends besser gehe. Stirbt nun dieser Hartmann völlig unerwartet, würde der Sprecher die Nachrichten mit dem Satz beginnen: Hartmann GESTORBEN, weil er beim Zuhörer voraussetzt, dass der durch die Nachrichten der letzten Tage über den Fall Hartmann Bescheid weiß. Wir betonen also das Wort, von dem wir glauben, dass es für den Zuhörer neu ist.
   Stirbt er, ohne dass die Hörer darauf vorbereitet wären, müsste die Meldung HARTMANN gestorben heißen.

Den zweiten Satz zu der Nachricht BOMBE gefunden sowie die Folgesätze zu der Nachricht Bombe GEFUNDEN überlasse ich jetzt Ihrer Phantasie.

? Denken Sie einen Moment über die jeweils dazugehörende Nachricht nach!
! --

Die beiden Nachrichten könnten etwa so aussehen:
   BOMBE gefunden. Bei Grabungen für ein Wohnhaus in der Innenstadt von Viersen haben Arbeiter völlig überraschend eine Bombe gefunden.
   Bombe GEFUNDEN. Nach zweitägiger Suche ist die im Altmühltal vermutete Bombe endlich entdeckt und entschärft worden.

In diesen beiden Fällen handelt es sich um Betonungen, die sich aus den nicht gesagten (sondern nur gedachten) Vorsätzen ergeben. Der erste Satz ist hier eigentlich bereits der zweite, weil wir den fiktiven, vorhergehenden nicht sprechen, aber denken.
   (Eine unglaubliche Entdeckung machten Bauarbeiter in Viersen. Sie haben eine) BOMBE gefunden.

Analog zu oben:

> (Sie können ganz beruhigt sein. Spezialkommandos haben heute im Altmühltal die) Bombe GEFUNDEN.

? Welche ungewollte Zusatzinformation liefert uns ein Radiosprecher, der die Nachrichten so beginnt:

> Hier ist RADIO WELLENBERG. Es ist FÜNFZEHN Uhr. Wir bringen NACHRICHTEN.

! --

Lesen Sie die drei Sätze ruhig ein paar Mal laut vor. Sie werden dann schnell darauf kommen, dass uns der Sprecher im zweiten Satz unbewusst erzählt, dass dies heute nicht seine ersten Nachrichten sind. Die sinnvolle Betonung wäre eindeutig Fünfzehn UHR, aber da er das Wort Uhr heute schon mehrfach betont hat, kommt ihm das langweilig vor. Er betont also, dass es jetzt nicht mehr vierzehn, sondern schon FÜNFZEHN Uhr ist.

Doch auch, wenn wir betonen, was für den Hörer neu ist, können wir einen Fehler machen. Nämlich beispielsweise dann, wenn das betonte Wort Teil eines feststehenden Begriffes ist.

Eine Radiosprecherin, die in ihren Nachrichten sagt

> Der Verbrecher wurde heute auf FREIEN Fuß gesetzt.

erntet einen Lacher. Sie will betonen, dass er aus dem Gefängnis entlassen wurde. Aber es gibt nun mal keinen UNFREIEN Fuß, von daher ist das eine unsinnige Betonung (obwohl das Beispiel, wie fast alle in diesem Buch, authentisch ist).

Das Gleiche gilt für folgende Hörproben:

> die GOLDENE Mitte finden
>
> waren sie HEISS begehrt

Solange es keine silberne Mitte und kein kaltes Begehren gibt, sind diese Betonungen unsinnig.

Für einen Sender in Passau ist der Zusatz in Passau zu einer Lokalnachricht nicht betonenswert. Bei derselben Nachricht in Düsseldorf muss in Passau aber betont werden. Es ist ja ziemlich ungewöhnlich, wenn eine Radiostation in Düsseldorf über etwas berichtet, das in Passau stattfindet.

> **Zusammenfassung**
> 1. Lesen Sie, wie Sie reden!
> 2. Es wird immer betont, was für den Hörer neu ist.
> 3. Je mehr Informationen ein Wort transportiert, desto wahrscheinlicher ist, dass es betont wird.
> 4. Das letzte mehrerer betonter Wörter im Satz bekommt den Hauptton.
> 5. Wird die Betonung verändert, ändert sich auch die Aussage des Satzes.

1.2 Der Satz wird länger

Nehmen wir jetzt einen etwas längeren Satz. Wieder als Erstes die Frage, wie Sie selbst den Satz betonen würden, wenn es der erste Satz eines Textes wäre. Entscheiden Sie nicht mit dem Kopf, wie Sie betonen, sondern lesen Sie, hören Sie sich zu, und schreiben Sie auf, was Sie getan haben.

? Lesen Sie laut den Satz

Der Geschäftsmann lebt seit Jahren in Tokio und unterstreichen Sie jedes Wort, das Sie betonen!

! --

Für diesen Satz mit sieben Wörtern gibt es theoretisch jetzt schon an die 50 Möglichkeiten, wie Sie ihn betonen können. Bevor ich Ihnen nun die Gelegenheit gebe, mein Ergebnis mit dem Ihren zu vergleichen, suchen wir nach Anhaltspunkten, um die sinnvolle Betonung einzugrenzen.

Als Erstes gilt die Empfehlung, nur Wörter zu betonen, die in sich selbst einen möglichst großen Informationsgehalt besitzen, wie zum Beispiel Verben oder Substantive.

Wir betonen im Normalfall also Wörter, die es dem Hörer ermöglichen, sich im Satz zurecht zu finden. Schon Sokrates bekämpfte die Vorgehensweise der sophistischen Rhetoriker, die „dem schwachen Wort eine starke Bedeutung verliehen". Damit fallen die Wörter Der, seit und in heraus, und wir behalten vier Wörter übrig: Geschäftsmann, lebt, Jahren und Tokio. Damit hat sich die Anzahl der möglichen Betonungen schon auf 16 reduziert.

Unter diesen vier Wörtern entscheide ich mich für Geschäftsmann und Tokio. Und das lässt sich einfach begründen. Sollte der Zuhörer theoretisch nur diese beiden Wörter verstehen, könnte er trotzdem auf den Inhalt des Satzes schließen. Bei Geschäftsmann und Jahren zum Beispiel wäre das nicht ohne Weiteres möglich.

Das Wort Tokio bekommt dabei wieder als letztes betontes Wort des Gedankens den Hauptton.

Deswegen kann es sich auch oft empfehlen, entgegen den Geboten der Höflichkeit, die wichtigere Person ans Ende zu nehmen. Es klingt einfach komisch, wenn ich sage:

> Meine heutigen Gäste sind der Bundesfinanzminister und Max Piepenbrinck.

Das letzte betonte Wort eines Satzes hat eine exponierte Stellung, wie wir ja schon festgestellt haben. Daher klingt es in diesem Fall wohl besser, wenn ich sage

> Meine heutigen Gäste sind Max Piepenbrinck und der Bundesfinanzminister.

oder

> Freuen Sie sich mit mir auf Ute Prost und Heidi Klum.

Mehr als diese zwei Wörter zu betonen, empfiehlt sich auch nicht. Wenn wir in einem einfachen Satz drei oder mehr Wörter betonen, wird der Satz schwerfällig und genauso unverständlich wie ein Satz ohne Betonung.

Sollten Sie sich für die Betonung aller vier Wörter oder auch nur drei dieser vier Wörter entschieden haben, lesen Sie einmal unseren Beispielsatz laut vor.

Der GESCHÄFTSMANN LEBT seit JAHREN in TOKIO.

Das klingt doch sehr gestelzt und bemüht. So spricht niemand, ausgenommen vielleicht ein Lehrer, der seiner Klasse zum hundertsten Male dasselbe erklärt.

Das Verb lebt muss überhaupt nicht durch eine Betonung besonders hervorgehoben werden. Lebt ist hier nicht im Gegensatz zu stirbt gemeint, sondern steht für eine Menge anderer Ausdrücke, wie ist, hält sich auf, verbringt seine Zeit, befindet sich usw. Die Bedeutung des Wortes innerhalb des Gesamtzusammenhanges ist also eher gering. Wenn man die Bedeutung der Substantive Geschäftsmann und Tokio erfasst hat, was sollte man dann wohl ergänzen, wenn nicht das Verb lebt oder ein Wort mit einer sehr ähnlichen Bedeutung?

Haben Sie noch mehr betont? Auch die Zeitbestimmung seit Jahren empfiehlt sich nur auf den ersten Blick für eine Betonung. Davon, dass er gerade erst nach Tokio gezogen wäre, war ja vorher nie die Rede, so dass wir den Hörer auch nicht darauf hinweisen müssen, dass es in Wirklichkeit anders ist.

1.2 Der Satz wird länger

Wir erwähnen ja seit Jahren in jedem Fall. Es ist also nicht so, wie ich es oft als Einwand in meinem Unterricht höre, dass die Zuhörer nicht mitbekommen, dass er seit Jahren dort lebt. Nein, es wird ja eindeutig gesagt. Es wird eben nur nicht extra betont. Der Sprecher empfiehlt nicht, sich diese Tatsache besonders zu merken, weil er auf den Umstand, dass jener seit Jahren dort lebt, nicht mehr zurückkommen wird.

Vielleicht spielt es aber im Laufe des Textes wirklich eine wichtige Rolle, wie lange er schon in Tokio lebt. Sollten wir das jetzt schon wissen und würde im nächsten Satz darauf Bezug genommen, wäre in diesem besonderen Fall die Betonung von seit Jahren möglich.

Mit dem persönlichen Geschmack hat es also auch zu tun und damit, wie viele Informationen Sie im ersten Satz Ihren Zuhörern zumuten wollen. Wenn der Hörer die Informationen in einzelnen Schritten bekommt, bei denen er nicht allzu viel über die Zusammenhänge nachdenken muss, merkt er sich das Gesagte leichter. Eine ungewöhnliche Betonung schon im ersten Satz, die ihn auffordert, sich etwas zu merken, auf das Sie noch Bezug nehmen werden, setzt eine viel größere Mitarbeit voraus.

Auch eine Erhöhung der Intensität, sei es an Ausdruck oder an Lautstärke, führt zu mehr Betonungen. Jemand, der ganz deutlich und langsam spricht, damit ihn nur ja jeder versteht, betont mehr. Das gleiche gilt für jemand, der einen Sachverhalt schreiend mitteilt. Er wird fast jedes Wort betonen.

Anfänger neigen dazu, zu viel zu betonen. Wenn die Abstände zwischen den betonten Wörtern klein sind, ist die Angst vor Versprechern nicht so groß. Der Sprecher hält sich sozusagen an den betonten Wörtern fest. Das Verständnis wird dadurch aber eher erschwert.

Wir haben das Pferd jetzt von hinten aufgezäumt, indem wir uns die Wörter angesehen haben, die für eine Betonung nicht in Frage kamen, um damit festzustellen, welche Wörter wir betonen sollen.

Es geht auch einfacher. Wir können überlegen, was die Kern-Aussage unseres Satzes ist.

? Machen Sie aus dem Satz Der Geschäftsmann lebt seit Jahren in Tokio eine möglichst knappe Schlagzeile für eine Boulevardzeitung!
! --

Da wir die beiden betonten Wörter ja schon kennen, ist diese Aufgabe jetzt sehr einfach. Wir brauchen lediglich noch ein unbetontes Füllwort, das wir gleich aus dem Satz nehmen, um unsere Schlagzeile zu vollenden.

GESCHÄFTSMANN in TOKIO!

Diese Kurzform des Satzes drückt denselben Sachverhalt aus, den uns vorher der ganze Satz vermittelt hat.

Die logische Konsequenz aus dieser Übung ist, dass wir unseren Beispielsatz auch verlängern könnten, ohne dass sich an der Betonung von GESCHÄFTSMANN und TOKIO etwas ändern würde:

Der clevere GESCHÄFTSMANN lebt seit Jahren in TOKIO.

Der clevere GESCHÄFTSMANN lebt seit vielen Jahren in TOKIO.

Der clevere GESCHÄFTSMANN lebt seit vielen Jahren mit seiner Familie in TOKIO.

Die Betonung bleibt zunächst gleich. Machen wir den Satz noch länger, kommen weitere (etwas schwächere) Betonungen hinzu.

Der außerordentlich clevere GESCHÄFTSMANN aus dem niedersächsischen HANNOVER lebt seit vielen Jahren UNBEHELLIGT mit seiner Familie in TOKIO.

Die Betonung von Geschäftsmann und Tokio ist geblieben, und das wäre auch so bei jeder noch so umfangreichen Verlängerung des Satzes. Dazugekommen sind Betonungen der Substantive Hannover und unbehelligt. Diese Betonungen sind jedoch nicht ganz so stark. Wir sprechen deshalb von einem *Nebenton* oder *Nebenakzent,* den diese Wörter bekommen.

? Auch aus diesem verlängerten Satz ließe sich mit Hilfe der betonten Wörter eine Schlagzeile für eine Zeitung machen.

! --

Da wir die betonten Wörter ja schon gekennzeichnet haben, ist das Ergebnis wieder einfach.

Geschäftsmann aus Hannover unbehelligt in Tokio.

Sie können also auch umgekehrt vorgehen. Machen Sie aus einem langen Satz einen kurzen oder eine Schlagzeile, und die zu betonenden Wörter springen Ihnen ins Auge.

Auch da gibt es natürlich Ausnahmen. Es hat sich zum Beispiel in bestimmten Fällen eingebürgert, den Artikel vor einem Substantiv besonders stark zu betonen, wenn man auf die Einzigartigkeit einer Sache hinweisen will.

    Er ist DER Fachmann für Finanzfragen.

    Wir sind DER Musiksender Münchens.

Eigentlich ist die Betonung des Wörtchens **der** völlig unsinnig, aber hier ist sie sinnvoll, weil sie eine spezielle Bedeutung hat. Dieser Fachmann ist nämlich der beste Kenner zum Thema Finanzen, den man finden kann. Und den Musiksender will man als den einzigen Sender anpreisen, der wirklich gute Musik macht.

Zusammenfassung
1. Betonen Sie wohldosiert, denn zu viele Betonungen zerstören den Sinn.
2. Verkürzen Sie den Satz auf eine Schlagzeile, um die Betonungen zu finden.
3. Schon die betonten Wörter allein müssen den Kern der Aussage transportieren.
4. Die Verlängerung eines Satzes ändert die Grundbetonungen nicht.
5. Je nachdrücklicher Sie sprechen, desto mehr Wörter betonen Sie.

1.3   Die Betonung im Wort

Während wir über die Betonung der *Wörter* im Satz eine Weile nachdenken müssen, steht die *Silbenbetonung* jedes einzelnen Wortes von vornherein genau fest.

?   Lesen Sie einmal die folgenden drei Wörter laut vor!

    Abendstern, Morgenstern, Zwergelstern

!   ---

Was ist das denn? Ein Zwergelstern? Ein Stern für Zwergel?
Aber was sind Zwergel?
Es handelt sich um den Abendstern, den Morgenstern und die Zwerg-Elstern.
Aber nun wieder ernsthaft.

?   Wie würden Sie das Wort Mehrwertsteuererhöhung betonen? Unterstreichen Sie, was Sie betonen!

!   ---

Wie viele Silben haben Sie unterstrichen? Zwei? Womöglich Mehr und höhung? Das ist eine Silbe zuviel. Dieses Substantiv hat wie jedes andere auch nur eine betonte Silbe, nämlich Mehr. Auf sie, „die Silbe des höchsten Nachdrucks"[1] fällt der Hauptton im Wort.

Die zweite Betonung haben Sie nur deshalb gemacht, weil Sie das Wort alleine gelesen haben. Wenn Sie einen Satz gebildet hätten, hätten Sie wahrscheinlich auch nur eine Betonung benutzt.

? Lesen Sie laut:
In der heutigen Debatte geht es um die Mehrwertsteuererhöhung.

! --

Wenn Sie jetzt die Silbe höhung zusätzlich betonten, klänge das ein bisschen merkwürdig.
    In einem konkreten Zusammenhang kann natürlich auch die Betonung von erhöhung sinnvoll sein.
    Es geht nicht um eine Reduzierung. Es geht um eine MehrwertsteuerERHÖHUNG.

? Welche Silbe wird beim folgenden Wort betont?
Kinderkrippengruppenkrankenschwester

! --

Lassen Sie sich nicht durcheinander bringen. Es ist dasselbe Prinzip:
KINDERkrippe
KINDERkrippengruppe
KINDERkrippengruppenkrankenschwester

Dass dieses Wort schwer zu sprechen ist, weiß ich, aber es ist ja auch mehr ein Sprachspiel als der Versuch, Ihnen das Wort für Ihren Sprachschatz zu empfehlen.
    Und wenn nun jemand der Meinung ist, es müsse KINDERkrippengruppenKRANKENschwester heißen, so kann der ja mal versuchen, das Wort in einen Textzusammenhang zu stellen. Es stimmt, dass viele so lesen, aber niemand spricht so. Eine Person (oder eine Sache) bekommt nur eine Betonung und nicht zwei.

---

1   Siebs, Theodor, Deutsche Aussprache, Berlin 1969, S. 115

1.3 Die Betonung im Wort

Bevor Sie sich jetzt aber den Kopf zerbrechen, ob es nicht doch Wörter gibt, die zwei betonte Silben haben, gebe ich Ihnen freiwillig Recht. Wörter mit *Bindestrichen* zum Beispiel: Die Wenig-aber-oft-Methode braucht natürlich zwei Betonungen, ebenso *zusammengesetzte Adjektive,* die einem Vergleich entspringen, wie mausetot, blitzblank oder mutterseelenallein.

In aller Regel aber hat jedes Wort nur eine betonte Silbe. Welche das ist, können Sie jederzeit im Aussprache-Duden[2] oder bei Siebs[3] nachschlagen. Der gab nämlich im Jahre 1896 den Anstoß zur Zusammenstellung der deutschen Ausspracheregeln.

Siebs orientierte sich dabei an Umfragen unter Schauspielern, die durch Deutschland zogen. Bei seinen Entscheidungen richtete er sich zum Teil nach seinem Geschmack, aber auch nach dem, was die Mehrheit sprach, nicht zuletzt versuchte er, den Interessen der verschiedenen deutschen Länder gerecht zu werden. Alle sollten sich wiederfinden.

Sollte jemand die deutsche Hochlautung für falsch halten oder für unlogisch, wie ich es in meinem Unterricht ständig diskutiere, dann führe er sich bitte vor Augen, dass sie eine *Vereinbarung* ist, ein *Kompromiss.*

Wie immer in der deutschen Sprache gibt es eine Menge Ausnahmen, bei denen die Betonung nicht auf der Stammsilbe (also der den Sinn vermittelnden Silbe) liegt. Siebs schreibt dazu:

> „Gerade in der Wortbetonung und namentlich bei zusammengesetzten Wörtern gibt es Schwankungen, teils landschaftlicher Art, teils aus dem Redezusammenhang bedingter rhythmischer Natur, teils im Zusammenhang mit der Herkunft; ihnen muss auch die Hochlautung Rechnung tragen."[4]

Jetzt folgen bei Siebs eine Reihe von Ausnahmen, wie zum Beispiel: HorNiSSE, HoLLUNDER, FoRELLE, leBENdig, WaCHOLder etc., aber auch stolZIEren, GlaSUR und LapPAlien, TakeLAge oder LebeWOHL, PrüdeRIE, und ZeremoNIE, allerDINGS, keinesWEGS, alleMAL und geradeZU, WillKOMMEN, OberPOSTdirektion, Müller-MEININGEN und Österreich-UNGARN, um nur einige zu nennen.

Und manchmal hängt es vom Kontext ab. Der Skilehrer rät:

Ihr sollt die Leute nicht UMfahren, sondern umFAHREN.

---

2 Aussprachewörterbuch, Duden Bd. 6, Mannheim 6. Auflage 2005
3 Siebs, Theodor, Deutsche Aussprache, Berlin 1969
4 Siebs, Theodor, Deutsche Aussprache, Berlin 1969, S. 116

Gleich starke Stammsilben nebeneinander gibt es nur beim sinnlosen Aufzählen lexikalischer Wörter, aber nicht in sinnvoll vorgelesenen Sätzen.

Im Satzzusammenhang ordnen sich nämlich die *Wort*betonungen der *Satz*betonung unter. Auch wenn das Wort wahrSCHEINlich alleine gesprochen auf der zweiten Silbe betont wird, kann es sein, dass es innerhalb des Satzes überhaupt nicht betont wird:

ER ist wahrscheinlich RECHTSanwalt.

Es gibt viele Wörter im Deutschen, die ihre Bedeutung verändern, je nachdem wie ich sie betone. Zum Beispiel modern, Walzungen, Badende oder Model(l).

Abschließend habe ich Ihnen einen Text zusammengestellt, mit dem ich Sie augenzwinkernd aufs sprecherische Glatteis führen will. Sie werden wahrscheinlich nicht immer auf Anhieb erkennen, welche Silbe betont werden muss und welche Wortteile zusammengehören.

? Lesen Sie die drei Absätze laut und möglichst flüssig!

Ein Juwelier im Kanadier kommt häufiger vor als ein Kastrat im Postrat. Aber genauso selten sind Autoren auf Autorennen und Berber im Barbereich einer Diskothek. In karierten Hemden findet man keine Karrieristen und Schlaumeier essen selten Schaumeier. Dennoch gibt es Politologen, für die Politoligarchie ein ständig benutzter Begriff ist.

Der Tenor beschwerte sich mit dem Tenor, er sei im Torturm großen Torturen ausgesetzt gewesen, und das habe er in Indien seit seiner Indienststellung nicht erlebt. Außerdem habe es die Erwähnung von Urin in der Urinszenierung nie gegeben.

Der Stabschef benutzt die Stabschelle am Montag zur Montage und reinigt die Wachsmaske in der Wachstube. Schließlich ist Sommer, die Hochzeit für Hochzeiten. Auch der Gastank wurde unter großem Gestank gereinigt. Dabei bekleckerte er ein Frühwerk des Kubismus mit Kürbismus und die Kopiesendung mit Wiesendung. Nur tröstlich, dass er die Kuhfladen nicht mit in den Kaufladen brachte.

Wenn Ihnen das Spaß gemacht hat, finden Sie bei Eike Christian Hirsch[5] zwei ähnliche Texte, die mit ein paar originellen Wortspielen gespickt sind. Eine weitere Übung zum Nachsprechen: 🖳

---

5 Hirsch, Eike Christian, Deutsch für Besserwisser, Bd. 1, Hamburg, 4. Aufl. 1979, S. 165

> **Zusammenfassung**
> 1. Für jedes einzelne Wort liegt fest, welche Silbe betont wird.
> 2. Fast jedes deutsche Wort hat nur *eine* betonte Silbe.
> 3. Die meisten Wörter werden auf der Stammsilbe betont.
> 4. Zusammengesetzte Wörter werden auf dem bestimmenden Glied betont.
> 5. Die Wortbetonung ordnet sich der Satzbetonung unter.

1.4 Besonderheiten der Betonung

Kehren wir wieder zu den Sätzen zurück. Ein einfacher Satz kommt wie gesagt meist mit zwei Betonungen aus. Aber eben nicht immer.

? Betonen Sie einmal den folgenden Satz!
   Nach zähem Kampfe verlor er Haus und Hof.

! ---

Dieser Satz enthält den *zweikernigen Block* Haus und Hof, der uns dazu zwingt, in diesem Satz ein Wort mehr zu betonen, als ich das bisher vorgeschlagen habe.
   Nach zähem KAMPFE verlor er HAUS und HOF.

Dasselbe gilt für Ja und Amen, Pauken und Trompeten, Knall auf Fall usw., das heißt immer dann, wenn der betonte Satzteil aus zwei Komponenten besteht. Hier bekommen immer beide Teile des Blocks eine Betonung, es sei denn, der ganze Block wird nicht betont.
   Das ERGEBNIS haben wir lang und breit BESPROCHEN.

Hier bekommt kein Teil des zweikernigen Blocks lang und breit eine Betonung, weil der ganze Block nicht betont wird. Aber nicht nur bei diesen zweikernigen Blöcken erhöht sich die Anzahl der Betonungen in einfachen Hauptsätzen. Sehen wir uns ein anderes Beispiel an.

? Machen Sie aus dem folgenden Satz eine Schlagzeile, lesen Sie dann laut und legen Sie damit die betonten Worte fest.
   Ich wäre an einer Fischgräte in der Marmelade fast erstickt.

! ---

Lassen Sie sich Zeit für Ihre Antwort. Diesen Satz können Sie kaum richtig sprechen, ohne drei Worte zu betonen, nämlich Fischgräte, Marmelade und erstickt.

Betonen Sie nur Fischgräte und Marmelade unterschlagen Sie die ungemein wichtige Information, dass da jemand beinahe ums Leben gekommen wäre. Fischgräte und erstickt weisen auf diese Tatsache hin, aber das Kuriose an der Nachricht ist doch die Tatsache, dass sich eine Gräte in der Marmelade befand, wo sie überhaupt nicht hingehört. Und wenn der Zuhörer nur Marmelade und erstickt mitbekommt, wird er gar nichts verstehen, weil er sich auf die Verbindung der beiden Worte keinen Reim machen kann.

Ich wäre an einer FISCHGRÄTE in der MARMELADE fast ERSTICKT.

? Wie würden Sie den Satz

Die Firma warf früher fette Gewinne ab

betonen? Lesen Sie ihn laut vor!

! --

Mit Hilfe der vorhergehenden Absätze können Sie leicht auf die sinnvolle Betonung kommen, aber zur Übung gehe ich sie mit Ihnen einzeln durch:

Die muss sicher nicht betont werden, weil das Wort zu wenig Bedeutung hat. Was weiß der Hörer, wenn wir Die herausheben? Gar nichts!

Das Wort Firma ist wichtig. Es ist der Satzgegenstand und für das Verständnis der Aussage unverzichtbar.

Auch das Verb warf besitzt einen größeren Informationsgehalt, aber ob die Gewinne nun abgeworfen oder gemacht oder erzielt werden, ist von untergeordneter Bedeutung. Wichtig ist, dass es Gewinne sind, womit wir das zweite Wort gefunden haben, welches betont werden sollte. Firma im Zusammenhang mit Gewinne, und dem Zuhörer ist genau klar, worum es geht.

Die FIRMA warf früher fette GEWINNE ab.

Haben Sie früher oder fette betont, eventuell sogar zusätzlich zu FIRMA und GEWINNE?

Das macht fast jeder zunächst, und deswegen ist es sinnvoll, darauf genauer einzugehen:

Früher ist ohne Zweifel für die Aussage des Satzes auch von größerer Bedeutung. Aber wenn wir das Wort jetzt auch noch betonen, impliziert unser Satz, dass die Firma heute *keine* Gewinne mehr macht, und das steht nirgendwo.

Wenn Sie den Satz so noch einmal laut vorlesen, verstehen Sie, was ich meine:

Die FIRMA warf FRÜHER fette Gewinne ab.

1.4 Besonderheiten der Betonung

Das gilt auch für das Wort fette. Sobald wir das Wort betonen, sagen wir damit, dass die Firma heute MAGERE Gewinne abwirft, und das sagt der Satz zunächst einmal nicht.

Dass ab keinen Ton bekommen sollte, liegt auf der Hand. Trotzdem betonen viele Menschen Sätze, die sie nicht kennen, am liebsten auf der letzten Silbe, wie unsinnig auch immer das klingt.

>   Er zündete sein eigenes Haus AN.
>   Alle gingen unter der Unterführung DURCH.
>   Ich befehle Ihnen, zurückzuKOMMEN.
>   Der Kanzler nahm den Minister MIT.

Richtig wäre:

>   Er zündete sein eigenes HAUS an.
>   Alle gingen unter der UNTERFÜHRUNG durch.
>   Ich befehle Ihnen, ZURÜCKzukommen.
>   Der Kanzler nahm den MINISTER mit.

Sie finden die Betonung des letztes Wortes sinnlos? Ich auch, aber Sie werden erstaunt sein, wie oft Sie diesen Paukenschlag am Ende hören können.

Die Vorliebe der Anfänger für die Endbetonung liegt vielleicht aber auch daran, dass im Deutschen bei vielen Sätzen erst mit dem letzten Wort klar wird, was der Satz eigentlich aussagt.

Deswegen gibt es auch viele Sätze, bei denen die Betonung des letzten Wortes die beste aller Möglichkeiten ist.

? Finden Sie in den folgenden sechs Sätzen den Satz heraus, bei dem als einzigem eine Betonung des letzten Wortes *nicht* sinnvoll wäre.

>   Der Außenminister legte den Streit bei.
>   Und genau darauf kommt es an.
>   Er wird im Januar wieder kandidieren.
>   Wir sollten uns um unsere Zukunft kümmern!
>   Das will ich von dir aber schriftlich.
>   Zeigen Sie im Alltag mehr Gefühl!

! ---

Sollten Sie bei dieser Übung Schwierigkeiten haben, verwandeln Sie jeden Satz wieder in eine Schlagzeile, lesen Sie laut und finden so heraus, welche Worte betont werden sollten. Sie werden dabei feststellen, dass es wenig sinnvoll ist, sich um die Zukunft zu KÜMMERN, anstatt sich um die ZUKUNFT zu kümmern.

Nur Satz Nummer vier sollte also nicht auf dem letzen Wort betont werden. Sie können das gleich anhand des ersten Hörbeispiels nachprüfen.

 1

Dabei können Sie ruhig gegen eine Regel von Christiane Zerda verstoßen: „Wenn ein Ausrufezeichen den Satz abschließt, wird immer das letzte Wort betont."[6]

Das gilt nicht überall. Lesen Sie einfach mal laut:

Ich schäme MICH!

Ich liebe dich DOCH!

Fass das Geländer AN!

Das Wörtchen „immer" macht hier aus einem guten Tipp eine schlechte Regel.

Dass Satzzeichen keine verlässlichen Hilfen sind, einen Satz sprecherisch zu gliedern, werde ich im Beitrag „Die Satzzeichen" ausführlich erörtern.

Knifflig sind im Deutschen vor allem die geteilten Verben. Meine Hörer wissen zum Beispiel, dass es in der Regierung schon lange Streit gibt, und ich habe den Satz zu sprechen:

Der AUSSENMINISTER legte den Streit BEI

Hier muss das Wort bei eine Betonung bekommen, obwohl die Informationsmenge des Wortes eher gering ist. Vielleicht weiß der Redakteur, der Ihre Nachrichten geschrieben hat, um diese Besonderheit der deutschen Sprache und schreibt von sich aus

Der AUSSENMINISTER SCHLICHTETE den Streit.

Aber das geht eben nicht immer.

Der AUSSENMINISTER durchSETZTE sich

klingt gut, ist aber leider kein Deutsch.

---

6 Zerda, Christiane, Kleine Anweisung für Atem- und Sprechtechnik, in: theaterspiel, Bd 2, Aachen 1985

1.4 Besonderheiten der Betonung

Verben werden im Deutschen seltener betont, weit häufiger starke sinntragende Substantive, vor allem die Objekte im Satz (...um die ZUKUNFT kümmern!).

? Lesen Sie einmal diese ersten drei Sätze mit der gerade herausgefundenen Betonung so, als würde es sich um eine zusammenhängende Nachricht handeln.

Der AUSSENMINISTER setzte sich DURCH.
Und genau DARAUF kommt es AN.
Er wird im JANUAR wieder KANDIDIEREN.

! --

Fällt Ihnen etwas auf, wenn Sie die Sätze laut vorlesen? Klingt das wirklich professionell? In meinen Augen sicher nicht. Der Absatz wirkt sehr monoton und heruntergeleiert.

Sind Sie gleichzeitig der *Redakteur,* werden Sie Ihren Text umschreiben und damit den Rhythmus der Sätze ändern, damit der Absatz ansprechender klingt, z. B.:

Es kommt darauf an, dass sich ein Außenminister durchsetzt. Und dieser Außenminister setzte sich durch. Er wird im Januar wieder kandidieren.

Problem gelöst. Aber wenn Sie nun nicht der Redakteur sind, der Autor aber ärgerlich wird, wenn Sie an seinem Text herumredigieren. Oder wenn der Text vielleicht literarischer Natur ist, und Sie daran nichts ändern wollen oder dürfen?

Dann schlage ich vor, einfach gegen die eben von mir gegebenen Empfehlungen zu verstoßen und einen der Sätze, am besten den mittleren, *gegen die Regel* zu betonen. Sie betonen im zweiten Satz nur das Wort darauf, und schon klingt der Absatz interessanter.

Lesen Sie den Absatz so noch einmal laut vor:

Der AUSSENMINISTER setzte sich DURCH. Und genau DARAUF kommt es an. Er wird im JANUAR wieder KANDIDIEREN.

Das darauf gehört in keine Schlagzeile, aber hier hilft uns die alleinige Betonung dieses Wortes, *Monotonie* zu vermeiden. Bemerkenswert ist ja nur wieder, dass uns das beim privaten Sprechen nie passiert. Eine ziemliche Leistung unseres Gehirns, finden Sie nicht?

Wenn es Sie tröstet, kann ich Ihnen versichern, dass Ihnen bei klassischen Informationstexten, z. B. Nachrichten, kaum Ausnahmen von der Regel, immer das Wichtigste zu betonen, begegnen dürften. Es sind meist klar gegliederte Sätze, allenfalls mit einfachen Nebensätzen, so geschrieben, dass sie ohne Akrobatik zu lesen sind. Aber vorstellen will ich Ihnen die Sonderfälle eben doch.

Die Betonung der Bindewörter (Konjunktionen) verdient noch eine besondere Erwähnung, da sie im Fernseh- und Radioalltag sehr häufig falsch gemacht wird. Sehen Sie sich einmal die folgenden Sätze an:

? Welche Wörter betonen Sie hier?
    Darüber gebe ich keine Auskunft.
    Die Chancen dafür stehen schlecht.
    Es ging darum, dass die Diäten erhöht werden.
    Er will denjenigen erwischen, der es getan hat.
! --

Betonen Sie die Bindewörter? Das machen wir wieder nur beim Vorlesen. Vor allem beim Lesen kurzer Sätze neigen Sprecher dazu, ein Wort am Anfang und eines am Ende des Satzes zu betonen. Das gibt dann so einen schönen Schaukelrhythmus, den wir oft beim Lesen hören, aber nie in einem Gespräch:

    DAZU viel Sonnenschein im SENDEGEBIET.
    WOZU der LÄRM?

Nein es muss heißen:

    Dazu viel SONNENSCHEIN im Sendegebiet.
    Wozu der LÄRM?

Folglich heißen unsere Übungssätze:

    Darüber gebe ich keine AUSKUNFT.
    Die CHANCEN dafür stehen SCHLECHT.
    Es ging darum, dass die DIÄTEN ERHÖHT werden.
    Er will denjenigen ERWISCHEN, der es getan hat.

Die Zahl der Betonungen im Textzusammenhang sinkt. Ein einzelner Satz muss mindestens einen Haupt- und einen Nebenton haben. Steht ein anderer Satz davor, kann es sein, dass eine der beiden Betonungen verschwindet. Wird zu viel betont, bekommt der Text etwas Oberlehrerhaftes. Die Moderation, die ihr Magazin mit dem Satz

    Anregungen DAZU finden Sie auf unserer INTERNETSEITE

beschließt, macht mich zu jemandem, der begriffsstutzig ist. Senioren-TV oder Radio für die ganz besonders Langsamen. Bei adverbialen Zusammensetzungen mit da- gibt es manchmal sogar zwei verschiedene Möglichkeiten, je nachdem, wie

1.4 Besonderheiten der Betonung

etwas gemeint ist. Er redet daHER, aber DAher müssen wir ... oder DAmit findet er sich ab, aber ... daMIT ich ihn kriege. Egal ob Adverb oder die Einleitung zu einem Nebensatz: am besten wird beides nicht betont.

> Damit FINDET er sich AB.
>
> Damit ich ihn KRIEGE.

Ein besonderer Fall ist die Verneinung:

? Wie würden Sie den folgenden Satz betonen:

> Das kann ich Ihnen nicht sagen!

! --

Eigentlich ganz einfach, werden Sie finden. Jemandem, der uns nach dem Weg zur Hauptstraße fragt, geben wir zur Antwort:

> Das KANN ich Ihnen nicht SAGEN.

Völlig klar. Aber mit dem Umweg über die Schlagzeile können Sie das nicht herausbekommen haben, denn die müsste ja wohl lauten:

> Kann nichts sagen!

Also bekommt das nicht vielleicht doch einen Ton? Nein. Ich gebe zu, dass viele so lesen:

> Das KANN ich Ihnen NICHT sagen!

Aber kaum jemand betont so im persönlichen Gespräch.

? Lesen Sie die folgenden beiden Sätze und machen Sie sich Gedanken über die Betonung.

> Kommst du mit?
>
> Ich komme nicht mit.

! --

Hier ist die Betonung der Verneinung durchaus sinnvoll: Es wird ja direkt nach ihr gefragt.

> Kommst du mit?
>
> Ich komme NICHT mit.

Auch in dem folgenden Witz ist Betonung der Verneinung sinnvoll, sonst wird er nicht komisch:

> Alles in der Welt geht natürlich zu. Nur meine Hose geht natürlich nicht zu.

? Setzen Sie in den folgenden Sätzen die Betonungen. Wir nehmen wieder an, dass es die ersten Sätze eines längeren Textes sind:

> Die Sitzung führte zu einem Ergebnis. Oder führte sie zu keinem Ergebnis?

> Der Regierungssprecher rief dazu auf, den koalitionsinternen Streit zu beenden. Der Abgeordnete Bauer entgegnete, er werde das nicht tun.

! --

Das ist der zweite Fall, in dem die Betonung der Verneinung zu empfehlen ist: Der zweite Satz nimmt jeweils auf den ersten Bezug.

Grundsätzlich wird ja immer das betont, was neu ist, oder was neu hinzukommt. Taucht ein Wort auf, das wir schon einmal betont haben, werden wir beim zweiten Mal den Ton sicher auf ein anderes Wort legen.

> Die Sitzung führte zu einem Ergebnis. Oder führte sie zu KEINEM Ergebnis?

Auch im nächsten Beispiel ist die Betonung des NICHT im zweiten Satz sehr wichtig: Sie steht im Gegensatz zum Appell des ersten Satzes.

> Der Regierungssprecher rief dazu auf, den koalitionsinternen Streit zu beenden. Der Abgeordnete Bauer entgegnete, er werde das NICHT tun.

In den meisten anderen Fällen halte ich es für ungünstig, die Verneinung zu betonen. Die Verneinung wird ja gesprochen, aber warum muss ich sie noch betonen? Im privaten Sprechen machen wir das nicht, warum dann beim Lesen? Ich sage:

> Ich habe kein GLÜCK.

> Ich gehe nicht ins KINO.

> Du wirst nie ÄLTER.

> Er hat es niemals ERFAHREN.

Und auf den Zusammenhang kommt es natürlich auch wieder an.

EIN Mann ist besser als KEIN Mann.
(sagte der Lagerarbeiter, als sich nur der Lehrling als Hilfe meldete)
Ein MANN ist besser als KEIN Mann.
(sagte die alte Jungfer, als der Postbote ihr einen Heiratsantrag machte)

Zusammenfassung
1. Vorsicht bei der Betonung des letzten Wortes im Satz.
2. Bei mehrkernigen Blöcken wird jeder Kern betont.
3. Die Satzbetonung ordnet sich dem Textzusammenhang unter.
4. Eine Verneinung wird nur betont, wenn nach ihr gefragt wird oder sie Bezug auf den vorhergehenden Satz nimmt.

1.5 Falsche Betonungen

Jetzt noch eine vermischte Übung, um mit den Betonungen in einfachen Sätzen erst einmal abzuschließen.

? Streichen Sie bei den folgenden Sätzen die betonten Wörter an!
Der Außenminister kam zu Besuch nach Hamburg.
Die meisten Geldgeschäfte werden über deutsche Banken abgewickelt.
Der Angeklagte nahm das Urteil völlig regungslos zur Kenntnis.
Welche einzelnen Stoffe sind in Kaliumpermanganat enthalten?
Regen Sie sich nicht im Herbst über die ungefegten Straßen auf?
Kaufen Sie bei Wittig in Augsburg am Rathausmarkt!
Bereits am ersten Wochenende hatte der Film Tausende Besucher.
Der Minister zog sich von den Beratungen zurück.
Eine Lufthansamaschine ist heute bei Paris verunglückt.
Die USA wollen die Einfuhr von Mais unterstützen.
Ein Hoch sorgt für Sonnenschein im Sendegebiet.
Bis Samstag Fortdauer der ruhigen Herbstwetterlage.
Der Blutspendedienst weist auf die Spendenmöglichkeiten hin.
Zur Arbeit konnte er sich nicht bequemen.

Wir wollen euch verprügeln und gefangen nehmen. Ich will den Kerl lebend!

! --

Und jetzt meine Lösungsvorschläge:

Der AUSSENMINISTER kam zu Besuch nach HAMBURG.

Die meisten GELDGESCHÄFTE werden über deutsche BANKEN abgewickelt.

Im Einzelfall kann es natürlich auch DEUTSCHE BANKEN heißen.

Der ANGEKLAGTE nahm das URTEIL völlig regungslos zur KENNTNIS.

Welche einzelnen STOFFE sind in KALIUMPERMANGANAT enthalten?

Regen Sie sich nicht im HERBST über die ungefegten STRASSEN auf?

Kaufen Sie bei WITTIG in AUGSBURG am RATHAUSMARKT!

Läuft diese Werbung im Lokalsender Augsburg, muss sie heißen:

Kaufen Sie bei WITTIG in Augsburg am RATHAUSMARKT!

Wir nehmen dann ohnehin an, dass dieses Geschäft in Augsburg liegt.

Bereits am ersten WOCHENENDE hatte der Film Tausende BESUCHER.

Der MINISTER zog sich von den Beratungen ZURÜCK.

Eine LUFTHANSAMASCHINE ist heute bei Paris VERUNGLÜCKT.

Vermeiden Sie hier, zusätzlich Paris zu betonen. Der Satz würde sehr schwerfällig.

Die USA wollen die Einfuhr von MAIS unterstützen.

Ein HOCH sorgt für SONNENSCHEIN im Sendegebiet.

Die Betonung von Sendegebiet anstatt von Sonnenschein wäre nur dann möglich, wenn es wirklich im ganzen übrigen Europa schüttet wie aus Kübeln.

Bis SAMSTAG Fortdauer der ruhigen HERBSTWETTERLAGE.

Wenn Sie bei diesem Satz zeigen wollen, wie sehr Sie sich darüber freuen, dass das schöne Wetter noch ein bisschen fortdauert, dann können Sie auch Fortdauer betonen.

Der BLUTSPENDEDIENST weist auf die SPENDENMÖGLICHKEITEN hin.

Zur ARBEIT konnte er sich nicht BEQUEMEN.

Haben Sie nicht betont? Sprechen Sie sich einmal die zwei Versionen vor. Ich bevorzuge die Version, in der die Verneinung nicht betont wird, aber wirklich falsch ist sie hier nicht.

1.5 Falsche Betonungen

Wir wollen euch VERPRÜGELN und GEFANGENNEHMEN.
Ich WILL den Kerl LEBEND.
Hier wird besonders deutlich, dass das Wort lebend den Hauptton erhält, also eindeutig stärker betont wird als will. Auch durch die Stellung im Satz erhält das Wort ein größeres Gewicht.

2

Haben Sie es genauso gemacht? Oder sind Sie manchmal anderer Meinung? Meine Vorschläge erheben nicht den Anspruch, allgemeingültig zu sein. Ich will nur versuchen, Ihnen das *Prinzip* klar zu machen und zu begründen, warum ich zu einer bestimmten Betonung komme. Die letzte Entscheidung liegt bei Ihnen, dem Sprecher.

Entscheidend ist, dass Sie Ihre Präsentation nicht dem *Zufall* oder allein Ihrem *Gefühl* überlassen.
Unvergessen bleibt mir der Besitzer eines Möbelhauses, der seinen Radiospot so gesprochen haben wollte:
MÖBEL
kauft man GUT bei Fless!
Also kaufen Sie in dem Laden bloß keine Teppiche, keine Lampen, keine Gardinenstangen und keine Garderobenhaken. Denn nur MÖBEL kauft man gut bei Fless. Alles andere ist Mist.

? Wie würde der Satz am besten gesprochen und betont?
Möbel kauft man gut bei Fless!
! ---

Wir betonen in diesem Satz am besten die beiden Wörter Möbel und Fless. Und bei der Gelegenheit lassen wir auch gleich die Pause nach Möbel weg, die der Herr von der Firma Fless so gerne haben wollte.

Es gibt noch sehr viele andere Methoden, die betonten Wörter eines Satzes herauszufinden. Regine Lutz empfiehlt in ihrem wunderbaren Buch über die Theaterarbeit[7], im Zweifelsfalle jedes Wort eines Satzes „abzuklopfen" und sich zu fragen, was der Satz bedeuten würde, wenn wir das ausgesuchte Wort betonten.

Ein sehr langwieriges und zeitraubendes Verfahren, aber absolut wirkungsvoll. Nun haben die Sätze eines Theatertextes ja auch noch einen wesentlich höheren Schwierigkeitsgrad als unsere Beispielsätze. Es gibt halbe Sätze, Rufe, Wortkaskaden, deren Betonungen man sich wirklich erarbeiten muss.

Nicht umsonst gibt es in jeder Schauspielergarderobe hitzige Diskussionen über die Betonung bestimmter Sätze bis zur hundertsten Vorstellung. Auch das können Sie bei Regine Lutz nachlesen.

So einfach ist das Betonen also wirklich nicht, obwohl es jeder von uns im Alltag fehlerfrei beherrscht. Lassen Sie sich Zeit, es in Ruhe zu üben.

Auch in einem Informationstext kann durch unterschiedliche Betonung meine persönliche Meinung zum Ausdruck kommen, wenn auch viel subtiler und versteckter.

? Lesen Sie die folgende Nachricht einmal als Politiker, der vor allem *beschwichtigen* will, ein zweites Mal als Sympathisant der Umweltschutzorganisation Greenpeace, der vor allem *aufrütteln* möchte:

Die Bürger von Rosenheim werden gebeten, das Leitungswasser bis auf weiteres nur in abgekochtem Zustand zu verwenden. Krankmachende Erreger wurden bisher nicht nachgewiesen.

Was verändern Sie und wo?

! --

Immer dort, wo Sie Informationen weitergeben, sind Sie gezwungen, sich für bestimmte Pausen und Betonungen zu entscheiden, die den Zuhörer in eine bestimmte Richtung führen. Wenn Sie in diesem Satz die Worte bis auf weiteres und nicht betonen, entsteht beim Hörer der Eindruck, dass es sich um eine befristete Vorsichtsmaßnahme handelt, deren Notwendigkeit noch lange nicht erwiesen ist.

Wenn Sie die Worte nur und bisher nicht betonen, weisen Sie auf die außerordentliche Gefahr hin, die die Nichtbeachtung dieses Hinweises bedeutet, und Sie kündigen an, dass Sie jeden Augenblick den Eintritt einer Gefahrensituation erwarten.

3

---

7 Lutz, Regine, Schauspieler - der schönste Beruf, München 1993

1.5 Falsche Betonungen

Selbst wenn Sie sich jetzt winden und versuchen, den Satz so zu lesen, dass Sie auf keiner der beiden Seiten stehen, wird Ihnen das schwerlich gelingen. Der Objektivität, was Texte angeht, können wir uns nur nähern. Sie immer hundertprozentig zu erreichen, dürfte unmöglich sein.

Sie sehen also, dass sich auch ein Nachrichtensprecher nicht ganz heraushalten kann. Sobald jemand vor einer Gruppe spricht oder liest, spielt seine eigene Person, seine eigene Meinung eine Rolle, ob er will oder nicht. Und ein Nachrichtensprecher muss unter Umständen sehr viel Arbeit darauf verwenden, objektiv zu sein.

„Größtmögliche Genauigkeit, Vollständigkeit und Überprüfbarkeit sowie Vorurteilslosigkeit und Neutralität anzustreben, bedeutet vielfach harte Arbeit".[8] Dieser Satz von Wolf Schneider, in dem er in erster Linie die schreibenden Redakteure meint, lässt sich auch auf die Arbeit des Sprechers anwenden.

Überbetonung: Ein Wort noch zu dem, was man in der Radio- und Fernsehpraxis eine Überbetonung nennt. Sie können einen Satz vollkommen richtig betonen und es dennoch falsch machen. Dann nämlich, wenn Ihre Betonungen so über den übrigen Satz hinausschießen, dass sich der Zuhörer wieder fragen muss, was Sie denn damit wohl meinen.

Zum Beispiel, wenn ein Sprecher oder Moderator so auf jedes zweite Wort seines Textes draufhaut, als sei es eine Kesselpauke, hören wir, dass er gerade mit etwas anderem beschäftigt ist. Und sei es mit der Suche nach der richtigen Formulierung.

Und NUN
viel SPASS
mit Friedhelm MEISTER
und seiner SENDUNG
frisch GESPIELT
ist gut GELAUNT
HIER auf EINundneunzig
KOMMA NULL!

4

Ich habe allerdings auch Moderatoren getroffen, die dieses energiegeladene Bellen von Satzbruchstücken für das Verbreiten von guter Laune hielten.

---

8   Schneider, Wolf, Unsere tägliche Desinformation, Hamburg 1992

> **Zusammenfassung**
> 1. Betonungen transportieren Information.
> 2. Betonen Sie nicht, was für Ihr Publikum selbstverständlich ist.
> 3. Die Wahl der Betonung entscheidet mit über die Position des Sprechers zum Sachverhalt
> 4. Vermeiden Sie Überbetonungen.

1.6 Der Textzusammenhang

Bis jetzt galt alles immer nur für den ersten Satz eines Textes. Eine der wichtigsten Aufgaben einer Betonung liegt aber gerade darin, die *Beziehung zwischen zwei oder mehreren Sätzen* zu klären.

? Wie heißen also die Sätze, die vor den Beispielsätzen gestanden haben müssen, damit die folgenden Betonungen zustande kommen.

ICH habe mich NICHT auf den Stuhl gesetzt.

Sie hat neben MIR gesessen.

Ich habe EINEN Anruf erhalten.

Das Kind hat mit dem Ball GESPIELT.

! --

Zunächst einmal können es *Fragesätze* sein, die nach dem Wort, bzw. den Wörtern fragen, die wir betont haben.

Wer hat sich auf den Stuhl gesetzt?

ICH habe mich NICHT auf den Stuhl gesetzt.

Aber auch, wenn wir festlegen, dass davor ein *Aussagesatz* steht, sollten Ihnen die Lösungen nicht schwer fallen.

Auch, wenn Ihre Lösungssätze etwas anders ausschauen, sollten sie in etwa den folgenden Inhalt haben:

Du hast dich auf den Stuhl gesetzt! – ICH habe mich NICHT auf den Stuhl gesetzt.

Sie hat doch neben Rudi gesessen! – Sie hat neben MIR gesessen.

Du hast doch mindestens vier Anrufe erhalten. – Ich habe EINEN Anruf erhalten.

1.6 Der Textzusammenhang

Das Kind hat den Ball einfach kaputt gemacht. – Das Kind hat mit dem Ball GESPIELT.

Bezüge innerhalb des Textes klären wir mit Hilfe der Betonung, vor allem, um Missverständnisse zu vermeiden. Den zweiten Satz verbinden wir über die Betonung mit dem ersten Satz.

In dem Buch „Sprache"[9] gibt es dazu noch folgendes schöne Beispiel. Vielleicht finden Sie ja heraus, was es damit auf sich hat.

? Es gibt für diese beiden Sätze zwei verschiedene Betonungen, die die Bedeutung der Sätze völlig verändern.

Mein Mann kann heute nicht kommen. Der Hund ist weggelaufen.

! ---

Haben Sie es herausgefunden? Wenn nicht, denken Sie einmal daran, was wir über die ersten Sätze eines Textes im vorigen Beitrag gesagt haben. Für den ersten Satz gibt es meist nur eine sinnvolle Betonung, also werden hier die zwei möglichen Betonungen im zweiten Satz liegen. In dem oben zitierten Buch heißt es dazu: „Mein Mann kann heute nicht kommen. Der Hund ist weggelaufen. Geschrieben ist diese Satzfolge doppeldeutig: Betont man Hund, bedeutet sie Er muss Struppi suchen; betont man nicht Hund, sondern weggelaufen, bedeutet sie Der Kerl hat mich verlassen."

◯ 5

Das Vorlesen eines Textes besteht also nicht einfach nur darin, etwas Geschriebenes *hörbar* zu machen, sondern es ist eine Arbeit, die geleistet werden muss, um dem Zuhörer das Verständnis zu erleichtern. Die Aussage eines Textes erschließt sich erst, wenn wir dem Hörer durch unseren Vortrag den Sinn begreiflich machen. Dazu müssen wir selbst natürlich die Zusammenhänge kennen.

Laut Guiness-Buch der Rekorde ist das Wort im Deutschen mit den meisten Bedeutungen das Wort Läufer. Da gibt es den Teppich, die Schachfigur, das junge Schwein, den beweglichen Teil eines Krans, den Mann, der schnell zu Fuß ist und 19 andere Bedeutungen. Da hilft nur der Zusammenhang, welche Bedeutung jetzt genau gemeint ist.

---

9 Boettcher, Herrlitz, Nündel, Switalla, sprache - Das Buch, das alles über Sprache sagt, Braunschweig 1983, S. 173

Außerdem hängt es manchmal davon ab, wer ein Wort sagt. In dem wunderbaren Buch von Guy Deutscher „Du Jane, ich Goethe"[10] gibt er ein wundervolles Beispiel, wie sich Sprache verändert. Das passiert nicht immer langsam und schleichend, sondern sehr oft existieren zwei Aussprachemöglichkeiten oder zwei Bedeutungen desselben Wortes nebeneinander. Wenn eine ältere Dame aus der Oper kommt und Es war irre! sagt, war mit großer Wahrscheinlichkeit ein junger verrückter Regisseur am Werk, der die Oper ein bisschen sehr stark bearbeitet hat. Sagt dasselbe eine Schülerin beim Verlassen der Oper wird sie es mit großer Wahrscheinlickeit ziemlich toll gefunden haben.

Bei den folgenden drei Beispielen, die ich bei Wolf Schneider[11] gefunden habe, ist der Satz geschrieben völlig eindeutig. Aber wenn er gesprochen wird, müssen wir sehr genau sein, um nicht missverstanden zu werden.

Der Gefangene floh oder
Der gefangene Floh.

Ich habe liebe Genossen oder
Ich habe Liebe genossen.

Bunte verriet sie, warum. oder
Bunte verriet sie. Warum?

Solche Sprachspiele gibt es sehr viele. Die erste Werbung für den Opel Kadett lautete

Da haben nicht nur vier dicke Platz.

Da haben auch vier Dicke Platz.

Und hier noch ein hübscher Werbespruch

Wir essen, Opa.

Wir essen Opa.

Zeichensetzung kann Leben retten!

Wie war das noch?
Er will sie nicht?
Nein.
Er will. Sie nicht.

---

10 Deutscher, Guy, Du Jane, ich Goethe, Eine Geschichte der Sprache, München 2008, S.82
11 Schneider, Wolf, Deutsch für Kenner, München 1996, S. 293

1.6 Der Textzusammenhang

Solche Beispiele gibt es auch in anderen Sprachen.
> A woman, without her man, is nothing.
> A woman: without her, man is nothing.

Manchmal hilft die Interpunktion, aber eben nicht immer. Ich muss schon wissen, was ich genau sagen will.
> Was ist Konsequenz? HEUTE so, MORGEN so.
> Was ist Inkonsequenz. Heute SO, morgen SO.

Bei einem Satz ohne Interpunktion habe ich gar keinen Anhaltspunkt, wie der Satz zu sprechen ist:

? Finden Sie die verschiedenen Betonungsmöglichkeiten in dem folgenden Satz:
> Der Arzt ließ den Schwerverletzten erst einmal zu sich kommen.

! --

Was wirklich gemeint ist, muss sich aus dem Zusammenhang ergeben:
> Der ARZT ließ den Schwerverletzten erst einmal zu SICH kommen.

Das bedeutet, dass der Arzt darauf bestand, den Schwerverletzen bei sich in der Praxis zu behandeln. Oder
> Der ARZT ließ den Schwerverletzten erst einmal ZU sich kommen.

Der Arzt kümmerte sich also zunächst darum, dass der Patient das Bewusstsein wiedererlangte.

Vielleicht meint der Satz ja sogar, dass der Schwerverletzte bisher nur ein einziges Mal bei diesem Arzt war:
> Der ARZT ließ den Schwerverletzten erst EINMAL zu sich kommen.

Dazu noch ein Witz, der gesprochen nur dann klappt, wenn wir in beiden Sätzen bestimmte Betonungen setzen:
> Sagt die eine Frau: „Mein Mann ist heute zum ZEUGEN geladen." „Ach", seufzt die andere, „wäre das schön, wenn meiner mal zum Zeugen GELADEN würde."

Wenn Sie in beiden Sätzen der Frauen das Wort Zeugen betonen, ist der Witz weg.

6

? Welches sind die beiden Varianten im folgenden Satz:
Schön ist, wenn ein solcher Flirt mit einer Einladung zum Essen endet.

! --

Im einen Fall freut man sich darüber, dass der Flirt mit einem ESSEN endet, also weitergeht.

SCHÖN ist, wenn ein solcher Flirt mit einer Einladung zum ESSEN endet.

Im anderen Fall ist man erfreut, dass der Flirt mit dem Abendessen ENDET, also dass endlich Schluss ist.

SCHÖN ist, wenn ein solcher Flirt mit einer Einladung zum Essen ENDET.

Bei Aufzählungen sollte die Betonung des ersten Wortes schon ankündigen, dass es noch weitere Teile der Aufzählung geben wird.

Kurz nach der PLENARSITZUNG bildete man ARBEITSKREISE und GESPRÄCHSRUNDEN.

Über die zweikernigen Blöcke haben wir ja schon gesprochen. Das Gleiche gilt für *Gegensätze* oder *Vergleiche*.

? Betonen Sie die folgenden Sätze!

Wir haben hier erstens zu wenig Zeit, und im übrigen lohnt sich die ganze Anstrengung nicht.

Wir haben hier erstens zu wenig Zeit, und zweitens lohnt sich die ganze Anstrengung nicht.

! --

Es ist möglich, beide Sätze gleich zu betonen.

WIR haben hier erstens zu wenig ZEIT, und im übrigen LOHNT sich die ganze Anstrengung nicht.

Eleganter wäre es aber, das zweitens im zweiten Beispiel durch die Betonung des erstens im ersten Satzteil vorzubereiten.

WIR haben hier ERSTENS zu wenig ZEIT, und zweitens LOHNT sich die ganze Anstrengung nicht.

Da hätten wir dann den Fall, dass der erste Satz auf den zweiten hinweist. Der Zuhörer soll darauf aufmerksam gemacht werden, dass noch ein zweitens kommt.

1.6 Der Textzusammenhang

? Welche Sätze kämen nach den folgenden Beispielsätzen?
Es gab SECHSundzwanzig Verletzte.
Der Flüchtige trägt einen BLAUEN Anorak.
Der Vorstand TRAF sich in Bonn.

! --

In den Sätzen, die auf diese drei Beispielsätze folgen, muss es um eine *nähere Erklärung* des betonten Wortes gehen. Wir setzen das betonte Wort in einen Gegensatz oder als Variation zu einem Wort oder Sachverhalt, der im nächsten Satz oder Satzteil beschrieben wird.

Es gab SECHSundzwanzig Verletzte. DREIundzwanzig Menschen werden noch vermisst.

Der Flüchtige trägt einen BLAUEN Anorak, und nicht wie ursprünglich angenommen einen ROTEN.

Der Vorstand TRAF sich in Bonn. BESCHLÜSSE gab es allerdings noch keine.

Die vielen Variationen und Ausnahmen, die sich innerhalb eines Textes ergeben können, in Empfehlungen zu fassen ist unmöglich. Im Übungsteil dieses Buches finden Sie aber genügend Beispiele, an denen Sie das Betonen in längeren Texten üben können.

Zusammenfassung
1. Betonungen stellen Beziehungen zwischen Sätzen her.
2. Die Wahl der Betonung kann eine Verknüpfung zu dem vorangegangenen oder dem nachfolgenden Satz herstellen.
3. Die Betonung von Aufzählungen, Gegensätzen und Vergleichen strukturiert einen Text.

1.7 Die Pausen

Nach ein bisschen Übung dürfte es uns nicht mehr schwer fallen zu entscheiden, welche Wörter bei einfachen Sätzen betont werden müssen. Jetzt aber werden die Sätze länger.

? Welche Wörter würden Sie in dem folgenden Satz betonen?
Es gab ein Zimmer in meinem Haus, das ich kaum kannte, und das mir unheimlich war, so oft ich es betrat.

! --

Legen Sie jetzt Ihre Betonungen fest und vergleichen Sie später mit dem, was wir in diesem Beitrag noch herausfinden werden.

Wie finden wir in einem längeren Satz die betonten Worte? Wir können auch aus diesem Satz eine Schlagzeile machen, auch wenn das ein bisschen komplizierter ist. Sie könnte ungefähr lauten: Kaum gekanntes Zimmer unheimlich bei Betreten. Da haben wir dann schon alle betonten Worte beisammen.

Es gab ein ZIMMER in meinem Haus, das ich kaum KANNTE, und das mir UNHEIMLICH war, so oft ich es BETRAT.

Es taucht aber ein zweites Problem auf: Der Satz ist zu lang, um ihn in einem Atem durchzusprechen. Wir müssen innerhalb des Satzes eine Pause machen. Damit sind wir bei einem weiteren Gestaltungsmittel, den *Pausen*.

Wir verlieren die Betonungen nicht aus den Augen, aber wir versuchen nun erst einmal festzulegen, wie wir so einen Satz in kleinere Einheiten zerlegen, die unseren Sätzen des vorigen Beitrages entsprechen. Für die können wir ja die Betonungen schon ohne Schwierigkeiten bestimmen.

In der Schule haben die meisten von uns gelernt, dass das ja ganz einfach sei: Die Pausen macht man da, wo *Punkte* oder *Kommas* stehen, wobei man bei den Kommas die Stimme nach oben führt und bei den Punkten mit der Stimme runtergeht (im Englischen heißt der Punkt „Fullstop", womit seine Funktion schon gut beschrieben ist: ein völliger Stopp im Satzfluss). Der *Strichpunkt* ist demnach eine kurze Pause; einen Satz mit *Ausrufezeichen* sprechen wir lauter. Und bei einem Satz mit einem *Fragezeichen* ziehen wir am Ende die Stimme stark nach oben, bis das letzte Wort quasi im Raume schwebt und die Frage damit auf eine rasche Beantwortung drängt. Sonst kann es zu Mißverständnissen kommen.

1.7 Die Pausen

Der Nachwuchs ist da. „Ein Brüderchen oder ein Schwesterchen?", wird Erna von der Nachbarin gefragt. „Ja, was denn sonst", murmelt Erna leise. Wenn wir bei der Frage Hast du das Geld genommen? die Sprechmelodie am Ende nach oben ziehen, ist es eine echte Frage. Wenn wir bei derselben Frage die Satzmelodie nach unten führen, sind wir fest davon überzeugt, dass derjenige, den wir fragen, das Geld auch genommen hat. Die Satzmelodie verändert hier den Inhalt.

Aber im Grunde kann uns die Interpunktion für die Sprechgestaltung eines Satzes nur Anhaltspunkte geben. Verlassen können wir uns darauf kaum. Schon deshalb, weil wir nicht davon ausgehen dürfen, dass unser Redakteur oder Autor die recht unübersichtlichen Regeln der deutschen Zeichensetzung restlos beherrscht. Im Beitrag „Die Satzzeichen" gehe ich darauf noch näher ein.

Kommas, Punkte, Strichpunkte etc. sagen etwas über den *grammatikalischen* Zusammenhang eines Satzes oder Textes aus. Und mit Hilfe dieser Information können wir uns den *inhaltlichen* Zusammenhang erschließen. Beim Sprechen strukturieren wir den Text dann so, dass genau das gesagt wird, was der Text meint.

Die kleinste Pause kann, ähnlich wie bei den Betonungen, an einer bestimmten Stelle den Sinn eines Satzes vollkommen verändern.

Die beiden Fragesätze

Waren wir hier schon zusammen?

und

Waren wir hier schon, zusammen?

erhalten durch das Komma völlig unterschiedliche Bedeutungen. Während im ersten Satz nach der Dauer der Beziehung zwischen den beiden Gesprächsteilnehmern gefragt wird, geht es im zweiten Satz darum, ob beide den Ort, an dem sie sich befinden, schon zusammen besucht haben. Ohne das grammatikalische Zeichen Komma wäre dieser Unterschied im geschriebenen Satz nicht zu erkennen.

Der Satz Er verkaufte sein Haus, Boot und Auto ist im Schriftbild leicht vom Satz Er verkaufte sein Hausboot und Auto zu unterscheiden. Im gesprochenen Satz müssen wir die Bedeutung durch Pausen klar machen.

? Von jedem der folgenden Sätze gibt es zwei Varianten mit ganz unterschiedlichen Bedeutungen. Setzen Sie die Satzzeichen für beide Bedeutungen.

Der brave Mann denkt an sich selbst zuletzt.

Der brave Mann denkt an sich selbst zuletzt.

Rainer sagte Gerhard ist dumm.

Rainer sagte Gerhard ist dumm.

Was willst du schon wieder?

Was willst du schon wieder?

! --

Die Zeichensetzung ist also doch ungemein nützlich und notwendig. Ein kleines Komma dreht den Inhalt eines Satzes in sein Gegenteil.

Der brave Mann denkt an sich selbst zuletzt.

Der brave Mann denkt an sich, selbst zuletzt.

Rainer sagte, Gerhard ist dumm.

Rainer, sagte Gerhard, ist dumm.

Was willst du schon wieder?

Was, willst du schon wieder?

7

Manchmal helfen nicht einmal die Satzzeichen, eine Pause zu setzen. Bei dem Satz

Er ging nach dem Essen mit ihr ins Theater.

kann uns nur der Zusammenhang darüber Aufschluss geben, wo wir die Pause zu setzen haben.

Ging er mit ihr essen und dann alleine ins Theater?
Oder ging er nach dem einsamen Abendessen mit ihr ins Theater?
Oder ging er nach dem Essen mit ihr auch noch mit ihr ins Theater?
Ein Rätsel, bei dem man vom Sprecher erwartet, dass er es (auch mit Hilfe seines Vorwissens und des Textzusammenhanges) löst.

Die Anzahl der Satzzeichen, die uns zur Verfügung stehen, ist sehr begrenzt. Deswegen gibt es sehr viele verschiedene Gründe, warum z. B. ein Komma an einer bestimmten Stelle steht. Doch nur, wenn das Komma zwei Gedanken (andere

1.7 Die Pausen

Autoren sprechen von Sinnschritten[12]) trennt, ist eine Sprechpause angebracht. Diese Pause können wir dann zum Atmen benutzen.

Während der Hörer die Pause zwischen den Gedanken zum Abspeichern des gehörten Gedankens benutzt, haben Sie einen Moment Zeit, den nächsten Gedanken vorzubereiten.

Durch die zweigeteilten Verben im Deutschen entscheidet sich in manchen Sätzen die eigentliche Satzaussage erst im letzten oder vorletzten Wort. Wir müssen also schon von Anfang an den Satz von der Gestaltung her so führen, dass er auf das letzte Wort hinzielt.

? Lesen Sie den folgenden Satz:

Christoph nahm das Schreiben der Regierung von Oberbayern
auf die leichte Schulter.

! ---

Wenn Sie nach Oberbayern eine Pause machen, ist aus dem Satz ein Witz geworden. Ihre Zuhörer vermuten, dass Christoph das Schreiben in die Hand nahm, und dann liefern Sie Ihnen voller Schadenfreude nach, dass er das Schreiben auf die leichte Schulter nahm. Da gehört also auf keinen Fall eine Pause hin.

Es muss im besten Fall schon zu Beginn des Satzes klar werden, dass er es nicht in die Hand, sondern auf die leichte Schulter nahm. Im Deutschen lassen sich da eine Menge Beispiele finden, in denen das Ende des Satzes die Erwartung nicht befriedigt, die der Anfang hervorruft.

Max geht jetzt endlich.
Ein Licht auf.

Heiner sah als Erster die Radieschen.
Von unten.

Wir besprachen dann den Einfall.
Der Mauren.

Der Gedanke sollte also durchgesprochen werden, damit Missverständnisse wie in diesen Sätzen erst gar nicht entstehen. Um zu erfahren, wie wir die Pausen in einem längeren Text setzen müssen, hören wir bei Gesprächen zu. Der Sprecher

---

12 Wachtel, Stefan, Sprechen und Moderieren in Hörfunk und Fernsehen, Konstanz, 5. Auflage, 2003

macht eine Pause erst dann, wenn ein Gedanke beendet ist. Nach der Pause folgt der nächste Gedanke.

Die einzelnen Gedanken voneinander abzusetzen, sollte also auch beim Präsentieren eines Textes unser Ziel sein. Denn im Idealfall spricht der Radiomoderator, der Redner oder der Lehrer wie ein guter Freund, der mir etwas Interessantes mitteilen will. Und der erzählt normalerweise auch einen Gedanken nach dem anderen.

Sehen wir uns daraufhin unseren Beispielsatz noch einmal an:

? Wo würden Sie eine Pause machen?

Es gab ein Zimmer in meinem Haus, das ich kaum kannte, und das mir unheimlich war, so oft ich es betrat.

Wie viele Gedanken enthält dieser Satz? Wie viele einzelne Informationen erhalten wir?

! ---

Ich denke, wir sind uns einig, dass der Satz zwei Gedanken enthält. Der erste Gedanke heißt:

Es gab ein Zimmer in meinem Haus, das ich kaum kannte.

Und der zweite Gedanke heißt:

Und das mir unheimlich war, so oft ich es betrat.

Der Satz enthält also eine Pause, nämlich zwischen kannte und und.

Ich schlage Ihnen vor, ruhig noch weiter zu gehen, als wir es oben getan haben. Dann nämlich, wenn der Sprecher des Textes nicht der Verfasser ist. Sie schreiben den fremden Text einfach so um, dass Sie ihn besser lesen können.

Nicht nur, dass Sie aus den beiden Gedanken jeweils einzelne Sätze machen, die Sie mit einem Punkt beenden, sondern, dass Sie die Kommas, wo keine Pausen gemacht werden sollten, einfach weglassen. Wenn Sie jetzt noch für jeden Gedanken eine neue Zeile beginnen, finden Sie sich auch in langen Texten sehr gut zurecht.

Es gab ein ZIMMER in meinem Haus das ich kaum KANNTE.
Und das mir UNHEIMLICH war so oft ich es BETRAT.

Keine Pause nach Haus und keine Pause nach war. Pausen immer erst am Ende des Gedankens.

1.7 Die Pausen

Ein Gedanke ist immer dann zu Ende, wenn ein potentieller Zuhörer Sie nicht fragend anschaut und wartet, was Sie jetzt noch sagen wollen, sondern wenn er bei der Pause, die Sie machen, davon ausgehen kann, dass Sie jetzt fertig sind.

Wenn Sie sich also unschlüssig sind, lesen Sie den Satzteil, den Sie für einen eigenen Gedanken halten, vor und überlegen Sie, ob Sie Ihren Gesprächspartner jetzt allein lassen könnten oder nicht.

? Wie viele Gedanken hat der folgende Satz:
   Er parkte sein Auto, und er rammte dabei ein Fahrrad.
! --

Auch, wenn Sie niemand fragend angucken würde, wenn Sie nach Auto einen Punkt machten, so ist der Gedanke dort noch nicht zu Ende.

Ihr Zuhörer wartet nicht mehr, dass es weitergeht, aber wenn Sie weitersprechen, ergänzen Sie den Gedanken, von dem der Zuhörer glaubte, er sei längst abgeschlossen. In diesem Fall ist die Nachricht gar nicht, dass er sein Auto parkte, sondern, dass er dabei ein Fahrrad rammte. Und erst dann können Sie den Gedanken abschließen.

Bei dem folgenden Satz ist das anders:
   Er parkte sein Auto, und dann ging er in die Stadt.

Der Satz enthält zwei Gedanken. Erst parkte er sein Auto, und dann, als dieser Vorgang abgeschlossen war, ging er in die Stadt. Hier würden wir also beim Aufschreiben nach Auto einen Punkt machen und mit Und groß beginnen, wohingegen wir beim vorhergehenden Satz das Komma einfach weglassen könnten:

   Er parkte sein Auto und (er) rammte dabei ein Fahrrad.

Der Satz ist ein einziger Gedanke, und so müssen wir ihn auch lesen.

Die Bedeutung kann sogar unterschiedlich sein.

   In der Nacht kommt Nebel auf, morgen regnet es.

heißt, dass der Nebel am frühen Morgen in Regen übergeht.

   In der Nacht kommt Nebel auf. Morgen regnet es.

bedeutet dagegen, dass der Regen irgendwann am nächsten Tag kommt. Es sind jetzt zwei Gedanken.

Es braucht ein bisschen Übung, die Punkte und Kommas nicht doch zu lesen, die Sie aus dem Text entfernt haben. Besonders nach dem ersten Gedanken eines Satzes wirklich eine Pause zu lassen und aus dem zweiten Gedanken eine eigenständige Satzeinheit zu machen, fällt manchen wohl sehr schwer. Weil es ja im Grunde, grammatikalisch gesehen, kein vollständiger Satz ist. Das muss man erst einmal vergessen können. Beim Sprechen gelten eben andere Regeln.

1.8 Sprechzeichen

Es macht sehr viel Arbeit, sich einen Text so aufzuschreiben, wie ich es oben angeregt habe, aber es ist ungemein hilfreich:

- jede Zeile ein neuer Gedanke,
- am Ende des Gedankens ein Punkt,
- innerhalb der Gedanken keine Kommas
- keine Wörter trennen
- keine Sätze über zwei Seiten
- nicht die Rückseite beschreiben

Wenn Sie mit dem Aufteilen der Sätze und den Betonungen vertraut sind, brauchen Sie das nicht mehr. Aber besonders wenn Sie bei Ihren ersten Versuchen noch nervös sind, kann diese Art, einen Text aufzuschreiben, sehr hilfreich sein. Entscheiden Sie selbst, wie viel Arbeit Sie sich zumuten wollen.

Ich erinnere mich an einen Firmenchef, der bei mir Unterricht nahm, weil er die Reden an seine Belegschaft in ein Diktaphon sprach, sie von seiner Sekretärin abtippen ließ und dann beim Halten der Reden enorme Schwierigkeiten hatte, obwohl der Text ja komplett von ihm stammte.

Wir haben dann festgestellt, dass diese Sekretärin sich keine Blöße geben wollte und den Text, den er auf Band gesprochen hatte, in grammatikalisch einwandfreie Sätze umgewandelt hatte. Deswegen erkannte der Mann seinen eigenen Text nicht mehr.

Seitdem macht sie da Punkte, wo der Chef auf dem Tonband die Stimme senkt, und setzt da ein Komma, wo er eine Atempause macht, ohne Rücksicht auf das, was sie mal über die deutsche Zeichensetzung gelernt hat. So einfach ist es manchmal.

1.8 Sprechzeichen

Es gibt Kollegen, die Zeichen im Text völlig ablehnen, besonders bei Rundfunksprechern. Ein guter Sprecher brauche so etwas nicht. Kann sein! Aber schon nicht alle Meldungen sind so geschrieben, dass man sie sofort ohne Probleme vorlesen kann. Und die Sicherheit, auch mit schwierigen Sätzen fertig zu werden, bekommt man nur durch Übung. Doch wer lässt denn heute einen Sprecher noch monatelang üben, ehe er hinters Mikrofon darf?

Die Entscheidung für bestimmte Sprechzeichen zwingt Sie zur Auseinandersetzung mit der Struktur des Satzgefüges. Und je besser Sie Ihren Text durchdringen, desto besser lesen Sie. Bei Beiträgen, Features und literarischen Texten wüsste ich gar nicht, wie man sich auf die Fülle von Stolperstellen in einem langen Text anders vorbereiten sollte. Nehmen wir nur folgendes Beispiel:

„Auch wenn es dir schwer fällt, du darfst dich jetzt auf gar keinen Fall umdrehen", flüsterte er.

Wenn Sie das flüsterte er erst bemerken, wenn Sie beim Lesen dort angekommen sind, ist es zu spät, den Satz leiser zu sprechen, also wenigstens andeutungsweise zu flüstern. Ein Zeichen von Ihnen am Beginn des Satzes, und Sie hätten ab Auch leiser gesprochen.

Es gibt auch, wie bereits erwähnt, den Fall, dass wir einen Satz anders betonen, wenn wir den nachfolgenden Satz kennen. Auch hier kann uns ein Sprechzeichen sehr helfen, gleich die sinnvolle Betonung zu finden.

? Überlegen Sie die Betonung für den folgenden Satz:
  Wir wählen einen Politiker.

! --

Ziemlich einfach: Wir betonen wählen und Politiker. Wenn der Nebensatz danach aber lautet und nicht zwei verändert sich die Betonung.

Wir wählen EINEN Politiker,
Und nicht ZWEI.

Das einen ist jetzt Zahlwort und nicht mehr unbestimmter Artikel und wird betont, um den Gegensatz zur folgenden Zahl klar zu machen.

Wenn ich zu einer Lesung gehe – Schwabing, Sonntagmorgen, eine schwarz gekleidete Dame (oder Herr), ein Glas Wasser auf dem Tisch –, dann werfe ich im Vorbeigehen, wenn möglich, einen Blick auf das Buch oder Manuskript. Sind da die Seiten völlig jungfräulich, ohne Bleistiftkringel oder Zeichen, kann ich im Grunde nach Hause gehen. Kein Mensch kann sich die Struktur so vieler Sätze merken oder sie auf Anhieb richtig gestalten. Es sei denn, der Vortragende hätte alles, was er sagt, auswendig gelernt, und der Text auf dem Tisch diente nur als Sicherheit. Doch dieser Fall ist äußerst selten.

Welche Zeichensprache Sie wählen, ist nicht so wichtig, Sie müssen sich nur zurechtfinden. Auf- und absteigende Bleistiftstriche, Häkchen, unterstrichene Worte, dicke Punkte usw. helfen Ihnen, während des Lesens nicht über die Struktur nachdenken zu müssen. Versuchen Sie es zum Beispiel mit folgenden Zeichen:

Sprechzeichen
/	(zwischen den Worten)	Atempause
,	(zwischen den Worten)	Staupause, Zäsur
=	(unter dem Wort)	Betonung Hauptton
—	(unter dem Wort) oder:	Betonung Nebenton
I	(über dem Wort)	Betonung Hauptton
II	(über dem Wort)	Betonung Nebenton
↓	(hinter dem Wort)	Ende des Gedankens (Stimmführung nach unten)
↑	(hinter dem Wort)	Gedanke geht trotz Pause weiter (Stimmführung nach oben)
→	(hinter dem Wort)	Pause im Gedanken (Stimme bleibt in der Schwebe)

Für mich sind die Pfeile immer auch gleich Atempausen, aber Sie können die Atempause auch noch zusätzlich kennzeichnen. Den Begriff Staupause erklärt Norbert Linke in seinem Radio-Lexikon:

„Realisiert werden Staupausen, indem der Sprechfluss kurz angehalten, die Sprechspannung aber nicht gelöst wird. An Staupausen kann (aber muss nicht) nachgeatmet werden."[13]

Ich biete Ihnen immer mehrere Zeichen an, wählen Sie aus, was Ihnen liegt. Nur, übertreiben Sie es nicht! Wenn Sie vor lauter Zeichen den Text nicht mehr

---

13 Linke, Norbert, Radio-Lexikon, München 1997, S. 142

1.8 Sprechzeichen

finden, wird Sie das eher ablenken. Andererseits halte ich die Empfehlung, sich lediglich die Atempausen mit kleinen Strichen zu markieren[14], für unzureichend.

Ein Nachrichtentext mit Sprechzeichen könnte so aussehen:

In <u>Weinheim</u> ist heute ein <u>Straßentunnel</u> eröffnet worden der die badische Stadt mit dem hessischen <u>Birkenau</u> verbindet ↓

Die ersten Überlegungen für den Bau des 2715 Meter langen „Saukopftunnels", gingen auf das Jahr <u>1732</u> zurück → sagte der badenwürttembergische Ministerpräsident <u>Teufel</u> ↓

Die <u>Entscheidung</u> für den längsten Straßentunnel Deutschlands mit Gegenverkehr sei aber erst in den <u>70er</u> Jahren gefallen ↓

Weil Umweltschützer und Anwohner das Projekt stoppen wollten ↑ musste der Bau zwischen <u>1993 und 97 unterbrochen</u> werden ↓

Auf der Strecke verkehren täglich <u>13 000 Fahrzeuge</u> ↓

8

Weitere Hilfen für das Schreiben und Sprechen von Nachrichten finden Sie in den Kapiteln „Die Nachrichtensprache" und „Die Radionachricht" des Handbuchs „Die Nachricht", sowie bei Norbert Linke, „Moderne Radio-Nachrichten".[15]

Zusammenfassung
1. Sprechpausen setzen Gedanken voneinander ab.
2. Sprechen Sie jeden Gedanken nur auf einem Bogen.
3. Unterschiedliche Pausen verändern die Aussage eines Satzes.
4. Satzzeichen zeigen nur selten an, wo Pausen zu setzen sind.
5. Arbeiten Sie mit Sprechzeichen im Text.
6. Wenn Sie der Autor Ihrer Sprechtexte sind, platzieren Sie Satzzeichen nur dort, wo sie das Sprechen unterstützen.

---

14 Traupe, Dieter, Das eigene Manuskript sprechen, in: La Roche/Buchholz (Hrsg.), Radiojournalismus, München 1993
15 Schwiesau, Dietz und Ohler, Josef, Die Nachricht, München 2003; Linke, Norbert, Moderne Radio-Nachrichten, München 2007

Ein Wort noch zur Auswahl der Schrift. Fast alle Zeitschriften und viele Bücher werden in *Serifenschriften* gedruckt. Serifen sind die kleinen waagrechten Verdickungen und Striche oben und unten, die zum Beispiel die Schrift `Courier new` oder Century Schoolbook hat, Antique olive und Univers Condensed aber nicht.

Diese Serifen dienen dazu, dass man leichter in der Zeile bleibt und so auch leichter liest, wenn es um einen langen Text geht. Sollten Sie also in Ihrem Manuskript auf einer Seite viel unterbringen müssen, entscheiden Sie sich am besten für eine Serifenschrift. Die Serifenschriften sehen nicht ganz so elegant aus wie die Schriften ohne Serifen, aber Sie finden sich besser zurecht. Das Manuskript soll ja nicht gelesen, sondern gehört werden.

Bei der Benutzung eines Teleprompters ist es wieder etwas komplizierter. Hier sagen uns die Techniker, dass die Bildpunkte kleine Karos sind. Jeder Bogen in einer Schrift verstärkt den Flimmereffekt. Deswegen sind die meisten Teleprompter vom Werk aus auf Arial eingestellt, um das Flimmern zu minimieren. Probieren Sie aus, was Ihnen am leichtesten fällt.

Es ist Geschmacksache, ob Sie sich für eine *nichtproportionale Schrift,* wie `Courier new`, bei der jeder Buchstabe den gleichen Raum einnimmt, entscheiden oder für eine *proportionale Schrift* wie Times New Roman. Eine proportionale Schrift sieht besser aus, eine nichtproportionale Schrift können Sie besser überarbeiten, weil Sie Druckfehler leichter korrigieren können, wie z. B. bei dem Wort „überalilhin". Das geht in einer nichtproportionalen Schrift eindeutig schneller: `überalilhin`.

Noch ein kleiner Trick, wenn es schnell gehen muss. Ich schreibe einen Text zunächst in einer Schrifttype, die sich sonst nicht benutze. Wenn ich fertig bin, formatiere ich den Text in meine normalerweise benutzte Schrifttype um. Da der Text jetzt für mich selbst ganz fremd aussieht, fallen mir Fehler im Text deutlich schneller auf.

1.9 Titel

Eine besondere Schwierigkeit beim Lesen stellen lange Namen, Titel und Bezeichnungen dar.

? Entscheiden Sie sich im folgenden Satz für die Betonungen:
Der Arbeitskreis für Arbeitnehmerfragen der Landkreise Starnberg und Fürstenfeldbruck in Olching hatte heute sein erstes Treffen.

! --

Auch wenn es Ihnen am Anfang noch schwer fallen sollte: Wir betonen nur Arbeitnehmerfragen und Treffen. Das wären die beiden Worte für die Schlagzeile der Boulevardzeitung.

Der Arbeitskreis für ARBEITNEHMERFRAGEN der Landkreise Starnberg und Fürstenfeldbruck in Olching hatte heute sein erstes TREFFEN.

Bei einem so langen Satzgegenstand kann für Sie eine kleine Staupause nach Olching notwendig sein. Wenn Sie die aber nicht brauchen, halte ich das für besser.

Im schlimmsten Fall könnten zu viele Betonungen oder eine falsche Pause in einem Namen sogar zu Verwechslungen führen.

? Wie viele Personen sind denn hier anwesend?

Bei der Besprechung waren anwesend: Der neue und der alte Präsident des FC Bayern Franz Beckenbauer und Berti Vogts.

Dieser Satz ist konstruiert und keine Empfehlung, wie Sie Nachrichten formulieren sollen, aber er zeigt sehr schön, wie missverständlich ein geschriebener Text manchmal sein kann.

! --

Sind es zwei, drei oder vier? Wenn Sie es wissen, dann lesen Sie es doch einfach auch so:

Zwei Personen

Bei der BESPRECHUNG waren ANWESEND:
Der neue und der alte Präsident des FC Bayern
Franz BECKENBAUER (1)
und Berti VOGTS. (2)

Drei Personen

Bei der BESPRECHUNG waren ANWESEND:
Der NEUE (1)
und der alte Präsident des FC Bayern Franz
BECKENBAUER (2)
und Berti VOGTS. (3)

Vier Personen

Bei der BESPRECHUNG waren ANWESEND:
Der NEUE (1)
und der ALTE Präsident des FC Bayern (2)

Franz BECKENBAUER (3)
und Berti VOGTS. (4)

🎙 9

Ein Eigenname verlangt eine einzige Betonung, und nicht mehr.

? Hier ein paar Sätze zur Übung. Überlegen Sie, wo Sie Pausen machen würden:

Der Fachmann für Fragen des Im- und Exportes aus dem gesamten südostasiatischen Raum Dr. Riemerschmid-Ganzweiler sagte wörtlich:

Herr Reisenberger hat die Fahrt von Hamburg nach Stuttgart über Frankfurt und verschiedene kleinere Orte Niedersachsens und Hessens sehr genossen.

Der Initiator der Aktion „Fahr sicher auf Bayerns Straßen" im bayerischen Umweltministerium in München Herr Alfons Notenberner war gestern in Coburg.

Der Verband der katholischen Haushälterinnen in Pfarreien und pfarrähnlichen Einrichtungen in Sachsen, Rheinland-Pfalz und dem nördlichen Teil von Baden-Württemberg versteht sich als eine selbstständige Gruppierung.

! --

Vergleichen Sie mit dem, was Sie geschrieben haben!

Der Fachmann für Fragen des Im- und Exportes aus dem gesamten südostasiatischen Raum DR. RIEMERSCHMID-GANZWEILER sagte WÖRTLICH

Hier betonen wir nicht Fachmann, sondern den Namen des Herrn: Namen von Personen bekommen grundsätzlich mindestens einen Nebenton, denn es handelt sich entweder um das *handelnde Subjekt* oder das *Objekt* des Satzes. Wenn Sie wollen, machen Sie wieder den Umweg über die Schlagzeile der Boulevardzeitung.

Dass so ein Satz wahrscheinlich nirgendwo vorkommt, soll uns jetzt weniger interessieren. Ich möchte Ihnen lediglich das Prinzip klar machen: Was zusammen gehört, muss auch zusammen gesprochen werden.

Auch eine Pause können Sie in diesem Satz leider nicht machen. Probieren Sie es aus, es erschwert das Verständnis ungemein.

Herr REISENBERGER hat die Fahrt von Hamburg nach Stuttgart über Frankfurt und verschiedene kleinere Orte Niedersachsens und Hessens SEHR GENOSSEN.

1.9 Titel

Wenn Sie hier unbedingt eine Pause machen müssen, weil Ihnen die Luft ausgeht, dann bietet sich nur die Pause zwischen Stuttgart und über an, oder besser am Ende nach Hessens. Aber die Streckenführung muss zusammen bleiben. Probieren Sie wieder aus, wie es klingt!

Der Initiator der Aktion „Fahr sicher auf Bayerns Straßen" im bayerischen Umweltministerium in München Herr Alfons NOTENBERNER war gestern in COBURG.

Auch hier den Eigennamen betonen und ohne Pause durchsprechen. Eine Notpause ergibt sich nur nach NOTENBERNER.

Der Verband der katholischen HAUSHÄLTERINNEN in Pfarreien und pfarrähnlichen Einrichtungen in Sachsen, Rheinland-Pfalz und dem nördlichen Teil von Baden-Württemberg versteht sich als eine SELBSTSTÄNDIGE GRUPPIERUNG.

Wenn Sie hier eine Pause nach Einrichtungen machen müssen, tun Sie es. Aber üben Sie, bis Sie irgendwann die Kür schaffen. Ein Verband, ein Satz, ein Gedanke.

Das gilt nicht nur für Eigennamen. Immer dann, wenn ein Begriff zusammengehört, sollte er nach Möglichkeit auch auf einem Atem gesprochen werden.

? Sehen Sie sich das folgende Beispiel an:

Es sollten nur Fahrräder für den öffentlichen Dienst angeschafft werden, deren technischer Zustand im Hinblick auf die Funktionsfähigkeit sämtlicher technischer Teile und Aggregate im betriebsbereiten und im nicht betriebsbereiten Zustand ständig überprüft werden kann.

! --

Analog zu den vorigen Beispielen gibt es für die Fahrräder, die angeschafft werden sollten, eine wichtige Voraussetzung. Und die gehört zusammen:

Es sollten nur FAHRRÄDER für den öffentlichen Dienst ANGESCHAFFT werden ↑
deren technischer Zustand im Hinblick auf die FUNKTIONSFÄHIGKEIT sämtlicher technischerTeile und Aggregate im betriebsbereiten und im nicht betriebsbereiten Zustand ständig ÜBERPRÜFT werden kann.

Atmen Sie auf jeden Fall nach werden, aber machen Sie keinen Punkt, sondern ziehen Sie die Stimme etwas nach oben, da der Gedanke ja noch weitergeht.

Lassen Sie sich vielleicht dort auch etwas mehr Zeit als üblich, damit Sie den Rest des Satzes bewältigen. Sollten Sie mehr Betonungen haben als ich, sprechen Sie die Versionen laut und vergleichen Sie. Zu viele Betonungen verwirren nur, machen den Inhalt schwerfällig und sind viel schwerer zu verstehen, als wenn Sie das Satzungetüm durchsprechen.

Hören Sie sich alle fünf Beispiele noch einmal an.

10

Zusammenfassung
1. Namen, Titel oder Funktionsbezeichnungen bekommen nur eine einzige Betonung.
2. Machen Sie bei langen Sätzen lieber die Pause vor einem Gedanken größer, als mitten im Gedanken zu atmen.

1.10 Die Pause im Gedanken

? Lesen Sie den folgenden Satz zunächst einmal laut. Machen Sie bei jedem Komma eine Pause und gehen mit der Stimme davor leicht nach oben.

Er tat nichts,
um seine Lage zu ändern,
obwohl er,
meines Erachtens,
nicht glücklich war.

! --

Sie merken gleich, dass das ganz furchtbar klingt. So hört sich jemand an, der vorliest, noch dazu jemand, der schlecht vorliest. So lesen aber viele. Besonders dann, wenn sie einen unbekannten Text vor sich haben. Ungeübte Sprecher hangeln sich von Komma zu Komma, um nur ja nicht durcheinander zu kommen.

11

1.10 Die Pause im Gedanken 47

Besonders absurd wird es, wenn wir einen Text aus der klassischen Literatur in dieser Weise artikulieren. Das Verständnis ist fast gänzlich getrübt. Sie können es gerne beim ersten Satz aus der „Anekdote aus dem letzten preußischen Kriege" von Heinrich v. Kleist[16] ausprobieren. Ziehen Sie am Ende jeder Zeile, also bei jedem Komma, die Stimme nach oben. Als Sprechzeichen dafür habe ich Ihnen wieder den nach oben weisenden Pfeil ans Ende der Zeile gesetzt:

> In einem bei Jena liegenden Dorf ↑
> erzählte mir ↑
> auf einer Reise nach Frankfurt ↑
> der Gastwirt ↑
> dass sich mehrere Stunden nach der Schlacht ↑
> um die Zeit ↑
> da das Dorf schon ganz von der Armee des Prinzen von Hohenlohe verlassen und von Franzosen ↑
> die es für besetzt gehalten ↑
> umringt gewesen wäre ↑
> ein einzelner preußischer Reiter darin gezeigt hätte; ↓

Hier sind wir erst beim Semikolon, aber ich glaube, als abschreckendes Beispiel genügt das. Die Kommas allein können uns wieder nicht weiterhelfen.

Am Ende des nächsten Beitrages über die Satzzeichen werde ich Ihnen meinen Vorschlag zur Aufteilung dieses Satzes machen, aber eins nach dem anderen.

? Sehen wir uns den Satz aus der ersten Übung dieses Beitrags noch einmal an. Lesen Sie den Satz laut, legen Sie die einzelnen Gedanken fest und machen Sie sich dann Ihre Pausenzeichen.

> Er tat nichts, um seine Lage zu ändern, obwohl er, meines Erachtens, nicht glücklich war.

! --

Es gibt in diesem Satz wieder nur ein Komma, das wir als ein Pausenzeichen betrachten können, denn auch dieser Satz besteht aus zwei Gedanken, die wir jeweils mit einem Punkt abschließen können.

> Er tat nichts um seine Lage zu ändern.
> Obwohl er meines Erachtens nicht glücklich war.

---

16 v. Kleist, Heinrich, Das Erdbeben in Chili - Erzählungen und Prosastücke, München 1961

Es könnte sogar sein, dass dem Sprecher der zweite Satz erst einfällt, wenn er den ersten schon gesagt hat. Und auch wenn der zweite Satz grammatikalisch ein Torso ist, so ist er doch ein vollständiger Gedanke.

Wir unterteilen einen längeren Satz in einzelne Gedanken, und die Betonungen für die nun entstandenen neuen Sätze legen wir genauso fest, wie wir das im Beitrag „Der erste Satz" geübt haben.

Dieser Satz besteht also aus zwei Schlagzeilen:

Seine LAGE nicht VERÄNDERT.

MEINES ERACHTENS nicht GLÜCKLICH.

Auch hier würde ich wieder von einer Betonung der beiden Verneinungen abraten. Lesen Sie die Sätze laut vor und entscheiden Sie selbst.

Seine Lage NICHT VERÄNDERT.

MEINES Erachtens NICHT glücklich.

Ein weiteres Beispiel:

? Wie viele Gedanken und wie viele Pausen hat der Satz?

Der Mann, der mir gestern begegnete, ist mir heute, als ich in die Stadt ging, wieder über den Weg gelaufen.

! --

Dieser Satz besteht nur aus einem einzigen Gedanken. Es wird Ihnen nicht gelingen, an irgendeiner Stelle des Satzes einen Punkt zu machen, ohne dass Ihr Zuhörer Sie gespannt anblicken wird, mit einem drängenden „Und wie geht es weiter?" auf den Lippen. Erst nach über den Weg gelaufen wird sich sein Gesicht entspannen, und er weiß, was Sie sagen wollten.

Also sprechen Sie den Satz durch bis zum Punkt. Zu lang, denken Sie? Sie sollten mal die Satzungetüme aufschreiben, die Sie bilden, wenn Sie einem Freund eine ganz unglaubliche Geschichte erzählen, die Sie gerade erlebt haben. Die sind viel länger. Und wenn Sie ein bisschen üben, den Satz in einem durchzusprechen, wird er ihnen ganz natürlich vorkommen, so als hätten Sie ihn gerade irgendwo gehört. Wichtig ist nur ein kleines Zeichen vor dem Satz, dass Sie hier tief einatmen müssen.

Trotzdem stimme ich Ihnen zu, der Satz ist lang. Und es gibt da eben noch die andere Möglichkeit, die je nach Situation und Text auch ihre Berechtigung hat.

1.10 Die Pause im Gedanken

Sie könnten in dem Satz doch eine Pause machen, wobei Sie aber mit der Stimme nicht nach unten gehen, um den Satz abzuschließen, sondern sie nach oben ziehen, zum Zeichen dafür, dass der begonnene Gedanke noch nicht zu Ende ist.

Sogar in kurzen Sätzen können solche Sprechpausen sinnvoll sein, zum Beispiel bei Gegensätzen.

Je später der Abend ↑
desto schöner die Gäste.

Das habe ich dir jetzt zum ersten Mal gesagt ↑
und ich hoffe auch zum letzten Mal.

? Welche Stelle des folgenden Satzes bietet sich für ein kurze Pause an?
Der Mann, der mir gestern begegnete, ist mir heute, als ich in die Stadt ging, wieder über den Weg gelaufen.

! ---

Bitte nur eine einzige Pause, und bitte nur nach begegnete. Sie trennen aufgrund der Länge des Satzes den Satzgegenstand, nämlich Der Mann (es war der, der mir gestern begegnete) von der Aussage des Satzes ist mir heute wieder über den Weg gelaufen (und zwar, als ich in die Stadt ging). In einem kürzeren Satz wäre das völlig unangebracht, obwohl wir es, vor allem im Radio, ständig hören können.

Das stellte Teehändlerin Monika Meis (Pause)
immer wieder fest.

Der Sprecher macht es sich leicht, halbiert einfach den Satz und macht zwei Teile daraus.

Viele Sprecher lesen in vollem Galopp in den fremden Satz hinein und bilden Wortblöcke unabhängig vom inhaltlichen Zusammenhang. Die Wortblöcke sollten aber mit den *Sinneinheiten* im Text identisch sein. Kurze Orientierungspausen im Text liegen immer nur zwischen zwei Gedanken.

Bei Rednern können wir an diesen sinnentstellenden Pausen sehr gut erkennen, wer seinen Text auswendig gelernt hat und wer wirklich frei spricht.

Im günstigsten Fall decken sich also die Satzeinheiten, die wir mit dem Auge erfassen, mit den Gedanken des Satzes. Wenn jemand die Satzstücke, die er spricht, willkürlich zusammenbaut, dann muss er seine Gründe haben. Ein Flugzeugkapitän, z. B., der auf der Fahrt zur Startbahn den Passagieren folgende Meldung durchsagt:

Wir warten noch auf ein ANDERES Flugzeug das

(Pause)

gleich LANDEN wird.

ist sicherlich während des Sprechens auch noch mit etwas anderem beschäftigt, oder er bekommt mitten im Satz noch eine bestimmte Information. Das würde die sinnlose Pause erklären. Von einem Sprecher, Redner oder Lehrer erwarten wir allerdings, dass er sich ganz auf den Hörer konzentriert.

Trotzdem finden wir auch in der sprechwissenschaftlichen Fachliteratur immer wieder genau dieses Problem. Da werden allen Ernstes folgende Pausen empfohlen[17]:

Der SPD-Vorsitzende Brandt ↑
hat den Vorwurf zurückgewiesen ↑
er betreibe Nebenaußenpolitik.

Welcher gute Sprecher wird so gegen den Gedanken reden? Damit ich bei einem solchen Satz solche Pausen machen würde, müsste der Satz schon noch ein bisschen gewaltiger daherkommen:

Die Anfang Januar abgebrochenen dreitägigen Verhandlungen im Gebäude der Vereinten Nationen in New York ↑
wurden trotz des Widerstandes einiger afrikanischer Länder wieder in vollem Umfange aufgenommen.

Dass so ein Satz aufgrund seiner Länge nicht in die Nachrichten und auch nicht in einen anderen Informationstext gehört, ist eine andere Frage. Wie Sie Texte schreiben, ist nicht Gegenstand dieses Buches. Hier geht es nur darum, aus einem Satz das Beste zu machen, ob dieser nun stilistisch einwandfrei ist oder nicht. Und sollte Ihnen ein Satz wie dieser begegnen, kommen Sie auch um die sinnwidrige Pause zwischen dem Subjekt (Thema) und der Aussage darüber (Rhema) nicht herum.

Auch die beiden anderen Kommas in dem Satz von unserer Begegnung mit dem Mann als Pausen zu betrachten, führt sofort dazu, dass wir des Ablesens überführt werden. Kein Mensch würde in einem Gespräch erzählen

Der Mann ↑
der mir gestern begegnete...

oder

---

[17] Freyr, Roland Varwig, Wie lehrt und wie lernt man Nachrichtensprechen? in: Muttersprache, 4/91, S. 309-323

1.10 Die Pause im Gedanken

heute ↑
als ich in die Stadt ging

Wenn jemand so spricht, dann wissen wir sofort, er liest ab. Und das wollen wir nicht einmal bei den Fernsehnachrichten wissen, in denen der Sprecher das Manuskript sichtbar in den Händen hält. Also immer:

Der Mann der mir begegnete...
Heute als ich in die Stadt ging...

Ein Relativsatz gehört zu dem Substantiv, hinter dem er steht:

Der Polizist der mich anhielt...
Die Frau die mir sofort gefiel...

Das gehört einfach zusammen. Aber auch hier kann der Satzgegenstand so lang sein, dass sich eine Pause anbietet.

Der gerade diensthabende Polizeioberwachtmeister vom ehemals dritten Revier in Osnabrück West ↑
der mich anhielt... ↑

Wenn ich hier keine Pause mache, bekommt niemand mehr mit, worüber ich spreche. Die zweite Möglichkeit, wann ich diese Pause machen würde, ergibt sich jetzt von selbst. Dann nämlich, wenn der Relativsatz zu lang ist:

Die Frau ↑
die mir durch ihre Erscheinung, ihre angenehme Unterhaltung und die Art, wie sie ihre Tasche trug sofort gefiel ↑
lächelte mich an.

Dass die Kommas nach Erscheinung und Art keine Pausen darstellen, wissen wir ja schon.

Wann ein Satz nun zu lang ist und wann nicht, hängt von Ihren sprecherischen Fähigkeiten, der Art des Textes und ihrem Zuhörerkreis ab. Eine Universitätsvorlesung hat ein anderes Tempo als ein Spielnachmittag in einem Kindergarten.

Einen Lehrsatz, der ja komprimierte Information ist, werden wir wohl selten zügig durchsprechen können. Das gleiche gilt für Erklärungen aus Lexika und Definitionen. Hier ist die Information so komprimiert, dass ich sie durch meine Leseweise quasi auseinanderziehen muss, damit meine Zuhörer ohne Anstrengung verstehen, was ich meine. Ziel einer Information ist ja immer, dass sie ankommt.

Wolf Schneider schreibt dazu: „Information heißt aber nicht: „Ich will etwas mitteilen", nicht einmal: „Ich will mich bemühen, es verständlich mitzuteilen", sondern: Ich bin verstanden worden. Nichts wird lieber ignoriert als diese zweite Hälfte, der Effekt."[18]

Aber machen Sie die Einheiten bitte auch nicht zu kurz. Genauso, wie Ihre Zuhörer nicht überfordert werden dürfen, so wollen sie auch nicht unterfordert werden.

? Setzen Sie in den folgenden Sätzen die Betonungen und entscheiden Sie sich für die Pausen.
Helga stand auf, machte Licht und goss sich ein Glas Wein ein.
Reiner hatte einen Vater, der soff, Hans hatte einen Vater, der Offizier war.
Er turnt auf der Bühne wie ein Clown und erntet dafür höchstes Lob, manchmal nur verschämte Lacher, sicher aber viel Kritik aus der religiösen Ecke.

! --

Wenn Sie die drei Gedanken des ersten Satzes einzeln sprechen, unterfordern Sie Ihre Hörer.
Helga stand auf.
Machte Licht.
Und goss sich ein Glas Wein ein.
Sprechen Sie den Satz einfach als Ganzes durch.
Helga stand AUF machte LICHT und goss sich ein
Glas WEIN ein.

Wenn wir selbst etwas tun, vergeht die Zeit schneller als bei passivem Tun, wie dem Hören einer Radiosendung oder eines Vortrages zum Beispiel. Wenn sich dann der Sprecher noch viel Zeit lässt und wenig Information auf viel Zeit auswalzt, ist das Interesse bald erloschen. Ihr subjektives Zeitempfinden als Sprecher oder Redner kann Sie da manchmal gehörig täuschen.

Den zweiten Satz können Sie aufgrund seiner Länge nicht ganz durchsprechen. Aber auch ein Punkt hinter soff wäre nicht angebracht. Geht es doch um den Vergleich der beiden Väter von Reiner und Hans. Der Gedanke ist also erst dann zu Ende, wenn wir beide Teile des Vergleichs genannt haben. Also:
REINER hatte einen Vater der SOFF ↑
HANS hatte einen Vater der OFFIZIER war.

---

18 Schneider, Wolf, Wörter machen Leute, München, Zürich, 3. Auflage 1986, S. 252

1.10 Die Pause im Gedanken

Auch beim dritten Satz sind wir zunächst versucht, nach Lob eine Pause zu machen. Aber wenn wir den Satz vorher gelesen haben, stellen wir fest, dass da der Gedanke ebenfalls noch nicht zu Ende ist. Es stimmt nicht, dass er nur höchstes Lob erntete, da gibt es noch zwei Einschränkungen und die gehören zum ersten Gedanken, die müssen wir mitliefern, bevor der Zuhörer das höchste Lob abspeichert.

Er TURNT auf der Bühne wie ein CLOWN und erntet dafür höchstes LOB ↑
manchmal nur verschämte LACHER →
sicher aber viel KRITIK aus der RELIGIÖSEN Ecke.

Wenn Sie Ihre Pausen begründen können, wird auch der Hörer verstehen, was Sie damit sagen wollen.

🎙 12

Die Pause vor einem komplizierten Wort sollte ganz kurz sein, ein Innehalten sozusagen. Bei Maximilian Weller finden wir den schönen Satz: „Eine Pause machen, heißt nicht auskuppeln."[19] „Auskuppeln" können Sie erst am Ende des Textes oder manchmal am Ende des Absatzes. Da ist dann die längere Pause angebracht.

Fritz Kortner zu einem Schauspieler: „Sie dürfen Pausen machen, aber nicht auf Urlaub gehen!"

Eine kurze Pause vor einem Wort betont es.

In diesem Falle ging es um → KERNSPALTUNG.

Das gilt ebenso für eine Pause nach dem Wort. Auch diese Pause führt dazu, dass das Wort betont wird.

Mit mehr als ZWEI MILLIONEN EURO – flüchtete der unbekannte TÄTER.

Die Pausen vor oder nach einem Wort schlage ich Ihnen aber nur dann vor, wenn Sie das Wort stark betonen möchten, wobei die Pause *vor* dem Wort noch etwas stärker betont wird als die Pause *nach* dem Wort. Ansonsten sollten Sie beide Sätze einfach durchsprechen.

Beim zweiten Beispielsatz bietet sich noch eine Umstellung an:

Der unbekannte Täter flüchtete mit mehr als 2 Millionen Euro.

Dadurch, dass hier das wichtige Wort ans Ende gerückt ist, bekommt es den Hauptton und erhält durch die Pause danach (die den Satz vom nächsten Gedanken trennt) ohnehin mehr Gewicht: in diesem Fall die elegantere Lösung.

---

19 Weller, Maximilian, Das Buch der Redekunst, Düsseldorf, 2. Aufl. 1955, S. 58

Wenn Sie also eine kleine Staupause vor einem Wort machen, das heißt, eine Pause, die zu kurz ist, um darin zu atmen, dann wird das Wort entweder besonders wichtig

Der Lottogewinn betrug – 38 Millionen!

oder das Wort ist so ungewöhnlich, dass wir besonders darauf hinweisen müssen.

Peter Wolfgruber warnte vor den – soziokulturellen Veränderungen.

Eine Pause kann auch den Inhalt eines Satzes ironisieren:

? Wie erreichen wir das bei dem folgenden Satz?
  Doch die deutschen Flughäfen sind auf die Landung von außerirdischen Fluggeräten nur unzureichend vorbereitet.

! ---

Im Grunde genommen genügt es, eine kleine Pause zwischen Fluggeräten und nur oder zwischen dem Wort nur und unzureichend zu machen. Wenn wir den Begriff außerirdische Fluggeräte noch betonen, indem wir ihn zum Beispiel besonders deutlich sprechen, wird klar, dass wir die Meldung nicht so ganz ernst nehmen.

📷 13

Auch bei dem folgenden Satz führt die Pause und eine deutliche Betonung von temporären Leistungstief zur Ironisierung des Inhaltes.

Der Fußballtrainer sprach von einem – temporären Leistungstief.

Wenn aber in diesem Satz das Wort sogenannt steht, können Sie die Pause wieder weglassen, weil dieses Wort dieselbe Bedeutung hat wie unsere Pause:

Der Fußballtrainer sprach von einem sogenannten temporären Leistungstief.

Das gleiche gilt für angeblich, mutmaßlich, scheinbar etc. Je stärker jetzt der Begriff betont wird, desto deutlicher wird klar, wie sehr Sie anderer Meinung sind.

📷 14

Eine kleine Staupause schlage ich auch dann vor, wenn Eigennamen oder Begriffe aus fremden Sprachen auftauchen, die schwer zu identifizieren wären, wenn man das Sprechtempo an dieser Stelle nicht etwas verlangsamen würde.

1.10 Die Pause im Gedanken

Er sehe nicht ein, die Arbeit von →
Sergiu Celibidache mit der von →
James Levine zu vergleichen.

Aber Vorsicht mit den Pausen! Sie können an der falschen Stelle auch viel Unheil anrichten.

Nach der Ausstellung fragten wir die
SCHAUSPIELERIN
Jutta SPEIDEL...

Ein bisschen zu viel Ton auf das Wort Schauspielerin und Sie sind in dieser Version der Meinung, dass sich Jutta Speidel eine Schauspielerin nennt, aber keine ist. Überlegen Sie sich also gut, wo Sie atmen, damit Sie auch genau das sagen, was Sie sagen wollen.

Jetzt wieder ein paar Übungssätze:

? Legen Sie die Pausen und Betonungen für die folgenden Sätze fest!

Er hatte keinen Grund, die Seiten zu wechseln und ging zu Romberg, um mit ihm zu reden.

Gewonnen hat Ulla Baum, Gera, Dorfstr. 4

Harry stürzte, zu Tode getroffen, zu Boden.

Wir fliegen über Griechenland, den Nahen Osten und die arabische Halbinsel nach Bombay und werden dort in etwa acht Stunden landen.

Der Graf, über vierzig Jahre älter als seine junge Frau, sitzt hinter dem Schreibtisch, vornübergebeugt, die eisgrauen Haare hängen über die edle Stirn.

Sie haben vor, dort mit uranhaltigem Land ein Vermögen zu verdienen und fliegen, übrigens schon das zweite Mal, Richtung Süden.

Mein Verhältnis zum Fernseher ist eines der vollkommenen Schlamperei, unordentlich, launisch, fast unbeschreiblich unentschlossen und unklar, auch wenn ich das ungern zugebe.

Brechen Sie den Schreibvorgang ab, können Sie nicht einfach wieder von vorne beginnen.

! --

Jetzt können Sie Ihr Ergebnis wieder mit meinen Vorschlägen vergleichen.

> Er hatte keinen GRUND die SEITEN zu wechseln und ging zu ROMBERG um mit ihm zu REDEN.

Ein Satz, ein Gedanke. Sie brauchen hier überhaupt keine Pause, und schon gar nicht nach ROMBERG.

> GEWONNEN hat Ulla BAUM, GERA, Dorfstr. VIER.

Ein Satz, ein Gedanke, aber kurze Pausen nach BAUM und GERA, damit die Adresse verständlich bleibt. Dadurch kommt es in dem relativ kurzen Satz zu vier Betonungen. Denn wie bereits gesagt, verlangt jeder Satzteil zwischen zwei Pausen nach mindestens einer Betonung.

> HARRY stürzte zu TODE getroffen zu BODEN.

Ein Satz, ein Gedanke. Es gibt keinen Grund, die Partizipialgruppe durch Pausen abzutrennen.

Ein Satz, zwei Gedanken.

> Wir fliegen über GRIECHENLAND den Nahen OSTEN und die arabische HALBINSEL nach BOMBAY.
> Und werden dort in etwa ACHT Stunden LANDEN.

Sie können daraus auch einen Gedanken machen und die Stimme nach dem Wort Bombay nach oben ziehen, aber je kürzer die Gedanken sind, desto einfacher ist es für die Zuhörer, Ihren Worten zu folgen.

> Der GRAF →
> über vierzig Jahre ÄLTER als seine junge Frau →
> sitzt hinter dem SCHREIBTISCH.
> VORNÜBERGEBEUGT.
> Die eisgrauen HAARE hängen über die edle STIRN.

Hier sind wir durch die Konstruktion des Satzes gezwungen, nach Graf und nach Frau eine Pause zu machen. Hätte der Satz ein Relativpronomen, könnten wir ihn durchsprechen:

> Der GRAF der über vierzig Jahre ÄLTER ist als seine junge Frau sitzt hinter dem SCHREIBTISCH. VORNÜBERGEBEUGT.
> Die eisgrauen HAARE hängen über die edle STIRN.

So aber müssen wir den *Einschub* über das Alter seiner Frau durch Pausen abtrennen. Der Zuhörer würde sonst den Zusammenhang nicht begreifen. Ich werde auf diese Einschübe später noch ausführlicher eingehen.

1.10 Die Pause im Gedanken

Das Wort vornübergebeugt gilt in unserem Sinne als ganzer Satz und muss auch betont werden. Außerdem können wir es auf Punkt sprechen, denn der Gedanke ist vollständig.

Sie haben VOR dort mit uranhaltigem Land ein VERMÖGEN zu verdienen.
Und FLIEGEN übrigens schon das ZWEITE Mal Richtung Süden.

Ein Satz, zwei Gedanken. Hier wäre es völlig unsinnig, den Einschub übrigens schon das ZWEITE Mal durch Pausen abzutrennen. So schreibt man, aber so spricht man nicht.

Ein Satz, drei Gedanken.

Mein VERHÄLTNIS zum FERNSEHER ist eines der vollkommenen SCHLAMPEREI.
UNORDENTLICH, LAUNISCH, fast unbeschreiblich UNENTSCHLOSSEN und UNKLAR.
Auch wenn ich das UNGERN ZUGEBE.

Natürlich ist es auch möglich, die Worte unordentlich, launisch und unklar als jeweils eigene Gedanken aufzufassen. Dann müsste nach unordentlich, nach launisch, nach unentschlossen und nach unklar jeweils ein Punkt stehen. Das hängt davon ab, wie Sie den Satz verstehen. Nach meiner Überzeugung gehören die Adjektive zusammen, weil der Autor des Satzes nach Worten sucht, einen bestimmten Zustand zu beschreiben. Die Wahrheit liegt dann zwischen all diesen Begriffen, und deswegen würde ich sie in einem Gedanken zusammenfassen.

Der folgende Satz ist in jedem Fall ein Gedanke.

BRECHEN Sie den SCHREIBVORGANG AB können Sie nicht einfach wieder von VORNE beginnen.

Wenn es Ihnen gelingt, ihn durchzusprechen, ist das die beste aller Möglichkeiten. Wenn nicht, gehen Sie bei ab mit der Stimme nach oben und machen so klar, dass der Gedanke noch nicht zu Ende ist.

BRECHEN Sie den SCHREIBVORGANG AB ↑
können Sie nicht einfach wieder von VORNE beginnen.

Sie sehen, dass man die Pausen und Betonungen manchmal gar nicht so eindeutig festlegen kann. Die Sprache ist ein sehr bewegliches Gebilde, und letzten Endes muss Ihr Sprachgefühl entscheiden, wie Sie einen Satz aufteilen. Sie sollten nur wissen, warum.

15

In einer Unterhaltung hat das Sprechen eines Punktes ja noch einen ganz konkreten Sinn. Ich deute meinem Gegenüber an, dass ich mit dem Gedanken fertig bin. Und wenn er mir antworten will, nutzt er die Gelegenheit immer nach dem Gedanken, also in meiner Atempause. Ohne diese Führung der Stimme wäre ein Gespräch ein heilloses Durcheinander, weil keiner der Gesprächsteilnehmer wüsste, wann der andere fertig ist.

Es wäre sehr unhöflich, jemanden zu unterbrechen, der die Stimme nach oben führt, weil er noch weiter sprechen will, aber jetzt atmen muss. Die meisten Menschen warten den nächsten Punkt ab, also den nächsten abgeschlossenen Gedanken, auch wenn das ab und an ein wenig dauern kann.

Politiker sind da sehr geübt. Sie springen am Ende des Gedankens direkt in den nächsten Satz und atmen nur mitten im Gedanken, weil Sie sich sicher sein können, dass man sie da kaum unterbrechen wird. Korrespondenten, die nicht geschnitten werden wollen, machen das genauso. Das könnte sich dann so anhören:

Und ich sage es mit aller Deutlichkeit nämlich dass die ↑
fortwährende Diskussion über dieses Thema beendet werden muss und das nicht nur ↑
im Hinblick auf die zukünftige Arbeit sondern auch ↑
diese ständigen Bewertungen der Vergangenheit müssen aufhören und das sage ich ↑
Ihnen ganz offen.

Ein Politiker, der die Pausen so setzt, kann sicher sein, dass er all das sagen darf, was er sagen will.

◉ 16

? Schreiben Sie auf, wie der Satz richtig aufgeteilt würde! Benutzen Sie Punkte nach dem Ende des Gedankens und die nach oben weisenden Pfeile, wenn der Gedanke weitergeht. Nehmen Sie im folgenden Text für jeden Gedanken eine neue Zeile!

Und ich sage es mit aller Deutlichkeit nämlich dass die fortwährende Diskussion über dieses Thema beendet werden muss und das nicht nur im Hinblick auf die zukünftige Arbeit sondern auch diese ständigen Bewertungen der Vergangenheit müssen aufhören und das sage ich Ihnen ganz offen.

! --

1.10 Die Pause im Gedanken

Fiel Ihnen das schwer? Im Übungsteil am Ende dieses Buches finden Sie noch eine Reihe von Texten, um die Betonungen und das Aufteilen in die verschiedenen Gedanken zu üben.

Mein Vorschlag für diesen Satz wäre folgender:

Und ich sage es mit aller DEUTLICHKEIT.

(große Pause)

Nämlich dass die fortwährende DISKUSSION über dieses Thema BEENDET werden muss.

Und das nicht nur im Hinblick auf die ZUKÜNFTIGE Arbeit ↑

sondern auch diese ständigen Bewertungen der VERGANGENHEIT müssen AUFHÖREN.

Und das sage ich Ihnen GANZ OFFEN.

Unbedingt nötig ist die Pause nach Arbeit nicht. Da muss wieder Ihr Sprachgefühl entscheiden. Die Betonung von zukünftige und Vergangenheit soll wieder den Gegensatz betonen, der so besser herausgestellt wird.

Ein paar Beispiele, wie man Nachrichten nicht sprechen sollte, finden Sie zusätzlich auf der Website. 💻

Zum Schluss noch zwei Sätze, die geschrieben schwer zu lesen sind. Aber gelesen werden sie deutlich einfacher.

Wenn hinter Fliegen Fliegen fliegen, fliegen Fliegen Fliegen nach.

Die, die die, die die Ritter spielen, erkannt haben, sollen sich melden.

Das ist dann auch für den Profisprecher eine Herausforderung, auch wenn solche Sätze mit der Realität in Radio oder Fernsehen eher weniger zu tun haben.

Der Gastwirt lässt ein Schild malen: „Bier und Wein". Anschließend ist er mit der Arbeit nicht zufrieden. Er behauptet:

Der Abstand zwischen Bier und und und und und Wein ist unterschiedlich groß.

Fünf und (und serifenlos) hintereinander ohne Komma, und trotzdem ein sinnvoller Satz. In der Deutschen Sprache ist so einiges möglich.

Zusammenfassung
1. Bei Sprechpausen im Satz geht die Stimme nach oben.
2. Relativsätze werden auf einem Bogen mit dem Substantiv gesprochen, zu dem sie gehören. Es sei denn, die Bögen würden zu groß.
3. Je komprimierter die Information in einem Satz ist, desto stärker muss er durch Pausen gegliedert werden.
4. Eine Pause vor oder nach einem Wort hebt dieses Wort hervor und kann es ironisieren.
5. Jeder durch Pausen abgetrennte Satzteil verlangt nach mindestens einer Betonung.

1.11 Die Satzzeichen

Außer Punkt und Komma gibt es auch noch andere Satzzeichen, die wir uns ansehen sollten.

Da ist zunächst einmal das Ausrufezeichen. Es wird normalerweise gesprochen wie ein Punkt, das heißt die Stimmführung geht nach unten.

   Passen Sie doch auf!

   Was für ein Tag!

Wir können lediglich versuchen, den Satz wirklich wie einen Ruf oder ein Seufzer etc. klingen zu lassen, indem wir ihn der handelnden Person in den Mund legen. Sie können sich auch entscheiden, das letzte Wort nach oben zu ziehen, besonders dann, wenn Sie einen eintönigen Rhythmus vermeiden möchten. Allerdings ändert sich dann auch die Stimmung des Sprechers.

? Sprechen Sie die folgenden Sätze, indem Sie einmal die Stimme nach oben ziehen, das andere Mal am Ende einen Punkt sprechen. Wie verändert sich der Inhalt?

   Passen Sie doch auf!

   Was für ein Tag!

! --

Passen Sie doch auf! ↓
(müde und genervt, geduldig, liebevoll)
Passen Sie doch auf! ↑
(erregt, wütend, ungeduldig, aggressiv)
Was für ein Tag! ↓
(staunend, ergriffen, wehmütig)
Was für ein Tag! ↑
(begeistert, energiegeladen, freudig)

Das sind Beispiele, wie sich der Sinn eines Satzes ändern kann, wenn wir einen anderen Satzbogen wählen, aber darauf werden wir im Beitrag „Das Tempo" noch zurückkommen.

 17

Beim Fragezeichen verhält es sich ähnlich. Auch hier ist es keineswegs so, dass wir eine Frage am Ende immer nach oben ziehen müssen. Etwa bei Fragen, die nur rhetorischer Natur sind oder Aufforderungscharakter haben.

Wie lange soll ich denn noch warten? ↓

Konsequent empfiehlt der Duden[20], Ausrufesätze, die sich als Fragesätze verkleiden, gleich mit einem Ausrufezeichen zu schreiben.

Wie lange soll ich denn noch warten! ↓

Damit wäre zwischen dem Satz, den wir auf Punkt sprechen (Ausrufezeichen) und dem Satz, dessen Ende wir nach oben ziehen (Fragezeichen), unterschieden.

In der Praxis wird sich so wohl kaum arbeiten lassen. Erstens beherrschen nicht alle Autoren die deutsche Zeichensetzung und zweitens hängt die Stimmführung eines Satzes von so vielen Faktoren ab, dass ich das Diktat einer festen Stimmführung beim Ausrufezeichen und Fragezeichen ablehne. Es kann manchmal viel interessanter sein, ein Fragezeichen wie einen Punkt zu sprechen und umgekehrt.

Es steht Ihnen natürlich frei, das Fragezeichen als Sprechzeichen (und nicht als Satzzeichen) zu verwenden und den nach oben zeigenden Pfeil dadurch zu ersetzen. Dann hieße ein Fragezeichen bei Ihnen immer, dass Sie mit der Stimme nach oben gehen.

---

20 Duden, Band I, Die deutsche Rechtschreibung, Mannheim, 21. Auflage 1996, S. 30

Der Doppelpunkt verdient ebenfalls besondere Beachtung. Hier zeigt sich wieder deutlich, wie wir beim Lesen ehrfurchtsvoll alles mitschleppen, was wir in der Schule irgendwann einmal gelernt haben.

Wenn der Doppelpunkt etwas ankündigt, ist es noch einfach:

Hier die Ergebnisse:
Michaela Hein 368 Punkte,
Carmen Körner 276 Punkte etc.

Das eine will ich Ihnen sagen: Mit mir nicht!

Eine kurze Pause an der Stelle des Doppelpunktes – und wir verleihen der Ankündigung ein noch größeres Gewicht. Die Stimme wird dabei nach unten geführt.

Hier die Ergebnisse ↓
Michaela Hein 368 Punkte,
Carmen Körner 276 Punkte etc.

Das eine will ich Ihnen sagen ↓
Mit mir nicht!

Wie sieht es aber aus, wenn der Doppelpunkt eine wörtliche Rede einleitet?

? Lesen Sie die folgenden Sätze laut vor und entscheiden Sie sich für die Pausen!
Der Junge rief: „Nimm mich mit!"
Vater antwortete: „Von mir aus!"
Und Mutter fügte hinzu: „Aber nur bis zehn."

! --

Wir können, wie oben, den Doppelpunkt als ein Pausenzeichen ansehen, das dann die wörtliche Rede ankündigt. Wenn wir aber drei solche Sätze hintereinander sprechen, klingt das wieder abgelesen und nicht erzählt. Der Redefluss wird langsam und schwerfällig.

Also weg mit dem Doppelpunkt! In diesem Falle klingt es ohne ihn viel besser.

Der Junge rief nimm mich mit!
Vater antwortete von mir aus!
Und Mutter fügte hinzu aber nur bis zehn.

Drei Sätze, drei Gedanken. So erzählt man. Wir müssen im Gedanken keine Pause machen, um die direkte Rede anzukündigen, das versteht man auch so.

1.11 Die Satzzeichen

Aber Vorsicht! Sobald es zu Verwechslungen kommen kann, müssen Sie die Pause wieder setzen.

>Mutter schrie: „Weil die Spülmaschine lief!"

im Unterschied zu

>Mutter schrie, weil die Spülmaschine lief.

Im Witz hört sich das dann so an:

>Die Mutter zu ihren Söhnen: „Zwei Wörter will ich von Euch nie wieder hören! Das eine ist ‚saublöd', das andere ‚beschissen'. – „Ok, Mama, welches sind die beiden Wörter?"
>
>„Wieso haben Sie den Speinat auf die Karte geschrieben?" „Sie haben doch selbst gesagt, ich soll Spinat mit Ei auf die Karte schreiben."

Manchmal kann es auch angebracht sein, einen Doppelpunkt zu sprechen, obwohl keiner dasteht:

>Ob auf Reisen im Büro oder Zuhause, es ist eine wahre Freude mit einem Notebook zu arbeiten.

Sie können den Satz durchsprechen, Sie können aber auch nach Zuhause einen Doppelpunkt machen. Das steigert die Begeisterung für das Notebook noch ein bisschen.

>Ob auf Reisen im Büro oder Zuhause: Es ist eine wahre Freude mit einem Notebook zu arbeiten.

Bei den Anführungsstrichen der wörtlichen Rede machen wir in der Regel auch zu viele Pausen. Noch ein Beispiel, das mit Pausen vor bzw. nach der wörtlichen Rede ganz schwerfällig klingt.

>„Und darum bin ich hier!",
>sagte er.
>„Nur ihretwegen?",
>fragte ich.
>„Nur ihretwegen!",
>antwortete er.
>„Oh Mann!",
>stieß ich hervor.

Wenn Sie das laut vorlesen, merken Sie schnell, dass Ihre Zuhörer langsam aber sicher einschlafen würden. Selbst bei hochprofessionellen Kinder CDs finden wir diese nervigen Pausen vor sagte der kleine Drache und krähte der Hahn. Wie mächtig diese Satzzeichen doch sind. Dabei sprechen wir völlig ohne Satzzeichen. Diese Pausen helfen weder beim Verständnis, noch vermeiden sie Verwechslungen, noch würde irgend jemand so erzählen. Außdrem ist die Informationsmenge bei so vielen Pausen für einen Erwachsenen zu gering. Meiner Meinung nach wieder weg mit den Pausen.

> Und darum bin ich hier sagte er.
> Nur ihretwegen fragte ich.
> Nur ihretwegen antwortete er.
> Oh Mann stieß ich hervor.

18

Es gibt noch eine Fülle weiterer Möglichkeiten, diese vier Zeilen interessanter zu machen. Im Beitrag über das Tempo zeige ich Ihnen an ähnlichen Beispielen, wie das geht.

Eine Klammer kann für einen Einschub stehen, den wir sprachlich absetzen:

> Er argumentierte →
>   (wie er das bereits getan hatte) →
> wieder mit der mangelnden Finanzierbarkeit.

> Der Abgeordnete Siegel →
>   (CDU) →
> meldete sich zu Wort.

An anderer Stelle wäre es völlig unsinnig, wegen der Klammer den Fluss des Satzes zu hemmen.

> Wir drücken die Klappe (a) in die Umrahmung (b) und…

Das lesen wir am besten so, als gäbe es keine Klammern.

> Wir drücken die Klappe a in die Umrahmung b und…

Wieder kommt es darauf an, welchen Zweck die Klammer erfüllen soll, und wie wir ihn am besten sprecherisch klar machen. Wenn wir sie nicht so furchtbar ernst nehmen, können wir uns der Satzzeichen wunderbar bedienen, sei es für unsere eigene Vorbereitung oder wenn wir Texte für andere schreiben.

Wir können einem Sprecher keine Sprechzeichen in sein Manuskript malen, das muss er selber tun. Aber wir können schon beim Schreiben klarmachen, wie wir den Satz verstehen.

Benutzen Sie Kommas, um ein bestimmtes Wort hervorzuheben oder zu betonen (die deutsche Rechtschreibung lässt das sogar zu):
> Tun Sie mir, bitte, den Gefallen!

Setzen Sie ein Wort in Anführungsstriche, wenn Sie wollen, dass davor eine kleine Pause gemacht wird.
> So was nennt man heute „Sportunfall".

Setzen Sie Doppelpunkte, wenn das Nachfolgende stark akzentuiert werden soll
> Und ich sage noch einmal:
> Dass ich es nicht mache!

Machen Sie große Ausrufezeichen, wenn Sie etwas mit Nachdruck gelesen haben wollen, und setzen Sie Fragezeichen, womöglich mitten im Satz, wenn Sie wollen, dass ein Wort nach oben gezogen werden soll.
> Ich?
> Betrunken?
> Ja, spinnst du!

Richten Sie sich nicht sklavisch nach den Regeln der deutschen Interpunktion. Sie werden die Satzzeichen lieben lernen, wenn Sie sie nicht nach den Regeln der deutschen Grammatik einsetzen müssen, sondern sich ihrer so bedienen, dass sie einen sprecherischen Zweck erfüllen.

Ursprünglich sind die Satzzeichen ja einmal dadurch entstanden, dass die Vorleser in den Klöstern Markierungen eingeführt haben, um Atem- und Gedankenpausen zu kennzeichnen. Und genauso sollten wir sie auch anwenden, als eine Möglichkeit, uns und andern das Vortragen zu erleichtern.

Die folgende Zusammenstellung soll Ihnen zeigen, dass Sie die Satzzeichen auf völlig verschiedene Weise sprechen können. Entscheidend ist der Textzusammenhang, und die Absicht, die Sie verfolgen.

Wie Satzzeichen gesprochen werden können:

Punkt

Stimme wird nach unten geführt:

Den Kommentar spricht Michael Brocker.

Den Kommentar spricht Michael Brocker ↓

Stimme wird nach oben geführt:

Gerd liest. Jo packt. Ann putzt. Eva kocht.

Gerd liest ↑ Jo packt ↑ Ann putzt ↑ Eva kocht ↓

Mit Staupausen:

Wir wollen es. Wir können es. Und wir müssen es.

Wir wollen es/ wir können es/ und wir müssen es.

Wird nicht gesprochen:

Die Diskussion beginnt. Und er ist dabei.

Die Diskussion beginnt und er ist dabei.

Komma

Stimme wird nach unten geführt:

Becker gewann, und das ziemlich hoch.

Becker gewann ↓ Und das ziemlich hoch.

Stimme wird nach oben geführt:

Wir sind nicht nur für eine Veränderung, wir sind für eine Erneuerung.

Wir sind nicht nur für eine Veränderung ↑

wir sind für eine Erneuerung.

Staupause:

Er fuhr, leider kann ich nichts anderes sagen, sehr gut.

Er fuhr/leider kann ich nichts anderes sagen/ sehr gut.

Wird nicht gesprochen

Alles, was du sagst, ist wichtig.

Alles was du sagst ist wichtig.

Fragezeichen

Stimme wird nach unten geführt:

Was hast du da nur wieder an?

Was hast du da nur wieder an ↓

1.11 Die Satzzeichen

Stimme wird nach oben geführt:
    Was hast du da nur wieder an?
    Was hast du da nur wieder an ↑
Staupause:
    Blumen? Pakete? Grüße? Ist das alles?
    Blumen/ Pakete/ Grüße/ Ist das alles ↑
Wird nicht gesprochen
    „Wer ist Hugo?", willst du wissen.
    Wer ist Hugo willst du wissen.

Ausrufezeichen

Stimme wird nach unten geführt:
    So ein Airbag kann Leben retten!
    So ein Airbag kann Leben retten ↓
Stimme wird nach oben geführt:
    So ein Airbag kann Leben retten!
    So ein Airbag kann Leben retten ↑
Staupause:
    Gott sei Dank! Er war wieder zu Hause.
    Gott sei Dank/ Er war wieder zu Hause.
Wird nicht gesprochen
    Hilfe! Hilfe! Hilfe! So helft mir doch!
    Hilfe Hilfe Hilfe so helft mir doch.

Klammer

Staupause:
    Der Minister (inzwischen in Rio eingetroffen) war...
    Der Minister/ inzwischen in Rio eingetroffen/ war...
Wird nicht gesprochen
    Lesen Sie das im Duden (Seite 34) nach.
    Lesen Sie das im Duden Seite 34 nach..

Anführungsstriche

Staupause vor dem Wort:
   So etwas nennt man „psychologische Kriegsführung".
   So etwas nennt man/ psychologische Kriegsführung.

Sprechpause nach dem Wort:
   Was heißt hier „Ferien" haben alle!
   Was heißt hier Ferien/ haben alle!

Werden nicht gesprochen
   Ich bin doch kein „Möbelstück".
   Ich bin doch kein Möbelstück.

Doppelpunkt

Sprechpause
   Dr. Römer sagte: „Kein Kommentar!"
   Dr. Römer sagte" ↑ Kein Kommentar!"

Wird nicht gesprochen
   Dr. Römer sagte: „Kein Kommentar!"
   Dr. Römer sagte kein Kommentar!

Strichpunkt

Für den Strichpunkt gilt das, was für den Punkt gesagt wurde. Die Wahrscheinlichkeit ist aber größer, dass der Gedanke noch nicht beendet ist.

Gedankenstrich

Gedankenstrich kann ebenfalls wieder für alle vier Möglichkeiten stehen, die wir bei Punkt, Komma, Frage- und Ausrufezeichen haben. Meist steht er aber lediglich für eine größere Sprechpause.

19

Schreiben Sie bitte keine nicht lesbaren Zeichen in den Text. Alles, was ich nur verstehen kann, wenn ich den Text vor Augen habe, gehört nicht in ein Manuskript zum Vorlesen. Versuchen Sie es mal mit dem von mir konstruierten Beispiel:

1.11 Die Satzzeichen

Alle #3 KundInnen der (a) Wurst/Käse sowie der (b) (wieder) neu eröffneten Fischabteilung(en) [!!!] Wukäfido ® erlebten heute ~~K~~ein großes Wunder. ☺

Noch einen wichtigen Umstand gibt es, auf den wir achten müssen, wenn wir unsere Pausen im Satz verteilen.

? Legen Sie wieder Betonungen und Pausen fest!
Ben hat mit einer Waffe auf ihn gezielt, auf den Abzug gedrückt und gebrüllt, dass er gleich tot sei.

! --

Gegenüber den bisherigen Sätzen finden wir hier eine Besonderheit. Der Satz enthält nämlich eine *zeitliche Abfolge* verschiedener Handlungen. Schreiben wir einmal eine Möglichkeit auf, in diesem Satz Pausen zu machen:

Ben hat mit einer WAFFE auf ihn gezielt ↑
Auf den ABZUG gedrückt ↑
Und gebrüllt dass er gleich TOT sei.

Die Pause hinter gezielt ist wohl ziemlich eindeutig. Einen Punkt können wir nicht machen, weil der Vorgang ja noch nicht abgeschlossen ist, während er zielt.
Aber den Abzug zu drücken ist nun kein Vorgang, der eine längere Zeit in Anspruch nehmen würde. Wenn wir also nach auf den Abzug gedrückt eine Pause machen (auch wenn ich die Stimme nach oben ziehe) und danach dann etwas sagen, was der Sprecher sicher nicht nach dem Drücken des Abzuges, sondern vorher oder doch zumindest gleichzeitig gesagt hat (er brüllte nämlich, dass er gleich tot sei), halte ich das für eine schlechte Lösung.

Die Pausen in einem Satz sollten sich also auch an der *Abfolge der Handlungen* orientieren. Handlungen, die kurz hintereinander oder gleichzeitig ablaufen, dürfen wir nicht zerreißen.

Es ist also ein Unterschied zwischen

Er parkte sein Auto, und er rammt dabei einen Mercedes.

und

Er parkte sein Auto. Und dann ging er in die Stadt.

Im ersten Fall ist es ein Gedanke, eine Pause wäre falsch. Im zweiten Fall sind es zwei Gedanken, und Sie könnten eine Pause machen.

In einer Vielzahl von Texten, vor allen Dingen bei Sportberichten, spielt das eine große Rolle. Hier also mein Vorschlag für diesen Satz:

Ben hat mit einer WAFFE auf ihn gezielt ↑
Auf den ABZUG gedrückt und gebrüllt dass er gleich TOT sei.

So kommen wir dem Tathergang sprachlich am nächsten. Ein weiteres Beispiel:

Er ging in Startposition ↑
kam als erster weg und setzte sich gleich an die Spitze.

Wenn Sie da nach weg auch nur eine kurze Pause machen, wäre das völlig entgegen der Handlungsabfolge, die Sie beschreiben wollen. Das Betreten der Startposition hingegen muss zum Zeitpunkt, an dem er wegkam und sich an die Spitze setzte, längst abgeschlossen sein. Nach Startposition steht die Pause zu Recht.

Jetzt bin ich Ihnen die Auflösung des Kleist-Satzes schuldig, den ich am Anfang des vorigen Beitrages so sinnentstellend aufgeteilt habe. Hier ist noch einmal der Satz:

? Setzen Sie in diesem Satz die Betonungen und Pausen!

In einem bei Jena liegenden Dorf, erzählte mir, auf einer Reise nach Frankfurt, der Gastwirt, dass sich mehrere Stunden nach der Schlacht, um die Zeit, da das Dorf schon ganz von der Armee des Prinzen von Hohenlohe verlassen und von Franzosen, die es für besetzt gehalten, umringt gewesen wäre, ein einzelner preußischer Reiter darin gezeigt hätte;

! --

Fragen Sie sich immer, wo der eine Gedanke aufhört, und der nächste Gedanke anfängt.

Bevor ich Ihnen nun die meiner Meinung nach beste Lösung aufschreibe, bedenken Sie bitte, dass ein Kleist-Satz kein Teil der Nachrichten ist. Das heißt, dass ich zum Lesen eines solchen Textes auch über erhöhte sprecherische Fähigkeiten verfügen muss. Wenn Sie sich also bei den ersten Versuchen verhaspeln oder versprechen, weil eine Einheit dieses Satzes zu lang ist, so spricht das nicht gegen die Aufteilung, sondern eher dafür, noch ein bisschen daran zu üben:

In einem bei Jena liegenden Dorf erzählte mir auf einer Reise nach Frankfurt der Gastwirt ↑ dass sich mehrere Stunden nach der Schlacht → um die Zeit da das Dorf schon ganz von der Armee des Prinzen von Hohenlohe verlassen und von Franzosen die es für besetzt gehalten umringt gewesen wäre ↑ ein einzelner preußischer Reiter darin gezeigt hätte;

🎙 20

Mit dem, was wir über Betonungen und Pausen gelernt haben, sind Sie für das Sprechen von Nachrichten und das Vortragen von Referaten zunächst bestens gerüstet. Sie sind in der Lage, einen Text, dessen oberstes Ziel die *Information* ist, für den Zuhörer so aufzubereiten, dass er sofort begreift, was Sie ihm sagen wollen. Sie können ihm die Information sozusagen auf dem silbernen Tablett servieren und werden sie ihm nicht vor die Füße werfen.

Für den Fall aber, dass Sie mit dem, was Sie lesen, auch *Emotionen* hervorrufen wollen, für den Fall, dass Sie sich mit *literarischen Texten,* von der Erzählung bis zur Satire, beschäftigen möchten, oder wenn Sie *Beiträge* sprechen wollen oder *Features* oder eine *Comedy,* oder wenn Sie als *Moderator* ihr Publikum in eine bestimmte Stimmung versetzen wollen, dann kommen Sie mit Pausen und Betonungen als Gestaltungsmöglichkeiten allein nicht mehr aus.

In den nächsten Beiträgen werden wir uns daher näher mit weiteren Stilmitteln beschäftigen.

Zusammenfassung
1. Satzzeichen sagen nichts über die sprecherische Behandlung eines Textes.
2. Vor wörtlicher Rede wird normalerweise keine Pause gesetzt.
3. Pausen sollten wir im Einklang mit der Handlungsfolge setzen.

1.12 Vom Sach- zum Unterhaltungstext

Der Unterschied zwischen einem Nachrichtentext und einem Kommentar oder Feature, also zwischen einem rein informierenden und einem zusätzlich emotionalisierenden Text ist grundlegend. Es ist derselbe Unterschied wie zwischen Ansage und Anmoderation, zwischen Sachtext und Glosse, zwischen dem Verlesen der Fußballergebnisse und einem Live-Bericht von der Weltmeisterschaft.

? Denken Sie einen Moment nach, wie sich dieser Unterschied auf die Textgestaltung auswirken könnte.
! ---

Nachrichten bestehen aus vielen Einzelinformationen, die wir dem Zuhörer nacheinander liefern, sozusagen von Punkt zu Punkt. Der Zuhörer merkt sich einen Gedanken nach dem anderen, und wenn wir Glück haben, hat er am Ende unserer Nachrichten das meiste behalten.

> „Er (der Hörer) muss die Informationen nacheinander aufnehmen, verstehen, und dann abhaken können, um Platz für die nächste Aussage zu haben."[21]

Was hier für das Verfassen von Nachrichten formuliert wurde, gilt ebenso fürs Sprechen.

Es ist wie bei einem Kochrezept, einer Bedienungsanleitung oder einer Spielanweisung: Ich lese immer bis zum nächsten Punkt und mache dann das, wozu ich gerade aufgefordert wurde. Erst dann lese ich den nächsten Satz. Beim Komma lese ich weiter, beim Punkt koche ich weiter.

Ich ziehe gerne den Vergleich zu einem Computer. Ein Punkt im Text heißt für den Zuhörer, dass er den Gedanken *abspeichern* kann. Wenn wir ihm das nicht erlauben und bis zum nächsten Abspeichern zu viel Informationen liefern, kann es sein, dass dem Hörer Informationen wieder verloren gehen.

Eine Moderation, ein Kommentar, eine Parodie, eine Glosse, ein Krimi, eine Pointe, ein Hörbild etc., ja unter Umständen schon der Wetterbericht, funktionieren aber ganz anders. Hier kommen eine Fülle von Aussagen zusammen, die erst als Ganzes ihren eigentlichen Sinn ergeben. Das Ziel liegt also nicht im Nacheinander der Einzelinformationen, sondern darin, dass sich diese Einzelinformationen im Kopf des Zuhörers zu einem Ganzen zusammensetzen.

? Beschreiben Sie bitte, wie Bordeaux-Wein schmeckt.

! --

Sie werden viele Wörter zur Charakterisierung brauchen, und Sie werden den Geschmack von französischem Rotwein doch nie ganz treffen. Aber in der Summe Ihrer beschreibenden Sätze können Sie sich dem Geschmack nähern.

Ein anderes Beispiel: Stellen wir uns die Beschreibung einer Landschaft in einem Radiobeitrag vor. Wenn ich jetzt wie bei den Nachrichten einen Gedanken nach dem anderen ablieferte, sähe das so aus:

---

21 Horsch/Ohler/Schwiesau (Hrsg.), Radio-Nachrichten, München 1996, S. 26

1.12 Vom Sach- zum Unterhaltungstext

Im Vordergrund eine grüne Wiese.
Darauf weiden vierundvierzig Schafe.
Eines der Schafe ist schwarz.
Im Hintergrund ein schneebedeckter Berg.
Rechts ein klarer Gebirgsbach.

Bemerken Sie das Dilemma? Der Sprecher erzählt Ihnen von einer grünen Wiese. In Ihrem Kopf baut sich eine grüne Wiese auf, so wie Sie sich die Wiese vorstellen. Sie speichern die Information ab.

Jetzt kommen die Schafe dazu. Sie müssen also in Ihr Bild als nächstes die Schafe einbauen. Jetzt erfahren Sie, dass eines der Schafe schwarz ist. Wieder müssen Sie das Bild der Schafherde in Ihrem Kopf korrigieren usw.

Wenn der Sprecher aber die Beschreibung dieser Landschaft erst dann mit einem Punkt abschließt, nachdem er von dem Gebirgsbach erzählt hat, haben Sie es viel leichter. Die Vorstellung von dieser Landschaft baut sich bei Ihnen langsam auf, ohne dass Sie dauernd korrigieren müssen:

Der Erzähler spricht große Einheiten, lässt die Stimme oben und macht Ihnen so ständig klar, dass das Bild noch nicht vollständig ist.

? Denken Sie darüber nach, wie Sie im folgenden Sportbericht die Gedanken zusammenfassen würden.

Die Mannschaft von Trainer Peschgens ist in einem bedauernswerten Zustand. Antert ist seit drei Wochen krank, Ruff kuriert seine Fußverletzung aus. Joosten hat noch immer Spielverbot. Tasche hat seinen Rücktritt angekündigt, und was wir von Holzheimers spielerischer Leistung zu halten haben, wissen wir spätestens seit dem Spiel gegen Ulm.

! --

Auch hier geht es darum, die Einheiten nicht zu klein zu machen, damit ein Bild vom Gesamtzustand der Mannschaft beim Hörer entsteht, auch wenn der Gedanke jetzt sehr lang ist.

Die MANNSCHAFT von Trainer PESCHGENS ist
in einem BEDAUERNSWERTEN ZUSTAND ↓
ANTERT ist seit drei Wochen krank ↑
RUFF kuriert seine Fußverletzung aus ↑
JOOSTEN hat noch immer Spielverbot ↑
TASCHE hat seinen Rücktritt angekündigt ↑

und was wir von HOLZHEIMERS spielerischer
Leistung zu halten haben wissen wir
spätestens seit dem Spiel gegen ULM ↓

Bis Zustand ist der erste Gedanke abgeschlossen. Dann folgt die Beschreibung der Mannschaft, und die sollten wir zu einem einzigen Gedanken machen, unabhängig davon, ob zwischen den Gedanken Punkte oder Kommas stehen. Erst bei Ulm ist der Gedanke zu Ende.

Das gilt zum Beispiel auch für den Wetterbericht, wenn wir uns nicht auf die bloße Nennung der Temperaturen, des Niederschlages und der Sonnenscheindauer beschränken wollen. Wenn wir sagen, dass es morgen den ganzen Tag regnet, im nächsten Gedanken nachliefern, dass es aber am Nachmittag vielleicht schön wird, dann sagen, dass ein starker Wind mit Orkanböen aufkommt, und zum Schluss noch hinterher schieben, dass mit Nachtfrost zu rechnen ist, dann ärgern wir den Hörer, weil das Wetter nie so ist, wie er sich das beim vorangegangenen Gedanken gedacht hat.

Für die Beschreibung eines Gefühls oder eines *Seelenzustandes* gilt das noch mehr. Auch da will ich nicht nach jedem Adjektiv korrigieren müssen, sondern am Ende der beschreibenden Sätze sollte sich eine Vorstellung des Gefühls einstellen, das der Autor beschreiben wollte.

Von einem Nachrichtensprecher erwarten wir, dass er uns sachlich etwas mitteilt, ohne eigene Anteilnahme zu zeigen. Aber schon bei einem *Veranstaltungshinweis* kann es notwendig sein, die strenge Form der reinen Informationsübermittlung zu durchbrechen.

Nehmen wir folgendes Beispiel:

? Welcher Teil des Textes bedarf einer zusätzlichen Gestaltung?

  Am Dienstag gastiert die Wendener Puppenbühne in der Stadtbibliothek. Gespielt wird um 20 Uhr das Märchen vom Gestiefelten Kater. Sitzkissen sind mitzubringen.

! --

Wenn wir den Satz Sitzkissen sind mitzubringen genauso nüchtern und sachlich lesen wie den übrigen Text, klingt der nett und fürsorglich gemeinte Hinweis sehr hart, ja fast schon wie eine ultimative Aufforderung.

1.12 Vom Sach- zum Unterhaltungstext

Wenn wir den letzten Satz dagegen als einen Tipp, einen Ratschlag sprechen wollen, dann müssen wir überlegen, wie wir den Satz so gestalten, dass unsere Absicht verstanden wird. Und da kommen wir mit den bisherigen Gestaltungsmitteln nicht mehr aus.

Wir brauchen deswegen jetzt die Beiträge zum Thema *Betonungen* und *Pausen* nicht neu zu bearbeiten, die bisher gelernten Tipps sind ja für jeden Text gültig, aber wir müssen uns klar machen, dass der Redeanlass und die Zusammensetzung der Zuhörer große Auswirkungen darauf haben, wie wir diese beiden Stilmittel anwenden.

Im Übungsteil finden sich Beispiele von Texten, in denen ich ausführlich auf diese Unterschiede eingehe.

In der Literatur zur gesprochenen Sprache ist immer wieder vom „Dichterwillen" die Rede, dem wir uns unterzuordnen haben oder vom „werkgetreuen" Sprechen. Auch wenn das Ihr Ziel sein sollte, werden Sie überrascht sein, wie viele Möglichkeiten Sie trotz dieser auf den ersten Blick sehr strengen Reglementierung haben.

Das Vorhaben, „das Wort des Dichters erklingen zu lassen", wie ich es in meinen Seminaren oft höre, ist reine Illusion. Sonst müssten Dichter oder Kunsthistoriker die besten Sprecher sein, sie sind es aber nicht.[22] Ähnlich verhält es sich in der klassischen Musik. Die Wiedergabe einer Sinfonie oder Sonate ist *immer* Interpretation. Wann immer Sie Text sprechen oder Noten spielen, deuten Sie, ob Sie wollen oder nicht. Wir hören die Sätze des Autors, interpretiert von Ihnen. Ja, genau Sie sind gemeint.

Ein Prosatext hat einen roten Faden des *Ausdrucks,* also der Gefühle und Stimmungen, und nicht nur des *Inhaltes.* Dieser rote Faden ist beim freien Denken auch da, aber er ist nicht immer für alle erkennbar. Gedanken überfallen uns, manchmal sogar mitten in einem anderen Gedanken.

Ein Theatertext geht deswegen noch einen Schritt weiter. Während sich die verschiedenen Töne bei einer Erzählung zum Beispiel einer bestimmten Hauptstimmung unterordnen, fällt das bei einem Theatermonolog weg. Im Gegenteil, der Schauspieler erreicht Farbigkeit und Authentizität durch die Kombination der verschiedenen Töne miteinander. Nur so hat der Zuschauer das Gefühl, dass dem Schauspieler der Text in dem Augenblick einfällt, in dem er ihn spricht. Und je

---

22 Winkler, Christian (Hrsg.), Aus den Schriften von Erich Drach, Frankfurt 1985, S. 66

stärker er variiert, je abwechslungsreicher er verschiedene Gedanken nebeneinander setzt, desto gespannter hören wir ihm zu.

Nur dürfen wir nicht merken, dass er die Töne benutzt, um uns bei der Stange zu halten, sondern er muss uns auch noch glauben machen, dass die Töne automatisch aus dem entstehen, was er uns zu sagen hat.

Auch die Art der Zuhörerschaft entscheidet darüber, wie ein Text gelesen bzw. vorgetragen werden muss. Text und Vorleser beeinflussen sich gegenseitig. Es geht also darum, nicht vor lauter Liebe zum Text die Zuhörer zu vergessen, genauso wie wir vor lauter Begeisterung, eine größere Menge Menschen zu unterhalten, den Text nicht verraten sollten, zumindest wenn er literarischer Natur ist.

Zusammenfassung
1. In emotionalisierenden Texten werden größere Bögen gesprochen als in reinen Informationstexten.
2. Beim Informationstext wahrt der Sprecher Distanz, beim emotionalisierenden bezieht er Position.
3. Texte zu sprechen bedeutet immer, sie zu interpretieren.

1.13 Das Tempo

Eigentlich habe ich ja nur deshalb so weit ausgeholt, um Ihnen zu erklären, dass Sie für das Erzeugen von Emotionen beim Hörer mit Betonungen und Pausen allein nicht sonderlich weit kommen. Da muss uns schon noch etwas einfallen, wie wir Texte noch ein bisschen aufmöbeln können.

Sehen wir uns nochmals eines unserer Beispiele an. Es stammt offenbar aus einem literarischen Text, und es ist sicher nicht falsch, wenn wir versuchen, mit dem Satz ein bisschen Spannung zu erzeugen.

? Fällt Ihnen ein Gestaltungsmittel ein, das diesen Satz noch interessanter machen könnte?
   Er hat mit einer Waffe auf ihn gezielt, auf den Abzug gedrückt und gebrüllt dass er gleich tot sei.
! --

1.13 Das Tempo

Durch die Pause nach gezielt haben wir ja schon der zeitlichen Abfolge der einzelnen Handlungen Rechnung getragen. Aber das können wir noch verstärken. Wir können uns das Zielen als eine langsame Bewegung vorstellen, das Drücken des Abzugs und das gleichzeitige Brüllen der Drohung als eine schnelle Handlung. Und schon haben wir ein weiteres Gestaltungsmittel, das sich näher zu untersuchen lohnt, das Tempo.

(langsam, gedehnt)
Er hat mit einer Waffe auf ihn gezielt

(schnell, aufgeregt)
Auf den Abzug gedrückt und gebrüllt dass er gleich tot sei.

Es kommt nicht darauf an, einen Text schnell zu sprechen, um zum Beispiel Spannung aufzubauen, oder einen Text langsam zu sprechen, damit sich z. B. Ruhe oder Melancholie einstellt, sondern es geht darum, Spannung durch den Wechsel von schnell und langsam zu erzeugen.

In unserem Beispielsatz muss ich also eine schnelle Bewegung (ich habe mich für den zweiten Teil entschieden) und eine langsame Bewegung (in meinen Augen der erste Teil) zusammenbringen.

Versuchen Sie jetzt noch, den ersten Teil ein bisschen langsamer zu sprechen als normal, dann wird die Geschwindigkeit des zweiten Teils viel besser herauskommen.

Lesen Sie einen ganzen Text schnell, wird man vielleicht Ihre sprecherischen Fähigkeiten loben, aber niemand würde darauf kommen, dass Sie ein Gestaltungsmittel einsetzen.

Wenn Ihre Vorstellung von der Situation die ist, dass er schnell gezielt hat, dann ganz behutsam abgedrückt, und die Drohung langsam und betont ausgestoßen hat, dann machen Sie es so, aber bitte ohne die Pause zu verschieben. Wichtig ist nur, dass langsam gegen schnell gesetzt wird, damit wir Ihre Absicht auch bemerken.

Auch wenn wir uns jetzt wieder den Nachrichten zuwenden, können wir mit der Tempoverschiebung arbeiten:

? Wo könnten Sie im folgenden Absatz mit so einer Veränderung des Tempos arbeiten?
Der 37jährige soll Drogengelder in den Nahen Osten geschafft haben. Seine Schwester in Zürich war ebenfalls in die Geldwäsche verwickelt. Die Geschwister waren bereits im Mai festgenommen worden.

! --

Wenn wir die drei Sätze in gleichmäßigem Tempo hintereinander lesen, wirken sie sehr gleichförmig. Theoretisch brauchten wir jetzt nur einen der drei Sätze schneller zu lesen, um die Monotonie zu vermeiden. Aber da wir ja Gestaltungsmittel nur dann anwenden wollen, wenn sie einen inhaltlichen Bezug haben, bietet sich vor allem der dritte Satz für eine Verzögerung an.

(Tempo etwas anziehen)
Der 37jährige soll Drogengelder in den Nahen Osten transferiert haben.

(im selben Tempo weiter, beide waren schuldig)
Seine Schwester in Zürich war ebenfalls in die Geldwäsche verwickelt.

(verlangsamt)
Die Geschwister waren bereits im Mai festgenommen worden.

Die Festnahme ist eine Zeit her und hat inhaltlich mit dem Tatvorwurf nichts zu tun. Wenn der dritte Satz dann auch noch der letzte Satz dieser Nachricht wäre, unterstreicht die Verlangsamung, dass jetzt eine neue Nachricht kommt.

Die Unterschiede dürfen bei den Nachrichten natürlich nicht so groß sein wie bei einem emotionalisierenden Text. Wir wollen die Zuhörer weder begeistern noch aufregen. Aber wir können ein paar interessante Akzente setzen.

In einem Beitrag über zu niedrige Renten, können wir über das Tempo schon zu Beginn unsere Gewichtung klar machen:

(angezogenes Tempo)
Wieder steht eine neue Steuererhöhung ins Haus.

(langsamer, wichtig)
Diesmal trifft es besonders die Rentner.

Durch die Verlangsamung wird klar, auf welcher Seite wir stehen, und worum sich der Beitrag drehen wird.

Jetzt taucht aber noch eine weitere Schwierigkeit auf, die ich Ihnen am folgenden Beispiel demonstrieren möchte.

? Experimentieren Sie im folgenden Satz mal mit dem Tempo und legen Sie fest, welcher Teil des Satzes welches Tempo bekommt.

Während die meisten Gäste noch ausgelassen an der Party teilnahmen, installierten die Terroristen im hinteren Teil der Halle eine Bombe.

! --

1.13 Das Tempo

Wir sind uns wohl einig, dass die Party mit den ausgelassenen Gästen eine schnelle, laute Angelegenheit ist, und das Installieren einer Bombe eine vorsichtige, langsame Handlung. So haben Sie wahrscheinlich dem ersten Teil des Satzes eine schnelle Lesegeschwindigkeit zugeordnet und den zweiten Teil langsamer gesprochen. Und trotzdem ist das in meinen Augen nicht günstig.

In den Beispielen davor hatten wir immer verschiedene Gedanken. Zwei Gedanken können wir auch zwei Tempi zuordnen. Bei einem einzigen Gedanken, wie in unserem Beispiel, sollten wir das nicht tun.

Der Sprecher, der diesen Satz beginnt, weiß schon von der Bombe, wenn er sagt Während die meisten Gäste noch ausgelassen an der Party teilnahmen. Das Vorhandensein der Bombe ist ja überhaupt der Grund für den ganzen Satz. Wenn wir jetzt im ersten Teil auf fröhlich machen, um im zweiten Teil mit der Bedrohung herauszurücken, nimmt der Hörer uns das sehr übel. Ähnlich wie in einer realen Situation möchte er über eine drohende Gefahr sofort informiert werden, sobald der Erzähler, also derjenige, der es erlebt, beobachtet oder erfahren hat, von dieser Gefahr weiß.

> (langsam gespannt)
> Während die meisten Gäste noch ausgelassen an der Party teilnahmen
> (beschleunigend, gefährlich)
> installierten die Terroristen im hinteren Teil der Halle eine Bombe.

Mehr als eine kleine Verschiebung der Stimmung halte ich für ungünstig. Der Hörer fühlt sich sonst betrogen, weil der allwissende Sprecher mit ihm spielt. Man geht Ihnen auf den Leim und ärgert sich anschließend darüber.

🎧 21

Gestaltungsmittel gehören zum ganzen Gedanken. Wenn ich sage
> Am Wochenende wird das Wetter in unserem gesamten Sendegebiet wunderschön.

fange ich nicht erst bei dem Wort wunderschön an, mit begeisterter Stimme das Wetter zu illustrieren, sondern die Begeisterung gehört zum ganzen Gedanken und damit zu diesem ganzen Satz.
> Meine Abscheu bei dem Satz
> > Gestern, als ich mir mal etwas Schönes leisten wollte, traf ich in der Boutique einen schrecklichen Kerl.

beginnt schon bei Gestern und nicht erst bei dem schrecklichen Kerl. An diesen Überbetonungen einzelner Wörter kann man die Nicht-Profis immer sehr gut erkennen. Die machen das nämlich sehr häufig.

 22

Sprechen Sie, wenn Sie mit dem Tempo arbeiten, nie schneller als Sie können. Wenn Sie sich dauernd versprechen oder der Hörer das Gefühl hat, dass Sie eine einsame Schlacht gegen Ihre Sätze schlagen, lenkt ihn das wieder vom Text ab. Immer wenn der Zuhörer Energie aufgrund akustischer Probleme oder eines mangelhaften Vortrags aufwenden muss, nimmt ihm das einen Teil der Aufmerksamkeit, die er braucht, den Text zu begreifen.

Es passiert dann das, was Sie sicher schon einmal erlebt haben, wenn ein Kind unter dem Weihnachtsbaum ein Gedicht aufsagen soll und seinen Text vergisst. Jeder, der zusieht, bekommt einen Stich in der Magengrube, und Sie drücken von ganzem Herzen die Daumen, dass das Kind seinen Text wiederfinden möge. Gelingt ihm das, atmen Sie auf und sind wie erlöst. Von dem Gedicht, das das Kind aufgesagt hat, haben Sie aber nichts mehr mitbekommen.

So schön es ist, wenn Ihnen alle die Daumen drücken, lassen Sie es gar nicht erst so weit kommen.

? Sehen Sie sich den folgenden Satz an und überlegen Sie, inwieweit Sie ihn durch eine Tempoverschiebung gestalten könnten.

Sie finden dort weitläufige und ruhige Strände, ganz ideal für kleine Kinder, und alle erdenklichen Vorteile einer pulsierenden Metropole mit einem regen Nachtleben.

! --

Das Ergebnis scheint so einfach, dass es überflüssig ist, näher darauf einzugehen. Allerdings hatte der Satz eine Klippe. Haben Sie die kleinen Kinder am Strand spielen lassen, oder nehmen sie bei Ihnen am Nachtleben teil?

(langsam und breit)
Sie finden dort weitläufige und ruhige Strände, ganz ideal für kleine Kinder
(energiegeladen und schneller)

1.13 Das Tempo

und alle erdenklichen Vorteile einer pulsierenden Metropole mit einem regen Nachtleben.

🎙 <u>23</u>

Bei Sätzen, die sehr stark auf das Ende hinzielen, ziehen wir automatisch mit dem Tempo etwas an.

Da steht er vor diesem Laden,
will schon hineingehen,
sieht diesen Mann,
der kommt auf ihn zu,
und wie er gerade etwas sagen will
zieht der Mann eine Pistole... usw.

Denkbar wäre hier auch eine Verlangsamung des Tempos. Ich fange hektisch an, und durch die Angst vor dem Ungewissen, die mich beim Erkennen des Mannes beschleicht, werde ich immer ängstlicher und gelähmter. Auf keinen Fall spreche ich die ähnlich strukturierten Teile dieses Satzes im selben Tempo und Tonfall. Das wäre nur langweilig.

? Denken Sie über Tempoverschiebungen im folgenden Werbetext nach und schreiben Sie Ihr Ergebnis auf.

Sie wandern einfach zu ihrem Vergnügen durch die Landschaft, doch plötzlich lässt der Duft von nahen Weizenfeldern eine Ahnung keimen. Das könnte doch der Weizen sein, aus dem die dieses herrliche Weizenbier brauen. Und ich hab solchen Durst!

! --

Zunächst einmal haben wir vier verschiedene Gedanken und könnten jedem Gedanken ein Gestaltungsmerkmal zuweisen.

Sie wandern einfach zu ihrem Vergnügen durch die Landschaft.
Doch plötzlich lässt der Duft von nahen Weizenfeldern eine Ahnung keimen.
Das könnte doch der Weizen sein aus dem die dieses herrliche Weizenbier brauen.
Und ich habe solchen Durst.

Wie stellen Sie sich diesen plötzlichen Anfall von erhöhtem Flüssigkeitsbedarf denn nun vor?

Wenn das Wandern durch die Landschaft zum Vergnügen bei Ihnen mehr einem genießerischen Schlendern gleicht, dann schlage ich vor, den *ersten* Gedanken langsam und breiter zu sprechen.

Da die Spannung in der Abwechslung liegt, käme die Ahnung von den nahen Weizenfeldern schlagartig, und der *zweite* Gedanke würde so schnell gesprochen wie die Ahnung kam.

Der *dritte* Gedanke, der die Ahnung, die gerade so plötzlich kam, auch ausspricht, kann dann wieder langsam gesprochen werden. Nach der plötzlichen Eingebung steht die Ahnung ja jetzt zur Verfügung und wir müssen uns nicht mehr beeilen. Daraus folgt dann, dass der Seufzer, wie viel Durst Sie haben, wieder ein etwas rascheres, drängenderes Tempo haben kann. Sie könnten den Gedanken vor sich hinschimpfen.

Das Ganze könnte dann so klingen:

(ruhig, ausgeglichen)
Sie wandern einfach zu ihrem Vergnügen durch die Landschaft.

(blitzartig, freudig)
Doch plötzlich lässt der Duft von nahen Weizenfeldern eine Ahnung keimen.

(vorsichtig, sehnsüchtig)
Das könnte doch der Weizen sein aus dem die dieses herrliche Weizenbier brauen.

(wütend, ärgerlich)
Und ich hab solchen Durst!

Die Werbung hat so vier ganz verschiedene Töne, klingt damit sehr interessant und abwechslungsreich.

24

Aber es geht auch genau anders herum: Bei Ihnen hat Wandern mit dem Abbauen von Energie zu tun. Sie finden es schön, durch die Landschaft zu stürmen, die Satzgeschwindigkeit ist eher schnell. Der Duft von den Weizenfeldern lässt sie nun unmerklich langsamer werden und ganz von Ferne regt sich so eine Ahnung, langsam, ganz langsam.

Plötzlich wissen Sie, was das für eine Ahnung ist, die da keimt. Sie denken an Weizenbier. Es fällt ihnen schlagartig ein und wird deshalb auch wieder schnell

1.13 Das Tempo

gesprochen. Der letzte Gedanke wäre dann ein langer elegischer Seufzer nach einem Gasthaus, von dem Sie aber sicher wissen, dass es noch drei Fußstunden entfernt ist.

(energiegeladen, schnellen Schrittes)
Sie wandern einfach zu ihrem Vergnügen durch die Landschaft.

(langsam Luft einziehend, nachdenklich)
Doch plötzlich lässt der Duft von nahen Weizenfeldern eine Ahnung keimen.

(ich hab's, freudig)
Das könnte doch der Weizen sein aus dem die dieses herrliche Weizenbier brauen.

(melancholisch, traurig)
Und ich hab solchen Durst!

🎙 25

Zwei Sätze in derselben Geschwindigkeit zu sprechen, ist auch möglich. Wir werden auch noch andere Möglichkeiten kennen lernen, die Sie ebenfalls anwenden könnten. Ich will Sie nur anregen, überhaupt etwas aus dem Text zu machen.

Interessant ist noch, dass der Punkt, an dem unserer Wanderer erkennt, dass es nach Weizenbier riecht, in beiden Versionen an einer ganz anderen Stelle liegt.

? Denken Sie einem Moment darüber nach, an welcher Stelle unser Wanderer sicher ist, dass es nach Weizen riecht.
Sie wandern einfach zu ihrem Vergnügen durch die Landschaft.
Doch plötzlich lässt der Duft von nahen Weizenfeldern eine Ahnung keimen.
Das könnte doch der Weizen sein aus dem die dieses herrliche Weizenbier brauen.
Und ich hab solchen Durst!
! ---

Im ersten Fall liegt die Eingebung vor dem zweiten Gedanken, im zweiten Fall wird ihm erst vor dem dritten Gedanken klar, an was ihn das alles erinnert.

Es hilft also sehr, sich das, was Sie lesen, vorzustellen. Dann ist das Interpretieren viel einfacher.

Variation 1

(ruhig, ausgeglichen)
Sie wandern einfach zu ihrem Vergnügen durch die Landschaft.

!!!!!ES RIECHT NACH WEIZEN

(blitzartig, freudig)
Doch plötzlich lässt der Duft von nahen Weizenfeldern eine Ahnung keimen.

(vorsichtig, sehnsüchtig)
Das könnte doch der Weizen sein aus dem die dieses herrliche Weizenbier brauen.

(wütend, ärgerlich)
Und ich hab solchen Durst!

Variation 2

(energiegeladen, schnellen Schrittes)
Sie wandern einfach zu ihrem Vergnügen durch die Landschaft.

(langsam Luft einziehend, nachdenklich)
Doch plötzlich lässt der Duft von nahen Weizenfeldern eine Ahnung keimen.

!!!!!ES RIECHT NACH WEIZEN

(ich hab's, freudig)
Das könnte doch der Weizen sein aus dem die diese herrliche Weizenbier brauen.

(melancholisch, traurig)
Und ich hab solchen Durst!

Das Bemerken des Geruchs liegt immer *zwischen* zwei Gedanken, und nicht mitten im Gedanken an etwas ganz anderes. Dadurch, dass sich die Gestaltung zwischen zwei Gedanken ändert, wird klar, dass dazwischen etwas passiert sein muss. Ich habe bemerkt, dass es nach Weizen riecht.

Beim Film würde ich für diesen Moment den Sprecher in einer Großaufnahme filmen. Wir sehen dann in seinem Gesicht, wie er den Weizen riecht, und wir müssen uns mit der unterschiedlichen Gestaltung der beiden Gedanken nicht so große Mühe geben. In der Theaterarbeit nennt man das einen *Umbruch*. Im Radio müssen wir diesen Umbruch besonders deutlich gestalten, damit der Hörer auch bemerkt, dass etwas passiert ist.

1.13 Das Tempo

In einem Hörspiel wäre es auch möglich, den Umbruchmitten in den Gedanken zu legen, damit er für den Hörer besser verstehbar wird. Stellen wir uns einen Menschen vor, der im Menschengewühl seine Freundin entdeckt und laut ruft:

(ruft laut)
Conny, hier bin ich! Hier drüben...
(langsam, jedes Wort einzeln betonend)
auf... der... anderen... Straßenseite...

Seine Freundin hat ihn nicht gesehen, aber bei dem Wort drüben hat unser Protagonist entdeckt, dass es nicht seine Freundin ist oder dass sie gerade einen anderen Mann küsst, der neben ihr steht. Durch die Verzögerung im Satz wird dem Hörer klar, dass da etwas ganz Außerordentliches passiert sein muss.

? Und weil wir jetzt gerade so schön dabei sind, zur Übung eine dritte Variation. Wie sähe der Text denn aus, wenn Sie zwischen brauen und und, also erst vor dem vierten Gedanken, hundertprozentig sicher sind, dass es nach Weizen riecht?

! ---

Variation 3
(energiegeladen, schnellen Schrittes)
Sie wandern einfach zu ihrem Vergnügen durch die Landschaft.
(langsam Luft einziehend, nachdenklich)
Doch plötzlich lässt der Duft von nahen Weizenfeldern eine Ahnung keimen.
(ungläubig, fassungslos)
Das könnte doch der Weizen sein aus dem die dieses herrliche Weizenbier brauen.
!!!!!ES RIECHT NACH WEIZEN
(begeistert, voller Freude)
Und ich hab solchen Durst!

Der Satz Und ich hab solchen Durst muss jetzt wieder freudig sein, damit der Zuhörer merkt, dass ich den Duft eindeutig als Duft von Weizenfeldern identifiziert habe. Die Begeisterung macht klar, dass ich mit meinen Vermutungen Recht hatte.

📷 26

Stellen Sie sich den Sachverhalt genau vor! Phantasie kann nur wecken, wer selbst welche hat.

> **Zusammenfassung**
> 1. Tempowechsel macht die Präsentation farbiger.
> 2. Wechseln Sie das Tempo nur zwischen den Gedanken, und nicht mittendrin.
> 3. Sprechen Sie nie schneller, als Sie können.

1.14 Die Lautstärke

Im Zusammenhang mit dem Tempo fällt Ihnen sicher sofort ein weiteres Gestaltungsmittel ein, das wir in unserem nächsten Beispiel gut anwenden können.

? Was könnte man aus dem folgenden Werbespot machen, sprachlich gesehen natürlich?

Das ist doch nicht der Karneval in Venedig! Das ist die Fiesta Mexicana an der Schnellen Theke!

Sie können einen von vielen Preisen gewinnen! Erleben Sie den großen Geschmack von Mexiko! An der Schnellen Theke, Weiden, Bäckerstr. 8

! --

Eine Fiesta in Mexiko wird wohl genau das Gegenteil eines deutschen Schachturniers sein. Bei dieser Werbung bietet es sich an, mit unterschiedlicher Lautstärke zu arbeiten.

Ähnlich wie beim Tempo gibt es auch hier unzählige Möglichkeiten, je nachdem, wie Sie sich einen Sachverhalt vorstellen. Je verwunderter wir die Frage nach dem Karneval in Venedig stellen, desto begeisterter können wir ausrufen, dass es sich doch um die Fiesta Mexicana handelt. Die Sache mit den Preisen könnten Sie wieder leiser sprechen, weil Sie von der Menge der Preise ja so beeindruckt sind, um die Aufforderung, den Geschmack von Mexiko zu erleben, wieder lautstark in die Runde zu rufen.

Die Adresse zum Schluss lesen wir dann wieder verhalten, denn es soll ja jeder mitbekommen, wo er was Gutes zu essen und zu trinken bekommt. Der Kunde, der so eine Werbung in Auftrag gibt, wünscht meist beim letzen Satz noch eine Kombination von einer ruhigen mit einer langsamen Sprechweise, und das am liebsten von einem Mann. Psychologen haben nämlich herausgefunden, dass das am besten wirkt. Eine ruhige, tiefe männliche Stimme suggeriert Kompetenz und Zuverlässigkeit.

Wir können Tempo und Lautstärke auch gut kombinieren:
>(kopfschüttelnd, verneinend)
>Das ist doch nicht der Karneval in Venedig!
>
>(begeistert, ausgelassen)
>Das ist die Fiesta Mexicana an der Schnellen Theke!
>
>(bewundernd, staunend)
>Sie können einen von vielen Preisen gewinnen!
>
>(animierend, mitreißend)
>Erleben Sie den großen Geschmack von Mexiko!
>
>(sachlich, deutlich, langsam)
>An der Schnellen Theke, Weiden, Bäckerstr. 8

🔘 27

Wieder gehen wir zu den Nachrichten zurück und stellen fest, dass wir auch dort mit einer, wenn auch sehr viel schwächeren, Veränderung der Lautstärke arbeiten können.

? Variieren Sie in der folgenden Meldung die Lautstärke?
> Es sei eine Unverschämtheit, ihn mit den illegalen Geldgeschäften in Verbindung zu bringen. Zumal er zu dieser Zeit nicht in Hannover gewesen sei, sagte der Abgeordnete der Neuen Osnabrücker Zeitung.

! --

Die erboste, ärgerliche Äußerung des Abgeordneten nehmen wir eine Spur rascher. Möglicherweise fassen wir hier auch die beiden Gedanken zusammen und liefern dann sehr ruhig und langsam nach, woher wir die Information haben.

>(drängend, schneller, lauter)
>Es sei eine Unverschämtheit ihn mit den illegalen Geldgeschäften in Verbindung zu bringen ↑ zumal er zu dieser Zeit nicht in Hannover gewesen sei ↓
>
>(langsam, ruhig, leiser)
>sagte der Abgeordnete der Neuen Osnabrücker Zeitung ↓

So trennen wir sehr gut zwischen dem *Inhalt seiner Äußerung* und unserer *Informationsquelle*. Die Nachricht klingt besser und wird leichter verstanden, weil die Lautstärkeverschiebung eine leichtere Erfassung des Sinns ermöglicht.

🎙 28

? Spielen Sie bei der folgenden Werbung ein bisschen mit der Lautstärke und legen Sie sich dann fest.

Ich wette, dass Sie so etwas noch nie gesehen, ach was, geschmeckt haben. Das erste Fertiggericht mit einem Stern im Guide Michelin. Und das zu einem unglaublichen Preis. Jetzt in allen Kaufgut Filialen.

! ---

Zunächst wieder vier Gedanken, wobei wir auch in fünf Gedanken einteilen können, indem wir das noch nie gesehen und das noch nie geschmeckt haben als zwei verschiedene Gedanken auffassen.

Ich wette, dass Sie so etwas noch nie gesehen, ach was geschmeckt haben.
Das erste Fertiggericht mit einem Stern im Guide Michelin.
Und das zu einem unglaublichen Preis.
Jetzt in allen Kaufgut Filialen.

Steigern Sie hier die Lautstärke und Intensität nach jedem Gedanken.

Die Wette lesen Sie noch in normaler Lautstärke, aber voller Spannung für die Überraschung, die bevorsteht. Viel wichtiger ist es aber, dass die Hörer das Gericht noch nie geschmeckt haben, deswegen Erhöhung der Lautstärke.

Jetzt kommt die völlig einzigartige Überraschung, nämlich das erste Fertiggericht mit Stern, also geben wir noch mehr Stimme, und das Allertollste ist natürlich der unglaubliche Preis. Das setzen wir oben drauf.

(langsam und voller Neugier)
Ich wette, dass Sie so etwas noch nie gesehen →

(gespannte Begeisterung)
ach was geschmeckt haben.

(verhalten begeistert)
Das erste Fertiggericht mit einem Stern im Guide Michelin.

(völlig begeistert)
Und das zu einem unglaublichen Preis.

(sachlich, klar, informativ)
Jetzt in allen Kaufgut Filialen.

Aber fangen Sie mit dem ersten Gedanken nicht zu laut an, sonst können Sie sich nicht mehr genügend steigern.

🔘 29

Bei aller Lust am Gestalten denken Sie daran, dass man Sie auch bei den leisen Stellen gut verstehen sollte. Sobald Ihr Zuhörer sich anstrengen muss, geht ein großer Teil seiner Aufmerksamkeit weg vom Inhalt.

> **Zusammenfassung**
> 1. Überlegen Sie, wie Sie unterschiedliche Lautstärke einsetzen können.
> 2. Lautstärke und Tempo lassen sich gut kombinieren.
> 3. Sprechen Sie weder zu leise noch zu laut! Man muss Sie verstehen können.
> 4. Wenn Sie die Lautstärke noch steigern wollen, beginnen Sie nicht zu laut.

1.15 Die Melodie

Kommen wir zu dem, was zwischen den Zeilen gesagt wird, zu dem Ton, der unter den Worten liegt und den Inhalt eines Satzes entscheidend beeinflusst, kommen wir zur Melodie. Nietzsche beschreibt das so: „Das Verständlichste an der Sprache ist nicht das Wort selber, sondern Ton, Stärke, Modulation, Tempo, mit denen eine Reihe von Worten gesprochen werden – kurz die Musik hinter den Worten, die Leidenschaft hinter dieser Musik, die Person hinter dieser Leidenschaft: Alles das also, was nicht geschrieben werden kann."[23]

Sollten Sie vielleicht schon das Gefühl haben, dass wir mit unseren Möglichkeiten, Sätze zum Leben zu erwecken, am Ende sind, muss ich Sie enttäuschen. Wir sind erst bei der Hälfte unserer (sprecherischen) Möglichkeiten angelangt.

? Lesen Sie einmal den folgenden Satz:
   Das war ja wirklich spannend!

---
23 zit. nach Schneider, Wolf, Deutsch für Kenner, München, Zürich 1996, S. 131

Können Sie etwas damit machen, nachdem Sie sich für Betonungen und Pausen entschieden haben?

! --

Ein Satz ohne Probleme. Wir betonen spannend oder auch wirklich und spannend und machen nach Möglichkeit keine Pause.
Und trotzdem gibt es für den Satz grundverschiedene Möglichkeiten, je nachdem, in welchem Zusammenhang er steht.

Ich habe ganz weiche Knie. Das war ja WIRKLICH SPANNEND!
Immer dieses endlose Gelaber. Das war ja WIRKLICH SPANNEND!

Mit Hilfe einer bestimmten Melodie können wir die Aussage eines Satzes in ihr Gegenteil verkehren, und das, obwohl die Betonungen und Pausen völlig gleich bleiben. Im ersten Fall sprechen wir den Satz bewundernd und tief beeindruckt, im zweiten Falle ironisch und spöttisch.

(beeindruckt)
Ich habe ganz weiche Knie. Das war ja WIRKLICH SPANNEND!
(spöttisch)
Immer dieses endlose Gelaber. Das war ja WIRKLICH SPANNEND!

🎙 30

Natürlich geht das auch umgekehrt. Den Satz Du bist doch doof können wir so sprechen, dass er wie eine Liebeserklärung klingt und auch so verstanden wird.

Der Sprecher kann also die Aussage eines Satzes mit Hilfe einer bestimmten Melodie nach seinen Vorstellungen verändern. Guten Schauspielern gelingt es zum Beispiel mühelos, die Absicht des Autors zu unterlaufen und einen Satz, der ihrer Meinung nach nicht zu ihrer Figur gehört, so zu sprechen, dass er das Gegenteil bedeutet. Auch dann, wenn der Regisseur ihnen die genaue Betonung vorgegeben hat.

An dem Satz: „Die Süßkirschen sind reif" erklärt Austin in seiner Theorie der Sprechakte[24], wie viele Gründe es gibt, warum dieser Satz gesagt wird. Es kann die Einladung zu einem nächtlichen Diebstahl sein, eine Warnung der örtlichen

---

24 zit. nach von Savigny, Eike, J. L. Austin - Hat die Wahrnehmung eine Basis, in: Philosophie der Gegenwart, Göttingen 1975, S. 207

1.15 Die Melodie

Polizei oder die Feststellung eines plötzlichen Hungergefühls. Immer ist der Zusammenhang entscheidend, und diesen stellen wir mit Hilfe der Melodie her.

In meinem Unterricht habe ich immer wieder festgestellt, wie leicht es ist, im privaten Gespräch ironisch zu sein und Sätzen andere Inhalte unterzuschieben. Aber wenn es an einem vorgegebenen Text, auch wenn man ihn selbst geschrieben hat, sozusagen auf Kommando sein soll, ist das ungleich schwieriger.

Ich erinnere mich an eine Redakteurin, die eine wunderschöne Glosse fürs Radio geschrieben hatte, aber als sie die Sätze, die sie beim Schreiben mit viel Ironie und Doppelsinn gewürzt hatte, dann vorlas, klangen sie farblos und blass. Die Glosse war nicht mehr als solche zu erkennen und der Witz war dahin.

Also üben Sie das mal. Sie werden sofort hören, wenn es Ihnen gelingt.

? Sprechen Sie die folgenden vier Sätze in zwei verschiedenen Versionen, die gegenteiliger Bedeutung sind.
Na wie schön, dass du kommst!
Das regle ich doch mit links!
Ich denke überhaupt nicht mehr an ihn!
Auch das Plakat war sehr geschmackvoll!

! ---

Die einfachste Möglichkeit, das Problem zu lösen, habe ich bereits besprochen. Wir machen vor dem Wort, dass wir ironisieren möchten, eine kurze *Pause*. Ein geschmackvolles Plakat ist etwas sehr Schönes. Mit einer kleinen Pause vor dem geschmackvoll oder vor dem sehr und einer leichten Überbetonung von geschmackvoll sieht es ganz fürchterlich aus.

Ähnliches gilt jetzt für Pausen vor schön, mit und überhaupt.
Na wie – schön, dass du kommst!
Das regle ich doch – mit links!
Ich denke – überhaupt nicht mehr an ihn!
Auch das Plakat war – sehr geschmackvoll!

31

Welches Wort Sie ironisieren, können Sie frei entscheiden. Sehen Sie sich den folgenden Satz an:

Stars und Sternchen drängten sich am Buffet.

Es kann sein, dass Sie sich mit einer Pause vor Sternchen darüber lustig machen wollen, dass da viele C-Promis anwesend waren. Eine Pause vor drängten sagt, dass da gar nichts los war und eine Pause vor Buffet erzählt, dass es nur belegte Brote gab. Nur Stars können Sie nicht ironinisieren. Dazu müssten Sie den Satz anders bauen.

Die vielen (Pause) Stars und Sternchen…

Die zweite Möglichkeit, wie wir ironisch sein können, ist die Übertreibung. Wir sprechen einen Satz so übertrieben aus, dass unserem Zuhörer sofort klar wird, dass wir es nicht so meinen.

? Übertreiben Sie Ihre Freundlichkeit mal so, dass man merkt, dass Sie das Gegenteil meinen:

Na, wie schön, dass du kommst.

! --

Analog können Sie auch Ihren Ärger so übertreiben, dass man merkt, Sie meinen es nicht so. Oder Sie können Ihre Verwunderung übertreiben, dass man lacht usw.

Die dritte Möglichkeit besteht darin, dem ganzen Satz einen zusätzlichen Inhalt zu unterlegen. Man spricht dann von einem *Unterton* oder *Subtext*. Und der kann natürlich auch das Gegenteil von dem bedeuten, was die Worte an ihrer Oberfläche sagen.

Ich gebe Ihnen dazu eine kleine Hilfestellung. Setzen Sie zum Beispielsatz immer einen Satz hinzu, der die gegenteilige Bedeutung unterstreicht, und sprechen Sie dann beide Sätze in einem ähnlichen Ton:

Na, wie schön, dass du kommst. Ich stehe hier bereits geschlagene zwei Stunden.

Aber klar, ich fliege mal eben nach New York, um für dich eine Jacke zu kaufen. Das regle ich doch mit links.

Er fehlt mir ein bisschen, aber ich hatte es mir viel schlimmer vorgestellt.

Ich denke (eigentlich) überhaupt nicht mehr an ihn.

Das Plakat war sehr geschmackvoll. So einen Mist habe ich lange nicht mehr gesehen.

1.15 Die Melodie

Mit Hilfe dieser Zusätze sollte es Ihnen leicht gelingen, den Inhalt der Beispielsätze ins Gegenteil zu verwandeln.

◉ 32

Für Ironie haben wir also drei Möglichkeiten:

- Wir betonen das zu ironisierende Wort, möglicherweise sogar mit einer Pause davor.
- Wir übertreiben den Satz so, dass jeder merkt, wir meinen das Gegenteil.
- Wir unterlegen dem Satz einen beliebigen anderen Ton (Unterton), der nicht das meint, was der Satz an seiner Oberfläche aussagt.

Auch starkes Verlangsamen oder eine deutliche Erhöhung der Lautstärke macht für alle klar, dass es nicht so gemeint ist wie es gesagt wird.

Viele Theaterregisseure wenden einen Kniff an, um es Schauspielern zu erleichtern, diesen Unterton zu entdecken:
Sie erfinden einen Satz, der ähnlich gebaut ist, und dessen Inhalt genau dem entspricht, was der Schauspieler eigentlich ausdrücken soll. Dann sagt der Schauspieler diesen erfundenen Satz, dessen Melodie ihm ja ganz leicht fällt. Anschließend spricht er den ursprünglichen vorgegebenen Satz mit genau der Melodie, die er gerade gefunden hat.

? Finden Sie zu dem Satz

   Na, wie schön, dass du kommst.

   einen Satz, der das Gegenteil bedeutet.

! --

Wir werden jetzt nicht ganz genau vergleichen können, welchen Satz Sie gefunden haben, weil es da zu viele Möglichkeiten gibt, aber Ihr Satz könnte ungefähr so aussehen:

   Was fällt dir ein, mich hier warten zu lassen!

Sprechen Sie meinen (oder Ihren) Satz jetzt einmal mit dem richtigen Ärger. Sie stehen da stundenlang herum und der jemand, den Sie erwarten, kommt auf einmal freudestrahlend angelaufen.

   Was fällt dir ein, mich hier warten zu lassen!

Merken Sie sich jetzt genau die Melodie und sagen Sie ganz genau in demselben Tonfall:

Na, wie schön, dass du kommst!

Hat es geklappt? Im Zweifelsfall sprechen Sie noch einmal beide Sätze direkt hintereinander.

Jetzt hört man

Na, wie schön, dass du kommst!

und versteht

Was fällt dir ein, mich hier warten zu lassen!

Mit diesen Doppelbotschaften haben wir es im Privatleben sehr, sehr häufig zu tun.

🎧 33

Versuchen Sie nur einmal, die Äußerung Oh, der Abwasch ist gemacht! wenn Sie nach Hause kommen, ganz ohne einen Unterton zu sprechen. Es wird Ihnen kaum gelingen.

Es muss ja auch nicht unbedingt genau das Gegenteil einer Information sein, das Sie mitliefern. Sie fragen zum Beispiel jemanden, ob er sich mit Ihnen treffen will, und diese Person antwortet mit dem einfachen Ein-Wort-Satz:

Ja.

Die Information scheint eindeutig: Sie will sich mit Ihnen treffen. Trotzdem ist die Information, die in dieser kurzen Antwort liegt, wesentlich größer. An der Art, wie er oder sie dieses Wort ausspricht, erkennen wir, ob die Person begeistert ist oder ob es ihr fast egal ist, ob sie Zweifel hat oder ob sie sich in ihr Schicksal fügt, nachdem wir sie nun schon das achte Mal fragen. Vielleicht meint sie sogar Nein.

Schatz, kommst du am Samstagabend mit zum Fußball?
(sehr laut und gedehnt)
JAAA!

Da dürfte die Antwort nicht ganz eindeutig sein. Das Beispiel zeigt, dass Alltagssätze meist noch eine zweite Ebene haben, die wir beim Lesen von Texten erst entdecken müssen. Dann können wir so spannend lesen wie erzählen.

Wie viele beschreibende Worte müsste ein Schriftsteller machen, um zweifelsfrei festzulegen, welches Ja seine Figur spricht. Nicht einmal mit dem Aufschreiben von Tönen könnten wir ein bestimmtes Ja hundertprozentig festlegen. Das lässt uns erahnen, wie komplex die Sprechmelodie ist.

1.15 Die Melodie

Einen Dialekt erkennen wir nicht nur an der Aussprache bestimmter Wörter, sondern meistens auch an ganz spezifischen Eigenheiten der Sprechmelodie (siehe auch den Beitrag über die Stimmlage).

Zwei Kölnerinnen	Zwei Darmstädterinnen	Ein Schwabe
A: Darf dat dat?	A: Sin die Weck weg?	Also du do und du do, ihr seid heute gekommen Euch trauen zu lassen.
B: Dat darf dat.	B: Jo, sin all all.	Du do mit dera do und du do mit dem do.
A: Dat dat dat darf.	A: Wer war'n do do?	Der du die do aus den Töchtern Evas erkoren und du do, die du dir den do aus den Söhnen Adams auserkoren.

Ein Beispiel aus Berlin
> Der Musiklehrerin erklärt das Vorzeichen b vor dem Ton d. Die Berliner Göre fragt: „Is des des des, des des Des sein soll?"

Und aus Frankfurt
> Gieß dein kaktus, sonst vedädädä!

Und natürlich darf ein sächsisches Beispiel nicht fehlen. Tanken auf sächsisch.
> Dank scheen voll! Dank voll! Dank scheen!

Ohne Melodie würde aus diesen Aneinanderreihungen ähnlich klingender Worte eine Sprechübung, aber keine Szene. Wenn wir aber verschiedene Melodien unterlegen, wird ein Dialog daraus.

🎧 34

Richtig eingesetzt, verhilft die Melodie dazu, die eigentliche Botschaft eines Satzes zu unterstützen. Ein Einsatz aus rein ästhetischen Gründen, etwa um den Hörer vom Wohlklang der eigenen Stimme zu überzeugen, unterstützt nicht die Botschaft, sondern streichelt lediglich die Eitelkeit des Sprechers.

Sie müssen alles aus dem Text begründen können. Machen Sie nie etwas mit einem Text, nur damit es schöner klingt, oder weil es sich interessanter anhört. Der Hörer nimmt Ihnen solchen Manierismus übel.

In meinem Unterricht spielte mir mal ein Sprecher für den lokalen Sport ein Band vor, auf dem er die Ergebnisse der letzten Eishockeyspiele verlas. Da ihm das einfache Vorlesen der Ergebnisse zu langweilig erschien, wollte er es ein bisschen interessanter machen, indem er den einzelnen Ergebnissen verschiedene Melodien unterlegte:

(so ein Mist!)
Mannschaft A gegen Mannschaft B 3:2

(leichtes Stöhnen)
Club C gegen D 1:1

(habe ich beides erwartet)
E gegen F 0:0 und G gegen H 7:1

(spannend)
Aber I gegen J...

Sie merken schon, dass das so nicht geht. Ergebnisse von Eishockeyspielen oder Lottozahlen sind für jeden langweilig, der sich nicht dafür interessiert. Und wenn sich jemand dafür interessiert, sind sie immer spannend, egal wie wir sie vortragen. Das Interessante an einer Nachricht ist die Nachricht selber.

Alle Stilmittel, die wir im Lernprogramm besprechen, wenden wir beim täglichen Sprechen wie selbstverständlich an. Wir machen uns kaum je Gedanken darüber, wie vielschichtig unsere Anstrengungen sind, mit anderen zu kommunizieren.

Wenn man sich ansieht, mit welchem Aufwand die Satzintonation wissenschaftlich untersucht wurde[25], ohne sich diesem Phänomen wirklich umfassend zu nähern, wird klar, welche ungeheure Leistung die menschliche Sprache darstellt.

Die Bedeutung eines Textes hängt nicht nur vom Inhalt und der Zuhörerschaft ab, sondern auch von mir, dem Interpreten, der einem Text, wenn er es für nötig hält, eine völlig andere Bedeutung unterlegen kann.

Machen wir dazu wieder eine Übung. Der Moderator kündigt den nächsten Musiktitel mit dem Satz an:

Der nächste Titel ist etwas ganz Besonderes!

Und jetzt überlegen Sie, warum der Sprecher diesen Satz sagt! Wie könnte er ihn gemeint haben?

---

25 Stock, Eberhard, Untersuchungen zu Form, Bedeutung und Funktion der Intonation im Deutschen, Berlin 1980

1.15 Die Melodie

? Sprechen Sie den Satz
Der nächste Titel ist etwas ganz Besonderes!
in verschiedenen Variationen. Jede Variation sollte einen anderen Unterton haben.
! --

Sie finden das zu schwierig? Also gut, ich gebe Ihnen eine kleine Hilfestellung.

Wir machen es genauso, wie wir es weiter oben schon probiert haben: Wir suchen uns einen Satz, der das ausdrückt, was wir eigentlich sagen wollen und sprechen die Ankündigung
Der nächste Titel ist etwas ganz Besonderes! in genau demselben Tonfall.
Ich habe Ihnen hier einige Beispielsätze notiert, deren Bedeutung Sie jetzt der Ankündigung des nächsten Titels unterlegen sollen.

Den nächsten Titel habe ich ganz exklusiv für Sie!

Der nächste Titel ist das Langweiligste, was ich je gehört habe.

Der nächste Titel macht mich richtig aggressiv.

Den nächsten Titel kennen Sie ganz genau…

Den nächsten Titel finde ich einfach zu blöde.

Sie kriegen nie raus, wer den nächsten Titel singt!

Der nächste Titel weckt hoffentlich bei Ihnen die zärtlichsten Gefühle.

Den nächsten Titel begreife nicht einmal ich.

Den nächsten Titel finde ich wirklich wahnsinnig komisch.

Wenn Sie es richtig hinbekommen, nimmt ein Zuhörer alle oben genannten Sätze wahr, ohne dass Sie sie wirklich sagen. Sie wiederholen ja immer nur Der nächste Titel ist etwas ganz Besonderes.

Zur Kontrolle können Sie die Sätze jemandem vorsprechen und nachprüfen, ob er weiß, was Sie tatsächlich sagen wollen.

📷 35

Gehen wir noch einen Schritt weiter, denn die Leistungsfähigkeit der Melodie ist damit keineswegs erschöpft. Sätze können auch Inhalte transportieren, die mit der eigentlichen Aussage des Satzes selbst nichts zu tun haben.

Der Satz Vater schläft **aus dem ersten Beitrag** kann zum Beispiel auch bedeuten „Ich habe Dir doch gleich gesagt, dass Du Dir keine Sorgen machen musst" oder er heißt „Komm lass uns zusammen ins Bett gehen", je nach Melodie und Situation.

Das bauen wir jetzt noch ein bisschen aus. Wir erläutern jetzt durch unsere Sprechweise nicht nur, was wir eigentlich mit dem Satz meinen, sondern erzählen mit ihm eine ganze Geschichte.

Nehmen wir einmal an, der Moderator einer Sendung mit deutschen Schlagern hätte den imaginären Titel Am Tag, als er aus Reno kam anzusagen. Da er weiß, wovon das Lied handelt, präsentiert er den Titel des Liedes so, dass jeder Zuhörer ebenfalls sofort weiß, worum es geht.

Es könnte zum Beispiel sein, dass das Lied davon handelt, wie ein Mann nach zwanzig Jahren Gefängnis zu seiner Frau nach Reno zurückkehrt, die ihn mit offenen Armen empfängt.

Wir erfinden nun irgendeinen Satz, der mit unserem Liedtitel direkt nichts zu tun hat, aber die Situation, die den Inhalt des Liedes darstellt, genau widerspiegelt.
Damit die Gestaltung noch besser herauskommt, setzen wir vorher den neutralen Satz

Sie hören nun den Titel:

? Probieren Sie mit dem Satz einmal herum, bis der Zuhörer mitbekommt, dass es in dem Lied darum geht, dass eine Person nach langer unfreiwilliger Abwesenheit wieder nach Reno zurückkommt.

Sie hören nun den Titel:
Am Tag als er aus Reno kam.

! --

Im Falle des Gefängnisheimkehrers könnte die Szenerie folgendermaßen aussehen:
Der Mann kommt mit einem abgewetzten Koffer zu seinem Holzhaus, die Tür geht auf, seine Frau entdeckt ihn, strahlt ihn an und sagt ganz leise:

Ich habe so lange auf dich gewartet.

und die Tränen laufen ihr das Gesicht herunter. Zugegeben eine sehr süßliche Szenerie, aber wir sprechen ja von einer Sendung mit deutschen Schlagern.

Wenn Sie jetzt in den Satz Ich habe so lange auf dich gewartet Ihr ganzes Gefühl hineinlegen und dann den Liedtitel Am Tag als er aus Reno kam mit

1.15 Die Melodie

derselben Melodie wiederholen, wird der Zuhörer verstehen, dass es in dem Lied um eine sehr emotionale Situation geht.
Treiben wir unsere Geschichte noch ein wenig weiter.

? Sprechen Sie den Satz

Am Tag als er aus Reno kam

jeweils so aus, dass er zu den folgenden Vorschlägen für den Inhalt des Liedes passt. Davor setzen Sie bitte wieder die neutrale Ankündigung Sie hören nun den Titel:

1. Lied von einem einsamen Cowboy
2. Lied von einem Lottogewinn von einer Million
3. Lied eines tödlichen Duells
4. Lied von dem lächerlichen Idioten, der auch noch aus Reno kommt
5. Lied von der Ankunft des großen Stars in einer Kleinstadt
6. Lied vom Mann, der als Krüppel im Rollstuhl zurückkam
7. Lied von der Rückkehr des verhassten Bruders
8. Lied für Kinder über Pu, den Bären
9. Lied von Stephen King über den Revolverhelden, der als Dämon zurückkehrt
10. Lied vom Mann, dessen Unglück nach seiner Ankunft begann

! --

Ob Ihnen diese Aufgabe gelungen ist oder nicht, können Sie allein natürlich nicht überprüfen. Aber auch hier brauchen Sie wieder nur jemanden zu bitten, Ihnen zuzuhören, um Ihnen zu sagen, was er verstanden hat. Oder Sie vergleichen mit den Hörbeispielen.

Ich gebe Ihnen zu den 10 Sätzen jeweils einen Vorschlag für den Satz, den Sie dem Liedtitel unterlegen können.

1. Lied von einem einsamen Cowboy
(ernst, melancholisch)
Ich würde so gerne bleiben, aber ich muss weiter.

2. Lied von einem Lottogewinn von einer Million
(begeistert)
Ich habe eine Million gewonnen!

3. Lied eines tödlichen Duells
(voll Spannung)
Wer als letzter zieht, muss sterben!

4. Lied von dem lächerlichen Idioten, der auch noch aus Reno kommt
(hämisch, verletzend)
Habt Ihr schon mal so einen blöden Idioten aus Reno gesehen?

5. Lied von der Ankunft des großen Stars in einer Kleinstadt
(ehrfurchtsvoll, ungläubig)
Und ich sage euch, Joe Cocker gibt bei uns ein Konzert.

6. Lied vom Mann, der als Krüppel im Rollstuhl zurückkam
(ernst, verbittert)
Er ist aus Reno zurück, aber er wird nie wieder laufen können.

7. Lied von der Rückkehr des verhassten Bruders
(hasserfüllt)
Du wirst sofort hier verschwinden!

8. Lied für Kinder über Pu, den Bären
(freudig, große Überraschung)
Und jetzt freuen wir uns alle auf Pu, den kleinen Bären.

9. Lied von Stephen King über den Revolverhelden, der als Dämon zurückkehrt.
(bedrohlich, geheimnisvoll)
Ich habe ein Wesen gesehen, das mir das Blut in den Adern gefrieren ließ.

10. Lied vom Mann, dessen Unglück nach seiner Ankunft begann.
(resigniert)
Seit er hier ist, geht aber auch alles schief.
(oder fluchend)
Seit er hier ist, ist alles eine einzige verdammte Sch…

36

Jetzt sind die Grenzen des Machbaren erreicht. Ich gebe zu, dass diese Übung ein wenig übertrieben ist, siehat aber hoffentlich klar gemacht, dass wir unseren Sätzen fast beliebige Botschaften unterlegen können. Aber immer nur *eine* Botschaft pro Gedanke. An den Beispielen mit dem Liedtitel ist deutlich geworden, dass die Anwendungsmöglichkeiten dieser Untertöne sehr vielfältig sind. In Beiträgen, Features, beim Hörspiel, bei der Moderation usw. ergeben sich dadurch wunderbare Möglichkeiten.

1.15 Die Melodie

? Finden Sie zu dem folgenden Satz verschiedene Untertöne:
Eine Porno-Queen auf dem Wiener Opernball ist einfach ein Skandal.
! --

Bei der Suche nach den verschiedenen Tönen haben Sie mehrere Möglichkeiten: Sie sprechen den Satz zunächst aus der Sicht der beteiligten Personen oder Parteien.
Die Porno-Queen findet es wunderbar. Sie unterlegen den Satz:

(begeistert)
Ich finde es total toll heute hier zu sein!

Die Wiener finden es ganz schrecklich: Sie unterlegen den Satz:

(empört)
Ich finde es eine Unverschämtheit, dass sie hier ist.

Die dritte Möglichkeit wird Ihnen vielleicht nicht sofort einfallen, aber es ist die wichtigste. Sie sind gefragt, was Sie selbst davon halten. Wie finden Sie es, dass die Dame auf den Opernball geht? Von dem Verfasser eines Beitrages oder von einem Moderator erwarten wir, dass er sich so kundig gemacht hat, dass er mit einer *eigenen Meinung* vor das Mikrophon geht.

Entscheiden Sie also, welcher Meinung Sie sind. Zum Beispiel unterlegen Sie den Satz:

(schadenfroh)
Es macht mir einen Heidenspaß, was da in Wien wieder los ist.

Es ist fast so, als ob sich die Informationsmenge vedoppelt. Sie sagen jetzt nämlich zwei Dinge:

Eine Pornoqueen auf einem Opernball ist ein Skandal

und

Es macht mir einen Heidenspaß!

Diese verschiedenen Möglichkeiten (und noch viele mehr) haben wir bei jedem Satz. Sie könnten so letztlich sogar das Telefonbuch sehr amüsant vorlesen.

🎙 37

Schwierig wird es nur dann, wenn die Art des Textes einen *festen Rahmen* vorschreibt. In einer Werbung zum Beispiel sollten für gewöhnlich nur positive Töne vorkommen, und das schränkt unseren Gestaltungsspielraum erheblich ein.
? Unterlegen Sie der folgenden Rundfunkwerbung unterschiedliche Töne:

Orient-Teppiche und Tibet-Teppiche. Ständig tolle Angebote – und das absolut preisgünstig. Im Teppichmarkt Friedrich, Hanauerstraße 38. Hier finden Sie das interessanteste Teppichangebot in Thüringen. Qualität zu absolut günstigen Preisen. Sie werden begeistert sein.

! --

Die Anzahl der positiven Adjektive ist, im Gegensatz zur Vielzahl der Töne, allerdings beschränkt. Auf Anhieb fallen einem begeistert, freudig, und gut gelaunt ein, und dann muss man schon länger überlegen. Ganz davon abgesehen, dass wir diese drei genannten Adjektive sprecherisch wohl nur sehr schwer unterscheiden können.

Wenn wir die Werbung allerdings auf einem einzigen Ton durchlesen, wirkt sie einförmig und geleiert, und die Begeisterung, die durchkommen soll, ist aufgesetzt und unecht.

Hier gibt es einen einfachen Trick, den wir bereits in diesem Beitrag kennengelernt haben: die *Vorsätze*. Die Anzahl der Vorsätze, die wir einem Gedanken voranstellen können, ist praktisch unbegrenzt, und so sind wir in der Lage, den Text interessant zu gestalten, ohne uns zu wiederholen.

Ich biete Ihnen hier einige Vorsätze an, die Sie jetzt nach Belieben über die Gedanken des Textes streuen können:

Stellen Sie sich mal vor…

Wussten Sie schon…

Und das Beste ist…

Übrigens im Vertrauen…

Sie werden es nicht für möglich halten…

Natürlich wissen Sie es schon…

Mir glaubt ja keiner, aber…

Ich kann es selbst kaum fassen…

Eines ist sicher…

Hätten Sie das für möglich gehalten…

So glauben Sie es doch…

Ich finde es sehr beeindruckend…

Hurra es ist endlich soweit…

1.15 Die Melodie

Sie brauchen gar nicht so blöd zu fragen...
Jetzt begreife ich es erst...
Beeilen Sie sich, denn...
Worauf warten Sie denn noch...
Sie glauben mir nicht, oder...
Es ist einfach wunderbar...
Ich bin völlig überrascht, aber...
Mein Gott, ist das schön...
Jetzt fällt es mir ein...
Ich werde auch Sie überzeugen...
Mir kann es ja egal sein, aber...
Alle mal herhören...
Ganz langsam zum Mitschreiben...
Sie haben es doch wieder geschafft...
Jetzt sage ich es zum letzten Mal...
Wie, Sie wollen nicht...
Jetzt wird nicht lange debattiert...
Sie werden schon sehen...
Bitte, bitte, zuhören...
Sie wollen es noch mal hören...
Sie gehen da jetzt sofort hin...
Also, ich finde es klasse...
Gott, sind Sie blöde...
Für die ganz Doofen...
Das hätten Sie jetzt nicht gedacht...

Je nachdem, welche Vorsätze Sie benutzen, hört sich der Text jedes Mal ganz anders an. Aber es bleibt immer eine positive Werbung. Ich gebe Ihnen mal ein Beispiel:

(Wussten Sie schon...)
Orient-Teppiche und Tibet-Teppiche.
(Ich kann es selbst kaum fassen...)
Ständig tolle Angebote –
(Ganz langsam zum Mitschreiben...)

und das absolut preisgünstig.
(Natürlich wussten Sie es schon…)
Im Teppichmarkt Friedrich Hanauerstraße 38.
(Das hätten Sie jetzt nicht gedacht…)
Hier finden Sie das interessanteste Teppichangebot in Thüringen.
(Es ist einfach wunderbar…)
Qualität zu absolut günstigen Preisen.
(Übrigens, im Vertrauen…)
Sie werden begeistert sein.

Wir denken den Vorsatz und lesen dann den Satz. Meiner Erfahrung nach geht das auch viel einfacher als mit den Adjektiven, die man erst im Kopf übersetzen muss.

38

Wenn Sie so Ihren nächsten Werbetext sprechen, dann dürfte es Ihnen nicht schwer fallen, Ihre Hörer für Ihr Produkt zu interessieren. Wenn Sie wollen, suchen Sie sich jetzt ganz andere Vorsätze aus oder erfinden Sie welche, und Ihre Werbung wird völlig anders klingen.

Wenn Sie das ein bisschen geübt haben, kommen Sie irgendwann ohne die Vorsätze aus, sondern denken sie ganz automatisch mit.

Das mit den Vorsätzen klappt natürlich auch, wenn Sie für Ihren Ärger verschiedene Untertöne suchen, oder für Ihre Entrüstung oder Langeweile oder, oder.

Wie viele Stilmittel Sie einsetzen, hängt wieder vom Text ab. In einem Theaterstück wird der Schauspieler jedem Satz ein neues Gefühl und damit eine neue Melodie zuordnen, damit der Zuschauer das Gefühl bekommt, dass die Sätze dem Schauspieler in diesem Moment einfallen. Bei einem Börsenbericht wäre eine neue Melodie für jeden Satz gänzlich unangebracht. Die Gedanken und Vorgänge haben hier einen inneren Aufbau und Zusammenhang, den man nicht zerreißen darf.

Aufpassen sollten Sie besonders an den Satzenden. Viele Sprecher neigen dazu, das letzte Wort „fallen zu lassen", das heißt, es tief und kurz zu sprechen.

Führen Sie den Satz zu Ende bis zum Punkt oder zum Ende des Gedankens, und sollte der Atem nicht reichen, teilen Sie den Satz anders ein.

> **Zusammenfassung**
> 1. Die Melodie kann einen Satz in sein Gegenteil verkehren.
> 2. Mit der Melodie kann einem Satz ein anderer Inhalt unterlegt werden.
> 3. Jeder Satz kann mit der Melodie anderer Sätze gesprochen und dadurch inhaltlich abgesetzt werden.
> 4. Durch verschiedene Vorsätze machen wir einen Text glaubwürdiger und interessanter.

1.16 Die Stimmlage

Beim Sprechen wählen wir, meist unbewusst, eine bestimmte Tonlage, also einen Ton-Bereich, in dem sich unsere Stimme bewegt. In aller Regel suchen wir diesen Bereich danach aus, wo uns das Sprechen am leichtesten fällt und wir die wenigste Kraft aufwenden müssen. Diese Tonlage gibt unser Körper vor; daher sprechen wir von der „physiologischen Sprechstimmlage"[26]. In der Fachliteratur wird sie meist *Indifferenzlage* genannt. Betrachten wir den ganzen Stimmumfang eines Menschen, liegt sie am *oberen Ende des unteren Drittels*.

Die Indifferenzlage finden Sie, indem Sie mit lockerer und entspannter Stimme einen emotionslosen Text sprechen, beispielsweise indem Sie zählen oder einfach schildern, was Sie beim Blick durchs Fenster sehen.
   Wenngleich die optimale Sprechlage physiologisch vorgegeben ist, haben wir doch eine Reihe von Möglichkeiten, sie zu variieren. Damit haben wir ein weiteres Gestaltungsmittel gefunden.

Die Möglichkeiten, mit der Stimmlage zu arbeiten, sind weitaus eingeschränkter als zum Beispiel bei Tempo oder Lautstärke. Trotzdem kann sie uns helfen, einen Satz zu strukturieren. Zum Beispiel bei *Einschüben*.

? Setzen Sie im folgenden Satz den Einschub mittels der Stimmlage gegen den übrigen Satz ab!
   Der Kommandant, nun Präsident des Landes, hat das Wort.
! --

---

26 Fiukowski, Heinz, Sprecherzieherisches Elementarbuch, Tübingen 2004, 7. Auflage

Sie trennen einfach den Einschub vom übrigen Satz durch eine Pause davor und dahinter (diesmal helfen uns die Kommas).

    Der Kommandant,   hat...
                       nun Präsident des Landes,

Der Satz wird übersichtlicher für den Hörer, da aktuelles Geschehen Der Kommandant hat das Wort von der Hintergrundinformation nun Präsident des Landes abgesetzt wird.

    Haben Sie vielleicht den Einschub nicht tiefer gesprochen, sondern höher?

                       nun Präsident des Landes,
    Der Kommandant,   hat...

Kein Problem; die Wirkung ist ähnlich.

In manchen Sätzen aber kann sich die Bedeutung leicht ändern, je nachdem, ob wir den Einschub in der Stimmlage höher oder tiefer nehmen als den Rest des Satzes.

?   Probieren Sie einmal aus, was mit dem folgenden Satz passiert, wenn Sie die Stimmlage des Einschubes verändern.

    In Hongkong, warum auch immer, fährt man links.

! --

Die Unterschiede sind sehr fein, aber für mein Gefühl ist die Verwunderung über den Linksverkehr in Hongkong viel geringer, wenn der Einschub höher gesprochen wird, als der übrige Satz. Vielleicht weil wir eine hohe Stimmlage eher mit guter Laune und Begeisterung in Zusammenhang bringen, während eine tiefere Stimmlage Trauer oder Resignation signalisiert?

🎧 39

Verwechseln Sie aber den Einschub bitte nicht mit einem *Relativsatz*, denn da sind Pausen überflüssig. Im Beitrag über die Pause im Gedanken haben wir darüber gesprochen.

    Rudi der einen Porsche besitzt hat gerade geheiratet.

Ist der Satz aber so gebaut, dass er tatsächlich einen Einschub enthält, können wir mittels der Stimmlage absetzen.

    Rudi   hat geheiratet.
        das ist der mit dem Porsche

oder

1.16 Die Stimmlage

```
            das ist der mit dem Porsche
Rudi                                    hat geheiratet.
```

Einschübe oder Parenthesen können nicht nur durch eine unterschiedliche Stimmlage kenntlich gemacht werden, sondern auch durch eine Veränderung des Tempos oder der Lautstärke:

> Auf dem Bahnhofsplatz, wie immer um diese Zeit voller Menschen, sah ich sie wieder...

In diesem Fall sprechen wir den Einschub

> wie immer um diese Zeit voller Menschen

rascher als den übrigen Satz.

Oder wir arbeiten mit der Lautstärke:

> Und für diese Ziele, das sage ich hier offen und mit allem Nachdruck, trete auch ich ein.

Hier sprechen wir den Einschub

> das sage ich hier offen und mit allem Nachdruck

lauter. In beiden Fällen wird der Einschub sofort deutlich, wenn wir danach mit derselben Geschwindigkeit bzw. Lautstärke weitermachen.

Wenn Sie mit der Stimmlage arbeiten, achten Sie darauf, dass vor dem Einschub und nach dem Einschub wirklich ein *Sprung in eine andere Stimmlage* stattfindet.

Andernfalls erhalten Sie beim Sprechen eine wellenförmige Auf- und Abbewegung, wie wir sie in manchen Dialekten finden. Diese Wellenbewegung hat aber mit dem Inhalt des Satzes nichts zu tun und sollte deswegen auch keinen Platz, z. B. in unseren Nachrichten haben.

```
Der                           seine
    Kölner                in      Sätze
        zum      bringt              gerne
            Beispiel                      so
                    hinein                    beschreiben kann
                Singsang  den man        schwer
            wunderbaren             gut    aber
    einen                          erkennen
```

◎ 40

Auch ein Satzgefüge mit zwei Einschüben können wir uns natürlich zum Spaß bauen. Wollen wir die Stimmlage als gestalterisches Mittel einsetzen, bekommen wir eine anspruchsvolle Aufgabe. Denn wir müssen genau darauf achten, welche Teile auf *einer* Tonlage gesprochen werden müssen.

   Er strahlte   über das ganze Gesicht.
       was er sonst   nie tat
              zumindest seit ich ihn kannte

Eine weitere Lösungsmöglichkeit könnte darin bestehen, den ersten Einschub durch eine Veränderung des Tempos abzusetzen, den zweiten mittels der Stimmlage.

   Denkbar wäre es auch
   was er sonst zumindest seit ich ihn kannte nie tat

als einen einzigen Einschub zu betrachten. Am besten vermeiden wir Einschübe ohnehin und stellen sie ans Ende des Satzes. So sind sie besser zu sprechen und zu verstehen.

Das sind ja eher Etüden, solche Sätze kommen sowieso nicht vor, sagen Sie? Ich bin vorsichtig geworden mit den Behauptungen, was es alles nicht gibt. Wenn so ein Ungetüm von Satz auftaucht, wissen Sie jetzt, was Sie damit machen können.

Zusammenfassung
1. Durch einen Wechsel der Stimmlage nach oben oder unten können Einschübe in Sätzen sprecherisch kenntlich gemacht werden.
2. Verwechseln Sie nicht stimmlich abgesetzte Einschübe mit Relativsätzen, die in derselben Tonlage gesprochen werden müssen.

1.17 Der Rhythmus

Vom Rhythmus haben wir nun schon einige Male gesprochen. Es wird Zeit, dass wir uns ein bisschen näher mit ihm beschäftigen. Otto von Essen definiert den Begriff: „Rhythmus ist die periodische Wiederkehr dynamischer Ordnungen."[27]

---

27 von Essen, Otto, Grundbegriffe der Phonetik, Berlin, 3. Auflage 1972, S. 43

1.17 Der Rhythmus

Sobald sich also aus der Folge betonter und unbetonter Silben eine *Ordnung* ergibt, nennen wir das Rhythmus. Bisher haben wir nur daran gearbeitet, einen eventuell monotonen Rhythmus zu vermeiden. Jetzt geht es darum, wie wir ihn als Gestaltungsmittel einsetzen können.

Die größte Rolle spielt der Rhythmus natürlich in *gebundener* Sprache, also in Texten mit einem genau festgelegten Versmaß.
Das sind zum Beispiel Gedichte oder auch die Theaterstücke von Molière.
Bei den meisten *Sprichwörtern* finden wir ebenfalls einen ausgeprägten Rhythmus, der es erleichtert, sich das Sprichwort zu merken.

Morgenstund hat Gold im Mund.

Sich regen bringt Segen.

In vielen *Ausdrücken* stoßen wir auf den Rhythmus. Krieg und Frieden ist ein Beispiel, Mann und Maus, Wald und Flur, Haus und Hof etc.
Wenn wir rhythmisch lesen, muss es in jedem Fall vom Text vorgegeben sein, etwa in diesem Beispiel:

Er versuchte zu arbeiten,
dann zu schlafen,
dann etwas zu essen,
dann zu lesen,
dann zu schreiben,
dann vor sich hinzustarren,
aber er fand keine Ruhe.

Wenn wir jedem Satzteil denselben Rhythmus geben, entsteht der Eindruck einer endlosen Folge von Versuchen, die alle zu keinem Ergebnis führen.

🎧 41

Dabei wäre es gar nicht schwer, diesen Rhythmus zu vermeiden.

? Haben Sie eine Idee, was man machen könnte, damit die Sätze *keinen* monotonen Rhythmus bekommen? Schreiben Sie auf, was Sie machen würden!
! --

Aus den vielen Möglichkeiten, auf die Sie vielleicht auch gekommen sind, will ich nur ein paar herausgreifen.

Wir variieren Tempo und Lautstärke:

(Er arbeitet mit viel Energie und Kraft)
Er versuchte zu arbeiten,

(dann zwingt er sich zur Ruhe, um schlafen zu können)
dann zu schlafen,

Wir variieren Pausen und Betonungen:

(Ich fasse lesen und schreiben in einem Atem zusammen)
dann zu lesen, dann zu schreiben,

(um dann vor dem Starren eine lange Pause zu machen)
dann vor sich hinzustarren,

Wir benutzen verschiedene Melodien, unterlegen also andere Sätze:

(er strengte sich wirklich an)
Er versuchte zu arbeiten

(was natürlich Unsinn war)
dann zu schlafen

(wieder typisch für ihn)
dann etwas zu essen

(dass ich nicht lache)
dann zu lesen

(na, an wen wohl)
dann zu schreiben

(das hätte er von Anfang an machen sollen)
dann vor sich hinzustarren

(habe ich gleich gewusst)
aber er fand keine Ruhe.

Zwei grundsätzlich verschiedene Wege bieten sich hier also an: Entweder wir legen die Betonung darauf, was er sich alles einfallen ließ (und benutzen verschiedene Gestaltungsmittel). Oder für den Fall, dass wir zeigen wollen, wie erfolglos er dabei war, bietet sich die gleichförmige Rhythmisierung der Tätigkeiten an, die das vergebliche Bemühen noch unterstreicht.

42

1.17 Der Rhythmus

Spannung können wir mit Hilfe des Rhythmus erzeugen, indem wir die Sätze sozusagen übereinander stapeln, bis wir beim Höhepunkt angekommen sind. Der immer gleiche Rhythmus der einzelnen Satzteile trägt dann zur Steigerung der Spannung bei.

> Ein Handschuh flog ins Publikum,
> dann flog der zweite,
> sie knöpfte die Bluse auf,
> ließ sie fallen,
> streifte den Rock herunter,
> warf auch ihn weg,
> fingerte an dem Verschluss ihres BHs herum
> und verschwand hinter dem Paravent.

In der Beschreibung dieser kleinen Szene wären wir bei herum am Höhepunkt angelangt, und die letzte Zeile muss dann einen anderen Rhythmus bekommen. Die Erwartung, die Frau entkleidet zu sehen, ist vorbei und wir sprechen die letzte Zeile enttäuscht oder ernüchtert, ärgerlich oder erschöpft. Bis dahin haben wir uns Zeile für Zeile mit dem immer gleichen Rhythmus, der vielleicht sogar schneller werden könnte, zur letzten Zeile vorgearbeitet.

🎙 43

Dieses Übereinanderstapeln der einzelnen Satzteile erhöht in der Regel die Spannung, während die Spannung fällt, wenn wir die Sätze untereinander setzen, das heißt, wenn der erste Satz schnell mit erhobener Stimme gesprochen wird und wir dann Gedanke für Gedanke immer tiefer und ruhiger werden. Denken Sie beim Untereinandersetzen nur daran, dass Sie auch wirklich oben anfangen, sonst haben Sie nach unten zu wenig Gestaltungsspielraum.

Wie schon besprochen, gilt es häufig, einen monotonen Rhythmus zu vermeiden. Dazu noch ein Beispiel.

? Lesen Sie den folgenden Satz und entscheiden Sie sich für die Betonungen:
   Die Opfer des Regimes warten auf die Verfolgung ihrer Peiniger, damit sie den erlittenen Schmerz vergessen und neu beginnen können.

! --

Nur der Nebensatz ist hier unter dem Aspekt des Rhythmus interessant. Er besteht aus zwei Teilen, die ähnlich gebaut sind. Wenn wir jetzt beide Teile ähnlich betonen, wird es monoton.

… damit sie den erlittenen Schmerz VERGESSEN und neu BEGINNEN können.

Das klingt nicht schön. Bei Fritz Glunk finden wir die Empfehlung: „Sätze dürfen nicht marschieren, sie sollen tanzen"[28]. Die obigen Sätze marschieren. Wir können durch eine Abwechslung in der Betonung wieder Einiges retten.

… damit sie den erlittenen Schmerz VERGESSEN und NEU beginnen können.

Wir haben das ja im Beitrag über die Besonderheiten der Betonung schon einmal geübt. In Ausnahmefällen verhilft uns also eine nicht regelgerechte Betonung, Monotonie zu vermeiden. Beim Sprechen von Gedichten, zum Beispiel, müssen Sie sich damit sehr viel Arbeit machen.

Bei Aufzählungen gehen wir im Deutschen immer vom kürzeren zum längeren Wort

Volks- und Raiffeisenbanken

Tote und Verletzte

Krieg und Frieden

In anderen Sprachen kann das anders sein, denn der Buchtitel von Tolstoi heißt in der deutschen Transkription woina i mir.

Geräusche im Text hörbar machen – auch dazu können wir den Rhythmus benutzen.

? Versuchen Sie, den folgenden Satz so zu sprechen, dass das Klopfen an der Tür zu hören ist:

„Carola!", rief er leise, indem er mit dem Zeigefinger vorsichtig an die Badezimmertür klopfte.

! --

Auch hier geht es wieder um die logische Abfolge der Ereignisse. Wenn wir das Klopfen erst bei dem Wort klopfte hörbar machen, sind wir zu spät dran. Er klopft ja, während er Carola sagt.

---

28 Glunk, Fritz R., Schreib-Art, München 1994, S. 189

1.17 Der Rhythmus

Wir brauchen also nur die Silben des Wortes Carola ein bisschen auseinander zu ziehen und ihnen damit einen Rhythmus zu geben, schon hört man das Klopfen.
Ca – ro – la (toc – toc – toc)

Wie sehr Sie die Silben in die Länge ziehen, hängt davon ab, wie lange der Mann nach Ihrer Vorstellung schon vor der Badezimmertür steht und wartet.
Solange es zum Satz passt, können Sie das Klopfen nach Ihrer Vorstellung beliebig variieren.

„Ca-ro-la!", schrie er, indem er mit der Faust gegen die Badezimmertür donnerte.

Die Silben sprechen Sie jetzt kurz, laut und mit Ungeduld.
Und schon hören wir die Faust, die voller Wut gegen die Badezimmertür schlägt.

44

Im Schlusssatz eines Textes kann dem Rhythmus eine besondere Bedeutung zukommen. Bei einer Rede, einem Vortrag oder einem Referat zum Beispiel ist der Redner sehr daran interessiert, dass seine Zuhörer wissen, wann er fertig ist. Nicht nur, um eventuell einen Applaus zu bekommen, sondern auch, um einen *Akzent* zu setzen, der es ihm erlaubt, das Rednerpult zu verlassen. Das Ende des Vortrages darf für den Zuhörer nicht zu überraschend kommen.

Der Redner wird vielleicht ansagen, dass das sein letzter Satz ist (was wohl die schlechteste Alternative wäre), er wird beim letzten Satz seine Zuschauer direkt anschauen oder er wird den letzten Satz langsamer sprechen und am Ende einen dicken Punkt machen. Shakespeare hat das ganz elegant gelöst, indem er den Aktschluss einfach gereimt hat. So wusste jeder: Der Akt ist zu Ende.

Unser Redner könnte aber auch die Abfolge der betonten und unbetonten Silben des letzten Satzes (also dessen Rhythmus) besonders hervorheben, und auch da wäre jedem klar, dass er nun am Ende seiner Ausführungen ist.

Auch in einem Radio- oder Fernsehbeitrag kommt dem letzten Satz eine besondere Bedeutung zu. Mal sollte er wie ein Augenzwinkern sein, mal einen Schlusspunkt setzen und mal eine Frage stellen. Aber der Hörer sollte keinen Schreck bekommen, wenn er nach dem Beitrag wieder die Stimme des Moderators hört. Geben Sie den Hörern zu verstehen, wenn Sie am Ende sind.

Gut eignet sich auch ein *persönliches Statement* im letzten Satz. Der Beitrag über einen Fußballtrainer könnte mit dem Satz

Na, dann viel Glück für morgen, Herr Ingendahl!

enden, oder ein Beitrag über einen Rekordversuch mit

Wenn das mal gut geht!

Der Hörer weiß, dass der Beitrag zu Ende ist. Und machen Sie den letzten Satz kurz, dann haben Sie es leichter. Aber meine Tipps fürs Schreiben müssen Sie nicht annehmen.

In der Werbung ist der Rhythmus ein unentbehrliches Hilfsmittel. Ein Werbeslogan braucht einen Rhythmus, um behalten zu werden. Meist bemerken wir den Rhythmus aber erst, wenn er nicht mehr da ist:

Wir wollen, dass Sie Ihr *gutes* Recht bekommen.

Bauknecht weiß *meistens*, was Frauen wünschen.

Wir machen *auch Ihnen* den Weg frei.

Fleisch ist ein *wichtiges* Stück Lebenskraft.

Keiner dieser Sätze hätte eine Chance, ein Werbeslogan zu werden. Der Rhythmus stimmt nicht mehr.

Manchmal ändern wir absichtlich die Betonung eines Wortes oder den Aufbau eines Satzes, weil wir den Rhythmus verstärken wollen.

? Lesen Sie den folgenden Satz und hören Sie sich zu!

Es war einmal ein König

! --

Das dritte Wort heißt EINmal und trotzdem werden Sie in diesem Satz einMAL gelesen haben. Das klingt einfach besser, und der Rhythmus stimmt.

Falsche Wortbetonungen finden wir bei Moderatoren häufig, weil eine falsche Betonung manchmal einen schöneren Rhythmus ergibt. Wir fangen zum Beispiel einen neuen Satz gerne mit einer betonten Silbe an. Da heißt es dann MOmentan, AKtuell, PArallel, ALLERdings und TURbulent. Im Grunde alles falsche Betonungen. Ein Wort wie KILometer wird an jeder Stelle des Satzes mal falsch betont. Und es gibt natürlich auch Wörter, die eigentlich ganz normal auf der ersten Silbe betont werden, aber der Moderator betont die letzte Silbe, weil das in diesem Satz einen besseren Rhythmus ergibt, wie zum Beispiel bei außerDEM oder StundenLANG.

Ein schönes Beispiel, wie wir einen Satz der klassischen Literatur absichtlich falsch zitieren, finden wir bei Schneider[29], der wiederum bei Schiller fündig wurde. Wir zitieren nämlich alle Schiller falsch. Wir sagen nicht:

Der Mohr hat seine Arbeit getan.

wie Schiller das geschrieben hat, sondern wir sind der Meinung, Schiller habe geschrieben,

Der Mohr hat seine Schuldigkeit getan.

Und was hat Winston Churchill in seiner berühmten Rede im zweiten Weltkrieg gesagt? Er sprach nicht von blood, sweat and tears, auch wenn das besser klingt. Im Original hieß es: I have nothing to offer but blood, toil, tears and sweat.

Mitgefangen, mitgehangen ist sogar grammatikalisch falsch. Und die größte Wasserstraße Venedigs heißt nicht etwa Canale grande, sondern Canal grande, auch wenn das nicht halb so schön klingt.

Das verändern wir alles aus Liebe zum Rhythmus.

Zusammenfassung
1. Drängender Rhythmus steigert die Spannung eines Satzes.
2. Ein sich verlangsamender Rhythmus löst die Spannung.
3. Mit dem Rhythmus können Geräusche hörbar gemacht werden.

1.18 Die Stimmfarbe

Wenn Ihre Oma Ihnen als Kind Märchen vorgelesen hat, dann wird sie wahrscheinlich mit der Stimme gespielt haben. Den bösen Wolf hat sie mit dunkler, rauer Stimme gesprochen, während

Rotkäppchen eine helle Kinderstimme hatte. Die Oma hat die Stimme unterschiedlich gefärbt. Nicht sehr professionell, aber wirkungsvoll.

Die Arbeit mit der Stimmfarbe habe ich deswegen an den Schluss gestellt, weil es sehr verbreitet ist, sie zu benutzen, obwohl dabei meiner Meinung nach allergrößte Vorsicht geboten ist.

---

29 Schneider, Wolf, Deutsch für Kenner, München 1996, S. 230

? Lesen Sie den folgenden Satz aus einem Text von Franz Hohler zweimal! Beim ersten Mal versuchen Sie, den Text möglichst tief zu sprechen, beim zweiten Mal höher, als Sie normalerweise sprechen!

Von Zeit zu Zeit verspüre ich den Wunsch, in einem Hühnerhof zu leben. Der Zustand, in einem eng umgrenzten Raum zu sein und nichts tun zu müssen, als sich füttern zu lassen, scheint mir dann sehr erstrebenswert.[30]

! --

Was ist Ihnen schwerer gefallen? Wahrscheinlich das tiefere Sprechen, weil Ihre normale Sprechstimmlage im unteren Bereich ihres Stimmumfanges liegt, Sie also nach unten wesentlich weniger Raum haben als nach oben.

Aber das ist nicht das eigentliche Problem. Wenn Sie Ihre Stimme in einer fremden Lage benutzen, sind Ihre *Modulationsmöglichkeiten* stark eingeschränkt. Das heißt, Sie sprechen eher monoton, haben wenig Bögen und kaum Melodie.

Für einen einzigen Satz als Löwe in einem Märchen für Kinder würde das ja ausreichen, aber für einen längeren Text müssten Ihre Zuhörer schon sehr viel Geduld aufbringen.

Wenn Sie sich jetzt bei der Veränderung Ihrer Stimme auch noch weh tun – und die meisten künstlichen Veränderungen der Sprechweise tun weh – dann hört der Spaß für den Zuhörer auf.

Denn stellen Sie sich vor, Sie müssen zwei Stunden lang einem Sprecher zuhören, der krächzend oder rauchig spricht. Ich garantiere Ihnen, dass Ihnen nach diesen zwei Stunden Ihre eigene Stimme weh tut, obwohl Sie kein einziges Wort gesagt haben. Sie leiden mit ihm, und der Schmerz, den er seiner Stimme zufügt, wird Ihr eigener. Vielleicht haben Sie sich ja selbst schon einmal über eine dieser unerträglichen Synchronstimmen für Zeichentrickfiguren geärgert. Für meine Söhne gab es bei bestimmten Serien von Kinderhörspielen absolutes Abspielverbot

Oberste Grenze bei der Verwendung der Stimmfarbe als Gestaltungsmittel muss also sein, dass Sie sich zum Verstellen der Stimme in keiner Weise anstrengen müssen, weil sich diese Anstrengung auf den Zuhörer übertragen würde.

Für einzelne Sätze jedenfalls lassen sich gute Effekte erzielen, besonders bei direkter oder indirekter Rede. Wir können etwa alle Verben, die etwas über eine

---

30 Hohler, Franz, Der Wunsch in einem Hühnerhof zu leben, Zürich 1977, S. 116

1.18 Die Stimmfarbe

spezielle Art zu sprechen sagen, mit der Stimmfarbe illustrieren (poltern, flüstern, krächzen, schreien, hervorwürgen, kreischen, stammeln, stottern etc.), ebenso Adverbien, die das Verb „sprechen" begleiten (er sprach schneidend, überdeutlich, undeutlich, mit singendem Unterton, beschwörend, drohend, beschwichtigend usw.).

Nebenbei gesagt: Die Gestaltung von Texten ist, wie viele andere Dinge, auch einer *Mode* unterworfen. Wenn ein Schauspieler vor knapp 100 Jahren bei einer Gedichtrezitation in dem Wort Novemberrrrrwiiiiiiind die i zum Heulen brachte und mit den **r** rollte, wie ein knarrender Baum, hielt man das für die große Kunst. Heute fänden wir das wohl lächerlich.

Der Übergang von der Stimmfärbung zur Melodie ist fließend. Bei der Färbung der Stimme bekommt der Satz aber kaum je eine neue Bedeutung, sondern er wird illustriert; der Inhalt wird verstärkt.

Die Rundfunkwerbung arbeitet häufig mit der Stimmfarbe. Eine Werbung für eine Illustrierte könnte lauten:

(sachlich)
Am Montag lesen Sie:

(drohend und kalt)
Wird man die Queen weiter unter Druck setzen?

(groß und wichtig)
So bleiben Fernsehstars schlank

(weich und warm)
und viele Rezepte für Weihnachten.

🎙 45

Für längere Passagen jedoch muss Ihr Geschmack entscheiden, ob Sie eine Färbung der Stimme einsetzen wollen. Selbst wenn im Text steht, dass eine ganze Unterhaltung nur geflüstert wird, werden Sie Ihre Zuhörer sehr ermüden, wenn Sie das Flüstern wirklich von Anfang bis Ende durchziehen. Geschickter wäre es, das Flüstern Satz für Satz ein bisschen mehr zu vergessen oder die Sätze auf ganz unterschiedliche Art zu flüstern.

Wenn aber nun ein Manuskript vorschreibt, dass eine Frau immer krächzt und ein Mann immer poltert? Wenn ein kleines Mädchen immer piepst und Großvater meistens knurrt? Dann wäre mein Vorschlag, nicht mit der Stimmfarbe zu arbeiten, sondern sich etwas anderes einfallen zu lassen.

Nehmen wir als Beispiel den Anfang eines Dialoges von Tucholsky.

? Wie würden Sie den folgenden Text lesen, ohne das umständliche Er und Sie immer wiederholen zu müssen?

Wendriners setzen sich in die Loge
- Er: Wir hätten doch'n Auto nehmen sollen.
- Sie: Ich hab's gleich gesagt. Du hast nicht gewollt.
- Er: Du hast nicht gewollt.
- Sie: Das ist großartig! Wer hat nicht gewollt? Wie wir an der Ecke Geisbergstraße gestanden haben, da kam doch eins – mit dir ins Theater zu gehen, das ist ein Vergnügen.
- Er: Es hat doch überhaupt nicht angefangen.
- Sie: Natürlich hat's längst angefangen! Sieh dir doch die Leute an – die kommen doch nicht alle pünktlich! Wir haben mindestens drei Bilder versäumt. Hast du'n Zettel?
- Er: Nein. Es war keine Zeit mehr -
- Sie: Nie kaufste den Zettel. Gib mal das Opernglas her. Was kommt jetzt?
- Er: Was Russisches.
- Sie: Russisch? Kann ich nicht mehr sehen. Pass auf, sie werden die Köpfe durch eine Dekoration stecken und > An der Wolga < singen… das kennt man doch.
- Er: Ausgeschlossen.
- Sie: Sage mal: haste das Licht im Schlafzimmer ausgedreht?
- Er: Nein, du bist doch zuletzt rausgegangen!
- Sie: So! Jetzt haste vergessen, das Licht auszumachen! Nachher wunderst du dich über die Elektrizitätsrechnungen! Ssississ… ha!
- Er: Na, vielleicht hast du's doch ausgemacht -?
- Sie: Nein, das ist deine Sache, das Licht auszumachen…[31]

Von der naheliegenden Möglichkeit habe ich Ihnen ja nun schon abgeraten, nämlich den Mann mit tiefer Stimme, die Frau mit hoher Stimme zu sprechen. Das geht anders viel besser. Überlegen Sie!

! --

Wenn wir beiden Personen unterschiedliche Charaktere geben, kann der Zuhörer sie mühelos unterscheiden. Obendrein haben wir den Text viel interessanter gemacht.

---

31 Tucholsky, Kurt, Gesammelte Werke, Hamburg 1960, Band. 5, S. 308

1.18 Die Stimmfarbe

Stellen wir uns in diesem Beispiel einmal vor:
Der Mann ist ein aufgeregter Choleriker und seine Frau die geduldige Krankenschwester.
Der Mann ist todmüde, während seine Frau vor Energie nur so sprüht.
Die Frau ist eine notorische Nörglerin, während er ein gutmütiger Trottel ist.

Die Charaktere der beiden sollten nur möglichst konträr sein. Ein müder Mann und eine gelangweilte Frau geben keinen spannenden Streit. Auch zwei keifende Streithähne sind nicht nur akustisch nicht sehr attraktiv.

Wenn wir zwei ganz verschiedene Charaktere wählen, bestehen beim Zuhören auch keine Verständnisschwierigkeiten. Bleibt die Frage, wie Tucholsky das gemeint hat. Aber zum Thema Dichterwillen habe ich ja schon im Beitrag „Vom Sachzum Unterhaltungstext" Stellung genommen.

Denn natürlich verändern wir auch die Sympathieverhältnisse, je nachdem, welchem Ehepartner wir welchen Charakter zuordnen. Wir können also hier wieder manipulieren, ohne am Inhalt des Textes etwas zu ändern.

Wir spielen das einfach mal durch, indem wir erst auf Seiten des Mannes stehen, dann auf Seiten der Frau.

Variation 1

Die Frau ist eine besserwisserische, aufgeregte, alte Schachtel, die schnell und laut spricht, wohingegen der Mann ein ruhiger, beschwichtigender, alles ertragender Softie ist.

(vorsichtig, „wenn ich das anmerken darf")
Er: Wir hätten doch'n Auto nehmen sollen.

(vorwurfsvoll, „du Trottel machst ja nie, was ich sage")
Sie: Ich hab's gleich gesagt. Du hast nicht gewollt.

(leise, „das stimmt nicht so ganz")
Er: Du hast nicht gewollt.

(entrüstet, „das ist ja wohl nicht zu fassen")
Sie: Das ist großartig! Wer hat nicht gewollt? Wie wir an der Ecke Geisbergstraße gestanden haben, da kam doch eins – mit dir ins Theater zu gehen, das ist ein Vergnügen.

(versöhnlich, „ist doch noch mal gut gegangen")
Er: Es hat doch überhaupt nicht angefangen.

(erregt, „guck doch einfach hin")
Sie: Natürlich hat's längst angefangen!
Sieh dir doch die Leute an – die kommen doch nicht alle pünktlich! Wir haben mindestens drei Bilder versäumt. Hast du'n Zettel?

(zerknirscht, „bitte schimpf jetzt nicht wieder")
Er: Nein. Es war keine Zeit mehr -

(beleidigt, „ich spreche nur noch das Nötigste")
Sie: Nie kaufste den Zettel. Gib mal das Opernglas her. Was kommt jetzt?

(entspannt, „endlich kann es losgehen")
Er: Was Russisches.

(mit spitzem Schrei, „nein nicht schon wieder")
Sie: Russisch? Kann ich nicht mehr sehen. Pass auf, sie werden die Köpfe durch eine Dekoration stecken und > An der Wolga < singen... das kennt man doch.

(ängstlich, „na hoffentlich nicht")
Er: Ausgeschlossen.

(angriffslustig, „ich wette er hat es vergessen")
Sie: Sage mal: haste das Licht im Schlafzimmer ausgedreht?

(ertappt, „o Gott ich glaube nein")
Er: Nein, du bist doch zuletzt rausgegangen!

(kopfschüttelnd, „warum bin ich nur mit dem Trottel zusammen")
Sie: So! Jetzt haste vergessen, das Licht auszumachen! Nachher wunderst du dich über die Elektrizitätsrechnungen! Ssississ. ha!

(liebevoll, „mach uns doch den Abend nicht kaputt")
Er: Na, vielleicht hast du's doch ausgemacht -?

(hart, „das war mein letzter Theaterbesuch mit ihm")
Sie: Nein, das ist deine Sache, das Licht auszumachen...

Wenn Sie das in etwa so hinbekommen, hat man richtig Mitleid mit dem armen Mann. Wie der herumkommandiert wird.
Furchtbar! Hören Sie sich an, wie ich es machen würde.

🎙 46

Oder ist alles ganz anders?

1.18 Die Stimmfarbe

Variation 2

(laut, „ich habe natürlich wieder Recht gehabt")
Er: Wir hätten doch'n Auto nehmen sollen.

(vorsichtig, „leider hört er ja nicht auf mich")
Sie: Ich hab's gleich gesagt. Du hast nicht gewollt.

(schlägt mit der Faust auf, „das ist ja wohl die Höhe")
Er: Du hast nicht gewollt.

(weinerlich, „hoffentlich schlägt er mich nicht vor allen Leuten")
Sie: Das ist großartig! Wer hat nicht gewollt? Wie wir an der Ecke Geisbergstraße gestanden haben, da kam doch eins – mit dir ins Theater zu gehen, das ist ein Vergnügen.

(zischend, „hör doch auf, die Leute gucken schon")
Er: Es hat doch überhaupt nicht angefangen.

(hektisch, „so lasse ich nicht mit mir umspringen")
Sie: Natürlich hat's längst angefangen!
Sieh dir doch die Leute an – die kommen doch nicht alle pünktlich! Wir haben mindestens drei Bilder versäumt. Hast du'n Zettel?

(groß, „mit dir kommt man ja immer zu spät")
Er: Nein. Es war keine Zeit mehr -

(resigniert, „Trennung ist das einzige was hilft")
Sie: Nie kaufste den Zettel. Gib mal das Opernglas her. Was kommt jetzt?

(voll Begeisterung, „da habe ich was Tolles rausgesucht")
Er: Was Russisches.

(verzweifelt, „seit 25 Jahren was Russisches, ich kann nicht mehr")
Sie: Russisch? Kann ich nicht mehr sehen.
Pass auf, sie werden die Köpfe durch eine Dekoration stecken und > An der Wolga < singen... das kennt man doch.

(abwehrend, „das ist doch Quatsch")
Er: Ausgeschlossen.

(fürsorglich, „denke jetzt mal gut nach")
Sie: Sage mal: haste das Licht im Schlafzimmer ausgedreht?

(nervös, „lass mich doch jetzt mit so einem Unsinn in Ruhe")
Er: Nein, du bist doch zuletzt rausgegangen!

(sprachlos, „ich werde dann wieder die Schuldige sein")
Sie: So! Jetzt haste vergessen, das Licht auszumachen! Nachher wunderst du dich über die Elektrizitätsrechnungen! Ssississ... ha!

(keifig, „warum kann die Kuh nicht mal an was denken")
Er: Na, vielleicht hast du's doch ausgemacht -?
(klar, „du weißt, dass ich es nicht gewesen sein kann")
Sie: Nein, das ist deine Sache, das Licht auszumachen...

47

Einen Text sprechen heißt eben auch, ihn zu manipulieren. Der Lehrer, der seiner Klasse die Aufgaben für die Klassenarbeit diktiert, kann seinen Schülern suggerieren, dass die Aufgaben leicht sind und von jedem Schüler mühelos zu bewältigen. Oder er kann ihnen das Gefühl geben, dass sie da ein paar ganz harte Nüsse zu knacken haben.

(Augenzwinkernd, lächelnd)
Da bin ich mal gespannt, ob Ihr das noch wisst!

(Drohend, mit verkniffenen Augen)
Da bin ich mal gespannt, ob Ihr das noch wisst!

? Sehen Sie sich einmal den folgenden Text von Wolfdietrich Schnurre[32] an und überlegen Sie, wie Sie die beiden Sprecher für Ihre Zuhörer auseinander halten würden.

VERTRAUEN

Riech ma.
   Phantastisch.

Spinner.
   Wieso.

Riecht ja ga nich.
   Aber hast du doch gesagt!

! --

Hier können Sie eigentlich nicht viel falsch machen. Die Gesprächsbeiträge der beiden sind kurz, und wir merken sofort, dass nach einer kurzen Pause jeweils ein anderer spricht.

---

32 Schnurre, Wolfdietrich: Ich frag ja bloß, München 1973, S. 71

1.18 Die Stimmfarbe

Wenn wir das verstärken wollen, dann sorgen wir einfach dafür, dass jeder auf den Beitrag des anderen reagiert. Das heißt, jeder Beitrag des einen ergibt sich aus der Reaktion des anderen. Durch die Reaktion merkt der Zuhörer, dass jetzt ein anderer spricht.

Die Gestaltung ist wieder nur ein Vorschlag:

(sachlich, „den Typen teste ich mal")
Riech ma.
   (begeistert, „das riecht einfach himmlisch")
   Phantastisch.
(herablassend, „so ein Blödmann")
Spinner.
   (irritiert, „was hat er denn jetzt")
   Wieso.
(schadenfroh, „dem geb ich's")
Riecht ja ga nich.
   (durcheinander, „jetzt kapier ich gar nichts mehr")
   Aber hast du doch gesagt!

48

Bei längeren Texten wird es da schwieriger. Außerdem ist ja nicht bei allen Texten die Aussage so gerafft wie hier. Meistens geht die Entwicklung der Figur doch etwas langsamer vonstatten. Ein weiterer Text von Wolfdietrich Schnurre.[33]

? Was würden Sie beim folgenden Text tun?

GEWONNEN
Vielen Dank, mein Kind.
   Schon okay, Oma.
War wirklich nett von dir.
   Nu bitt ich Sie aber.
Hat man nämlich nicht oft heutzutage.
   Nee, ham Se Recht.
'n alten Menschen so sicher übern Fahrdamm zu bringen!

---

33 Schnurre, Wolfdietrich: Ich frag ja bloß, München 1973, S. 52

Ja, elend Schwein gehabt; muss man schon sagen.
Schwein?
Na, war doch ne Wette.
Und um was ist es gegangen?
Um Sie.
Um mich?!
Ja, Orje sagt, traust dich nich.
Traust dich nicht, w a s.
Mit die olle Dame bei Rot über de Kreuzung zu flitzen.

Sie könnten die bisherigen Gestaltungsmittel variieren: Die Oma ist sehr alt und spricht langsam, der Knirps ist quirlig und schnell. Die Oma ist leise, der Knirps laut, die Oma hat einen Sprachfehler, der Knirps nicht.

Eleganter ist es aber, wenn wir den beiden wieder unterschiedliche Charaktere geben und die dann sprecherisch bedienen.
Für Oma und Junge haben wir viele Möglichkeiten. Nehmen wir zum Beispiel an:

Die Oma ist so eine ganz liebe alte Dame, mit Täschchen und Stock und gütigen Augen. (Oma spricht weich, freundlich, zaghaft, liebevoll, lächelnd.)

Der Junge ist ein rotzfrecher Lümmel mit Bürstenschnitt und weiter Hose. (Junge spricht hart, direkt, zackig, frech, großkotzig.)

Wir erhalten also durch die Charakterisierung eine Fülle von Möglichkeiten, die weit über die Gegensätze schnell/langsam oder laut/leise etc. hinausgehen.

(Wie schön, dass es noch so nette Kinder gibt)
Vielen Dank, mein Kind.

(Nu mach's mal halblang, Alte)
Schon okay, Oma.

(Das Kind ist viel zu bescheiden)
War wirklich nett von dir.

(Da schämt man sich ja fast)
Nu bitt ich Sie aber.

(Sonst ist ja mit der Jugend nicht viel los)
Hat man nämlich nicht oft heutzutage.

1.18 Die Stimmfarbe

(Die Alte hat aufgepasst, alle Achtung)
Nee, ham Se Recht.

(Wenn ich das in meinem Altersheim erzähle)
'n alten Menschen so sicher übern Fahrdamm zu bringen!

(Stimmt, das hätte ja auch anders ausgehen können)
Ja, elend Schwein gehabt; muss man schon sagen.

(Was meint der Junge denn?)
Schwein?

(Wollen wir sie nicht dumm sterben lassen)
Na, war doch ne Wette.

(Die lieben Kinder machen aus dem Helfen ein Spiel)
Und um was ist es gegangen?

(Jetzt bist platt)
Um Sie.

(Wie reizend)
Um mich?!

(Das hat sich Orje wohl so gedacht)
Ja, Orje sagt, traust dich nich.

(Moment mal, verstehe ich das richtig)
Traust dich nicht, w a s.

(Ja, ich habe mich getraut, und wie)
Mit die olle Dame bei Rot über de Kreuzung zu flitzen.

Es ist völlig ausgeschlossen, dass es hier zu einer Verwechslung darüber kommen kann, wer gerade spricht. Sie müssen die Figur nur bis zum Ende durchhalten.

Und wenn Sie das Gefühl haben, dass die beiden Figuren zu ähnlich sind, dann ändern Sie ihre Charaktere so lange, bis sie leicht auseinander zu halten sind. Es gibt so viele Möglichkeiten, wie Menschen sein können. Stellen Sie sich ruhig vor,

- wie die beiden aussehen,
- was sie anhaben,
- ob sie sitzen oder stehen.

Das erleichtert Ihnen die sprachliche Charakterisierung.

49

Benutzen Sie lieber die Melodie als die Stimmfarbe. Es klingt besser, ist einfacher und Sie tun Ihrer Stimme nicht weh.

> **Zusammenfassung**
> 1. Färben Sie Ihre Stimme nur behutsam – wenn überhaupt.
> 2. Strengen Sie sich dabei keinesfalls an.
> 3. Unterscheiden Sie Personen beim Lesen lieber mittels der Charaktere.
> 4. Benutzen Sie möglichst gegensätzliche Charaktere!

1.19 Einsatz der Gestaltungsmittel

Was haben Sie nun davon, wenn Sie wissen, was Sie noch alles mit einem Text machen können?

Wenn Sie Nachrichten sprechen, nicht viel. Eine klare Gliederung durch Pausen und Betonungen genügt fürs Erste. Dasselbe gilt für Arbeitsaufträge, Verkehrshinweise, Sportergebnisse, Dienstanweisungen, Ansagen, Erklärungen technischer Abläufe usw.

Aber schon der Wetterbericht oder Begrüßungen, Vorlesungen, Unterricht, Geburtstagsreden, Radiobeiträge gehen ein bisschen weiter. Hier wollen wir nicht nur informieren, sondern beim Hörer auch Gefühle hervorrufen. Da können Sie überlegen, ob Sie das eine oder andere Gestaltungselement verwenden.

Hier sind noch einmal alle Gestaltungselemente auf einen Blick:

1. Betonungen
2. Pausen
3. Tempo
4. Lautstärke
5. Melodie
6. Stimmlage
7. Rhythmus
8. Stimmfarbe

1.19 Einsatz der Gestaltungsmittel

Etwas Unerwartetes oder Ungewohntes macht Ihre Zuhörer aufmerksam, ein monotoner Vortrag macht müde. Menschen die nach langen Jahren in einem Haus an einer belebten Straße aufs Land ziehen, wachen nachts auf, weil es so ruhig ist.

Wenn wir also abwechslungsreich gestalten, bleibt unser Publikum dran. Einen Hörer, den wir einmal verloren haben, bekommen wir ungleich schwerer wieder zurück, als wenn wir versuchen, ihn von Anfang an für das zu interessieren, was wir zu sagen haben. Wenn er in seinen Gedanken nämlich erst einmal den Amazonas hinunterfährt, können wir ihn nur mit großer Mühe von dort wieder zurückholen.

Aber Vorsicht! Gestaltung hat meist auch eine Veränderung des Inhaltes zur Folge. Außerdem sollten Sie in Ihrem Text auf keinen Fall irgendwelche Stilmittel einbauen, die mit dem, was Sie sagen wollen, nichts zu tun haben. Einen Satz einfach schneller zu sprechen, weil Sie das Gestaltungsmittel Tempo noch nicht hatten, führt nicht zu einem interessanten Hörerlebnis, sondern zu Ratlosigkeit beim Zuhörer. Die Frage, was der Sprecher nur gemeint haben kann, lässt die nächsten Sätze unverstanden vorbeigleiten.

Auch wenn die Sprachwissenschaftler Begriffspaare wie deutlich/undeutlich und scharf/lasch zu den Merkmalen des sprecherischen Ausdrucks rechnen[34], zähle ich sie nicht zu den Gestaltungsmitteln. Ein Text, den ich nicht verstehe, weil er genuschelt wird, wird dadurch nicht reicher, sondern ärmer. Unvermögen ist kein Gestaltungsmittel.

Lediglich als Charakterisierung einer bestimmten Person würde ich eine nachlässige Sprechweise akzeptieren, vorausgesetzt, die Grenzen der akustischen Verstehbarkeit werden nicht unterschritten.

Bei Moderationen, Sportberichten, Ansprachen, die ja eigentlich frei gehalten werden sollten, gibt es zwei Möglichkeiten. Entweder Sie sind schon so weit, dass Sie improvisieren, und sind so trainiert, dass Ihre Sprechweise von selbst sehr abwechslungsreich und interessant ist. Oder Sie bereiten sich mit Hilfe der verschiedenen Gestaltungsmittel vor, indem Sie sich *Textblöcke* zurechtlegen, die Sie nach Bedarf einsetzen können.

Ich halte diese Textblöcke beim freien Sprechen übrigens für eine sehr große Hilfe. In jeder Moderation, in jeder Conférence gibt es Ansagen, die vorherseh-

---

34 Geissner, Hellmut, Sprechausdruck, Sprache und Sprechen Band. 13, Frankfurt a. M. 1984

bar sind und immer wiederkehren. Wenn Sie die vorher auswendig beherrschen, haben Sie es sehr leicht, wieder festen Boden unter die Füße bzw. die Stimme zu bekommen, sollten Sie mal ins Schwimmen geraten.

Haben Sie nämlich den ersten Satz Ihres vorbereiteten Statements gefunden, kommen die anschließenden Sätze ganz von allein. Und der Raum für freies Sprechen wird nicht kleiner, sondern größer. Ich kenne Moderatoren, die wochenlang im Wohnzimmer zu Hause geübt haben, bevor es das erste Mal ins Studio ging.

Bei literarischen Texten, vom Gedicht bis zum Roman, halte ich es sogar für die Pflicht des Sprechers oder Vortragenden, die künstlerische Qualität des Textes durch einen ebenso künstlerischen Vortrag zu unterstützen. „Lesen ist gelenktes Schaffen", sagt Jean Paul Sartre. Das heißt nicht Gestaltung um jeden Preis, sondern Ausschöpfen der sprecherischen Möglichkeiten, um für den Zuhörer das geschriebene Wort zum Leben zu erwecken.

Zusammenfassung
1. Die sprecherische Gestaltung eines Textes orientiert sich immer am Inhalt.
2. Unerwartetes macht den Zuhörer aufmerksam.
3. Wenn Sie mehr wollen als nur informieren, wenden Sie möglichst viele Gestaltungsmittel an.

1.20 Besonderheiten

In diesem Beitrag werden wir uns mit einer Reihe von Sonderfällen beschäftigen, die uns beim Lesen Probleme machen können.

1.20.1 Überschriften

Der Überschrift eines Textes kommt eine ganz besondere Bedeutung zu. Bei einem literarischen Text gehört sie zum Text wie jedes andere Wort, das der Autor geschrieben hat, und darf schon aus diesem Grund nicht unterschlagen werden.

In vielen Nachrichten-Formaten setzt der Redakteur eine Orts- oder Themenmarke, die denselben Zweck erfüllt wie eine Überschrift. Der Hörer soll hingeführt

1.20 Besonderheiten

werden, damit er sich schneller zurechtfindet. Anders als beim Buch kann er ja nicht zurückblättern. Das heißt: Alles, was nicht sofort verstanden wird, ist für immer verloren.

In literarischen Texten kann auch die Nennung des Autors für den Hörer einen wichtigen Hinweis liefern, um was für eine Art Text es sich handelt.

Ich habe dazu schon oft einen kleinen Test durchgeführt, den Sie nach Belieben wiederholen können:

Ich habe einer Gruppe einen witzigen Text vorgelesen, den ich aber nicht als solchen gekennzeichnet habe. Auch durch Mimik, Textgestaltung oder Körpersprache habe ich nicht besonders auf die Komik des Textes hingewiesen.

Es dauert in diesem Fall immer sehr viel länger, ehe die Zuhörer sich trauen, über die Pointen zu lachen. Erst, wenn sie sich hundertprozentig sicher sind, dass das Lachen auch angebracht ist, lachen sie wirklich. Die Pointen des Textanfangs sind damit aber unwiederbringlich verloren.

Wenn ich sage, ob ein Text von Heinz Erhardt oder von Sophokles ist, hilft das dem Hörer, den Text einzuordnen.

Ein Kinopublikum, das in einen Film geht, auf dessen Plakat das Wort Komödie rot unterstrichen ist, lacht von der ersten Sekunde an, oft auch ohne dass es etwas zu lachen gibt.

Das Sprechen der Überschrift kann bei der Einordnung helfen. Wenn ich meine Schüler frage, wie sie denn die Überschrift gestalten wollen, antworten sie meistens, dass sie sie einfach nur vorlesen werden. Schade. Eine Überschrift

- soll Lust machen,
- sie soll Spannung verheißen
- oder gute Unterhaltung.

Vor allem kann ich an der Art, wie Sie die Überschrift lesen, erkennen, wie wichtig Ihnen das ist, was Sie mir sagen wollen. Wenn es Ihnen nicht wichtig ist, wie kann es da mir wichtig werden?

Sprechen Sie die Überschrift so, dass klar ersichtlich ist, jetzt kommt etwas, was von Bedeutung ist. Und lassen Sie nach der Überschrift immer eine kurze Pause, so als ob Sie innerlich bis drei zählen. Das macht den nachfolgenden Text wichtiger, und der Zuhörer hat einen Moment Zeit, sich auf den Text zu konzentrieren.

> **Zusammenfassung**
> 1. Überschrift und Autor sollen die Einordnung des Textes ermöglichen und zum Thema führen.
> 2. Die Überschrift soll Lust auf den Text machen.
> 3. Machen Sie nach der Überschrift eine kurze Pause!

1.20.2 Zahlen

Beim Sprechen von Zahlen muss man nichts Besonderes beachten, finden Sie? Sie werden sich wundern, wie oft wir da Fehler machen, die wir beim privaten Sprechen nie machen würden. Die Betonungen von Zahlen müssen in erster Linie logisch sein.

? Zählen Sie mal von zwanzig bis dreißig!

! --

Kein Problem. EINundzwanzig, ZWEIundzwanzig, DREIundzwanzig usw. Die Einerstelle verändert sich, wird also betont.
  Oder wir zählen fünfundVIERZIG, fünfundFÜNFZIG, fünfundSECHZIG. Die Zehnerstelle ändert sich und wird also betont.

? Lesen Sie die folgenden drei Sätze und entscheiden Sie sich für eine Betonung
  Aber wieso denn 131, ich meine doch 132.
  Aber wieso denn 131, ich meine doch 141.
  Aber wieso denn 131, ich meine doch 231.

! --

Wir betonen die Stelle der Zahl, die sich ändert, um auf die Veränderung besonders hinzuweisen.
  Aber wieso denn 13**1**, ich meine doch 13**2**.
  Aber wieso denn 1**3**1, ich meine doch 1**4**1.
  Aber wieso denn **1**31, ich meine doch **2**31.

Aber so einfach ist es im Textzusammenhang meistens nicht. Es geht in erster Linie darum, für den Zuhörer zu verdeutlichen, in welchem Verhältnis die gelesenen Zahlen zueinander stehen. In Verkehrsnachrichten, bei Lottozahlen oder

1.20 Besonderheiten

Anfangszeiten finden wir aber oft die abenteuerlichsten Betonungen, die verwirren anstatt zu erklären.

? Legen Sie Betonungen im folgenden Satz fest.

Einunddreißig der insgesamt fünfundvierzig Passagiere überlebten die Katastrophe, vierzehn leicht verletzt und siebzehn schwer. Fünfundzwanzig wurden direkt in ein Krankenhaus gebracht.

Ein ganz einfacher Satz, so scheint es. Nehmen Sie sich Zeit, die Betonungen festzulegen. Sie sollten sich dabei immer daran orientieren, was in dem Gedanken, den Sie gerade lesen, *neu* ist gegenüber dem, was Sie schon gesagt haben.

! --

Bei der Zahl Einunddreißig fangen die Schwierigkeiten schon an, da sich die meisten nicht entscheiden können, ob es EINunddreißig oder EinundDREISSIG heißt.

Die erste Zahl kann natürlich auf einen Zusammenhang hinweisen.

Es sind inzwischen einhundertDREI Todesopfer und nicht einhundertZWEI wie gestern gemeldet.

Aber normalerweise sollte eine zweistellige Zahl in iner Nachricht am besten auf beiden Stellen betont werden, also EINundDREISSIG, denn wir können beim Zuhörer ja keinerlei Wissen voraussetzen.

Deshalb heißt es

VIERhundertACHTundSIEBZIG,

ZWÖLFtausendSECHShundertDREIundVIERZIG

usw., wenn eine Zahl zum ersten Mal auftaucht. Voraussetzung ist natürlich, dass die Zahl innerhalb des Satzes von großer Bedeutung ist. Bei dem Satz:

Der FINANZMINISTER wurde vor dem Haus Bismarckstraße einhundertneunundsechzig UMGEBRACHT.

sollte sowohl der Ton auf Finanzminister als auch der auf umgebracht stärker sein als die einzelnen Teile der Zahl. Aber die Einer-, Zehner- und Hunderterstellen sind wieder gleichberechtigt.

Mit der zweiten Zahl haben wir es leichter. Es war von EINundDREISSIG Menschen die Rede. Wenn wir dann die Gesamtzahl mit Fünfundvierzig angeben, ist die wichtigere Aussage die Veränderung der Zehnerstelle, und nicht die der Einerstelle. Folglich heißt es

EINundDREISSIG der insgesamt FünfundVIERZIG Passagiere...

Dann folgt eine Information über die Art der Verletzung. Die Gesamtzahl der Verletzten wissen wir schon, so dass wir die Betonung hier auf leicht und schwer legen.

Und jetzt taucht wieder eine neue Zahl auf, die sich von den beiden Zahlen im letzten Gedanken durch eine andere Einerund eine andere Zehnerstelle unterscheidet. Die Zehnerstelle ist natürlich wichtiger, deswegen heißt es

... vierzehn LEICHT verletzt und siebzehn SCHWER. FünfundZWANZIG wurden direkt...

Betonen wir an dieser Stelle FÜNFundzwanzig, so suggerieren wir, dass sich an der Zehnerstelle nichts verändert hat.

Die Betonungen in Ihrem Satz sollten also folgendermaßen aussehen:

EINundDREISSIG der insgesamt fünfundVIERZIG Passagiere ÜBERLEBTEN die Katastrophe, vierzehn LEICHT verletzt und siebzehn SCHWER.

FünfundZWANZIG wurden direkt in ein KRANKENHAUS gebracht.

🎧 50

Ein paar weitere Übungssätze:

? Legen Sie die Betonungen fest!

Die verbotenen Zusatzstoffe sind A305, B305 und B309, sowie C409, C429 und D629.

Sprechstunde ist Montag bis Mittwoch von 11-17 Uhr, Donnerstag von 11-18 Uhr und Freitag von 12-18 Uhr.

Die Lottozahlen des heutigen Tages lauten: 4, 14, 23, 29, 39, 41 und als Zusatzzahl 44.

! ---

Denken Sie immer daran, welche Informationen Ihr Zuhörer schon hat, und welche Informationen Sie ihm im neuen Gedanken zusätzlich geben.

Die verbotenen ZUSATZSTOFFE sind A DREIhundertFÜNF, B dreihundertfünf und b dreihundertNEUN, sowie C VIERhundertneun, c vierhundertneunundZWANZIG und D SECHShundertneunundzwanzig.

1.20 Besonderheiten

Sprechstunde ist MONTAG bis MITTWOCH von ELF bis siebzehn UHR, DONNERSTAG von elf bis ACHTZEHN Uhr und FREITAG von ZWÖLF bis achtzehn Uhr.

Die LOTTOZAHLEN des heutigen Tages LAUTEN: VIER, VIERzehn, dreiundZWANZIG, NEUNundzwanzig, neunundDREISSIG, einundVIERZIG und als Zusatzzahl VIERundvierzig.

🎙 51

Eine Besonderheit: Die Zahlen zwischen zehn und zwanzig werden nie auf der zweiten Silbe betont, auch wenn sich die Zehnerstelle ändert.

Ich habe nicht DREI Geschwister, sondern DREIzehn.

Wieso SECHS Euro, du schuldest mir SECHzehn.

Die Aussprache dreiZEHN oder sechZEHN gibt es also nicht. Diese Zahlen sind so zusammengewachsen, dass wir sprachlich nicht mehr zwischen Einer- und Zehnerstelle unterscheiden.

Ein weiteres Beispiel mit einer anderen Besonderheit:

? Lesen Sie den Satz!

Die Hosen gab es in den Größen 98, 102 und 106, und zwar jeweils 100x, in Größe 54 sogar über 200x.

Der Satz scheint auf den ersten Blick genauso einfach zu sein, wie die vorangegangenen. Trotzdem taucht hier ein Problem auf. Heißt es nun EINhundertzwei, einhundertZWEI, HUNDERTzwei oder hundertZWEI.

Denken Sie einen Moment nach und experimentieren Sie, bevor Sie sich meinen Vorschlag ansehen.

! --

Das ein- vor hundert oder tausend ist da entbehrlich, wo es nicht gegen eine andere Hunderterstelle abgesetzt werden muss.

Er hat von Oma hundert Euro bekommen.

In der Lotterie gibt es tausend Euro zu gewinnen.

Der Kredit beläuft sich auf rund hunderttausend Euro.

Nimm erst einmal tausend Euro, morgen bekommst du noch mal tausend Euro und übermorgen wieder tausend.

Das spricht sich leichter und wird genau verstanden. Wenn dagegen im selben Satz oder kurz darauf ein Betrag vorkommt, bei dem die Hunderter-, Tausender-, Zehntausenderstelle usw. verändert ist, sie also betont werden muss, ist der Zusatz ein- sinnvoll.

VIERhundert Tage ist er schon unterwegs, davon EINhundert Tage allein in Amerika.

Du sollst mir nicht EINtausend Euro geben, sondern ZWEItausend.

Die Summe von ACHTHUNDERTTAUSEND Euro konnte so um EINhunderttausend Euro reduziert werden.

Kommen wir zurück zu unserem Satz. Er müsste also heißen

… in den Größen ACHTundNEUNZIG, HUNDERTzwei und hundertSECHS…

HUNDERTzwei? So heißt er auch nicht. Da es eine Kleidergröße 202 nicht gibt, wäre die Betonung zwar richtig, aber völlig unlogisch.

Beim Lesen kann man also nichts irgendwelchen Regeln überlassen, sondern man muss schon jedes Mal nachdenken.

… in den Größen ACHTundNEUNZIG, hundertZWEI und hundertSECHS…

Den Rest des Satzes können wir dann wieder nach Schema betonen. Da wir EINhundertmal gegen ZWEIhundertmal absetzen sollten, lautet jetzt der ganze Satz:

Die HOSEN gab es in den GRÖSSEN ACHTundNEUNZIG, hundertZWEI und hundertSECHS, und zwar jeweils EINhundert Mal, in Größe VIERundFÜNFZIG sogar über ZWEIhundert Mal.

? Ein weiteres Beispiel:

Die Reisegruppe bestand aus acht weiblichen und sieben männlichen Teilnehmern. Acht Frauen und sieben Männer, fünfzehn Bergsteiger auf dem Weg über den Alpenhauptkamm.

! --

Der erste Satz ist zunächst einfach. Es ist hier wohl sinnvoller, das Geschlecht zu betonen, als auf den geringen Unterschied in der Anzahl hinzuweisen.

Die REISEGRUPPE bestand aus acht WEIBLICHEN und sieben MÄNNLICHEN Teilnehmern.

1.20 Besonderheiten

Im ersten Teil des zweiten Satzes brauchen wir das Geschlecht, das wir ja gerade betont haben, nicht mehr hervorzuheben, sondern wir verdeutlichen dann die Anzahl

ACHT Frauen und SIEBEN Männer...

Sie ahnen natürlich, was jetzt kommt: Die Zahl, die wir gerade betont haben, können wir jetzt vernachlässigen und suchen uns wieder eine andere Informationsportion, die wir unseren Zuhörern auftischen.

Die REISEGRUPPE bestand aus acht WEIBLICHEN und sieben MÄNNLICHEN Teilnehmern. ACHT Frauen und SIEBEN Männer, fünfzehn BERGSTEIGER auf dem Weg über den ALPENHAUPTKAMM.

🎙 52

Ein weiterer Sonderfall sind die Zahlen 101, 1001, 10001 usw.

? Wie würden Sie sagen?

Es gab hunderteinen Toten

Es gab hundertundeinen Toten

Es gab hunderteins Tote

Es gab hundertundeins Tote

Es gab hundertein Tote

Es gab hundertundein Tote

! --

Auch wenn Sie das jetzt wahrscheinlich nach Gefühl entschieden haben, ist das keine Frage des Geschmacks, sondern liegt im Deutschen genau fest.

Der Duden[35] **erlaubt uns überhaupt nur drei** dieser sechs Möglichkeiten. Wir können sagen:

Es gab hundertundeinen Toten

Allerdings besteht hier die Gefahr, dass mehr der eine Tote gehört wird und weniger die hundert.

---

35 Duden, Band. 4, Grammatik der deutschen Gegenwartssprache, Mannheim, Auflage 1998, S. 270

Erlaubt ist auch:

> Es gab hundertein Tote

oder

> Es gab hundertundein Tote

wobei die Version ohne das und in diesem Fall eleganter klingt. Jedenfalls steht bei dieser Variante das Substantiv im Plural, aber das Wörtchen ein bleibt endungslos. Analog heißt es dann auch

> hundertein Männer
>
> tausendein Frauen
>
> zehntausendein Bücher

Ich habe meine Zweifel, ob das nun so schön klingt, und wie wir ja spätestens seit der Rechtschreibreform wissen, gelten Regeln der deutschen Sprache nicht bis in alle Ewigkeit. Aber die richtige Grammatik ist vorgegeben. Ob Sie dagegen verstoßen wollen, ist Ihre Sache. Es gibt dafür vielleicht hundertundeinen Grund, aber weder hunderteins Gründe noch hundertundeins Gründe, noch hunderteinen Grund.

Welche der richtigen Varianten ich wo einsetze, hängt für mich vom Zusammenhang ab. Wenn es um die Menge geht, dann schlage ich das Substantiv im Plural vor:

> hundertein Vorwände
>
> tausendein Teile

Ob ein Teil mehr oder weniger, das ist nicht so von Bedeutung. Aber vielleicht ist gerade dieses eine Teil das, worauf es ankommt. Im Sport zum Beispiel wäre für mich wichtig, ob es genau der eine Punkt war, der dem Sportler zum Sieg verholfen hat. Dann spreche ich:

> Er gewann mit tausendundeinem Punkt

oder

> Er gewann mit eintausendundeinem Punkt

wenn die Höhe der Zahl wirklich überraschend war. Das und hebt den entscheidenden zusätzlichen Punkt hervor. Oder ich will es gegen die runde Hunderter- oder Tausenderstelle absetzen

> A hat hundert Punkte, B hundertundeinen.

Aber

> Der Dax fiel um hundertein Punkte.

1.20 Besonderheiten

Bei den Ordinalzahlen muss es der hunderterste heißen. Im Norddeutschen kommt wohl noch der hundertundeinte vor, aber der hunderteinte darf es nie heißen. Genau wie es drei Komma ein Prozent heißen muss, und nicht eins Prozent.

Erleichtern können Sie sich das Lesen von Zahlen durch *Punkte*. Besonders bei *großen* Zahlen müssen Sie nicht lange nachdenken:

1.200 Jahre

45.911 Besucher

662.435 Euro

Bei *runden* Zahlen bietet sich folgende Schreibweise an:

16 hundert

10 tausend

400 tausend

Werden die Zahlen *noch größer,* empfiehlt es sich in jedem Falle, sie so auszuschreiben:

5 Millionen 600 tausend

8 Millionen 500 tausend

8 Milliarden 500 Millionen 200 tausend

Ziffern, die unverbunden nebeneinander stehen, wie zum Beispiel bei einer Autonummer oder einer Telefonnummer, können Sie leichter mitschreiben, wenn sie auch einzeln gesprochen werden. Die Leseweise

Die Polizei fahndet nach dem Auto mit dem Kennzeichen
C Strich R zwei-acht-vier-sechs

schreiben Sie leichter mit als die Leseweise

Die Polizei fahndet nach dem Auto mit dem Kennzeichen
C Strich R Zweitausendachthundertsechsundvierzig.

Mit dem Merken verhält es sich aber genau umgekehrt. Wenn wir eine Telefonnummer zu Zahlengruppen zusammenfassen, kann man sie viel leichter behalten.

Die Telefonnummer lautet

VIERunddreißig, SECHSunddreißig, achtundFÜNFZIG

Dass die VIERunddreißig keine Betonung auf der dreißig bekommt, liegt in diesem Falle am Rhythmus. Das spricht sich einfach leichter.

Bei den Sex-Telefonnummern in der Fernsehwerbung bemüht man sich ja ebenfalls, den Rhythmus so weit wie möglich zu unterstreichen, damit die Telefonnummern ins Ohr und damit später ins Geld gehen.

Zusammenfassung
1. Bei der ersten Zahl eines Textes werden die einzelnen Stellen meist gleichmäßig betont.
2. Bei den weiteren Zahlen wird immer die Stelle bzw. werden die Stellen betont, die sich verändert haben.
3. Ein-hundert oder ein-tausend wird nur gesprochen, wenn gegen andere Hunderter- oder Tausenderstellen abgesetzt werden muss.
4. Einzeln gesprochene Ziffern lassen sich leichter mitschreiben.
5. Kleine Zahlengruppen lassen sich leichter merken.

1.20.3 Abkürzungen

Sie werden auf dem letzten Buchstaben betont: Es heißt I**Q**, C**W**, GT**I**, Radio FF**H**, DLR**G**, ÖAMT**C** usw.

Die Betonung kann anders sein bei Abkürzungen, die leichter zu sprechen sind, wenn man einen bestimmten Rhythmus benutzt, oder bei denen der Titel, für den die Abkürzung steht, noch sehr stark im Ohr ist.
  Die Musikgruppe heißt **AC/DC** (aber es heißt natürlich weiterhin AD**AC**, und nicht A**D**AC) und die Abkürzung für die Vorabendserie auf RTL heißt **GZSZ**. Das spricht sich einfach viel leichter als GZS**Z**.

Im Siebs finden wir dann noch drei Ausnahmen: „Wenn die Abkürzungen mit ihrem Lautwert ausgesprochen werden, trägt das ganze Gebilde den Kopfton des deutschen Normalwortes: **A**sta, **U**no, **A**gfa (Silbenabkürzungen)."[36] Regeln fürs Sprechen haben eben da ihre Grenze, wo sie uns das Sprechen erschweren.

---

36 Siebs, Theodor, Deutsche Aussprache, Berlin 1969, S. 117

> **Zusammenfassung**
> 1. Abkürzungen werden in der Regel auf dem letzten Buchstaben betont.
> 2. Ein Rhythmus in der Abkürzung verändert die Betonung.

1.20.4 Geräusche

Ein Autor hat es nicht leicht, ein Geräusch aufzuschreiben. Ebenso schwer ist es für den Sprecher, das Geräusch hörbar zu machen. Bei einem freudig überraschten ahhh oder einem mhhh, wenn es geschmeckt hat, ist es noch einfach. Aber wie lese ich ein Schnalzen oder Stöhnen?

? Wie würden Sie die folgenden Sätze lesen?
„Äham", räusperte er sich.
„Hatschi!", sie musste niesen.
„Ey, was ist denn?"
Er wandte sich angeekelt ab. „Uäh, was…"
Aua!, das hatte weh getan.
Umpf!, der Schlag hatte gesessen.

Haben Sie die Worte buchstabengetreu vorgelesen? Nein, hier geht es gerade darum, ein Geräusch zu machen, das an keinen Buchstaben erinnert, wie auch immer das dann klingt. Ein schmerzhaftes Stöhnen sprechen Sie also nicht, wie das O aus O du fröhliche, sondern Sie atmen deutlich hörbar auf einen o-ähnlichen Laut aus. Regeln fürs Stöhnen gibt es ja Gott sei Dank nicht. Das macht jeder anders. Sie können ein Kopfschütteln damit begleiten, dass die Zunge sich am Gaumen festsaugt und ruckartig wieder gelöst wird. Aufgeschrieben lautet das dann wohl: Tse, tse, tse? Vorlesen sollten Sie das so nicht. Bei äham räuspern Sie sich also, bei Hatschi niesen Sie, usw. Experimentieren Sie! Auch ein bäh klingt viel besser, wenn Sie es nicht einfach rezitieren, sondern einen Laut daraus machen, der sich mit Buchstaben nicht darstellen lässt. Ein gelesenes aha oder so, so oder ein huhu oder gluck, gluck sind eher peinlich.

Geräusche, die Sie normalerweise nicht mit dem Mund machen, stellen einen Sonderfall dar. Sehr oft wird von Autoren zur Beschreibung dieser Geräusche die

Grundform des entsprechenden Verbs ohne Endung verwendet. Eine Technik, die die Übersetzer amerikanischer Comics eingeführt haben. Wenn Sie stimmlich sehr begabt sind, dann versuchen Sie, das passende Geräusch zu imitieren. Alle anderen müssen bibber, klirr, schepper, raschel, boing, flatsch, rumms einfach vorlesen.

> **Zusammenfassung**
> 1. Wo der Autor ein Geräusch beschreibt, versuchen Sie, es nachzuahmen.
> 2. Je weniger die Buchstaben dabei zu erkennen sind, desto besser.

1.20.5 Witze

„Witz ist die Fähigkeit, Ähnlichkeiten zwischen Verschiedenem zu finden oder (in engerem Sinne) scheinbar ganz entfernte, unvereinbare, miteinander sonst nicht in der Vorstellung verbundene Dinge in eine neue, unerwartete, überraschende, erst Spannung, dann lustvolle Lösung bringende anschauliche Relation zu bringen. Auch die Relationssetzung selbst heißt Witz." (Kuno Fischer)[37]

Was für ein schöner Gedanke, wenn ich Ihnen jetzt auf ein paar Seiten erklären könnte, wie man witzig ist, wie man, als Schauspieler, Sprecher oder Moderator, eine Pointe setzt, oder wie man eine erfolgreiche Comedy konzipiert. Das kann ich Ihnen leider nicht versprechen.

Aber ich kann Ihnen einige Tipps geben aus meiner Erfahrung, ein paar Hilfen, die häufigsten Fehler zu vermeiden. Mich ärgert kaum etwas mehr, als wenn vor allem Moderatoren der Morgensendungen keine Ahnung haben, wie sie vorbereitete Witze und Witzchen pointenzündend vortragen sollen.

Bei allem Mythos, der sich um die wirklich guten Spaßmacher rankt, um die Stammtischmittelpunkte und Alleinunterhalter – sie haben alle eine bestimmte Technik. Sie wissen, wie es geht. Sie machen auch aus einem schlechten Witz eine wunderbare Geschichte mit treffsicherer Pointe.

Wie überall sind die Geschmäcker verschieden, es lacht nicht jeder über jeden Witz, und was der eine albern findet, hält der andere für komisch. Aber das soll

---

[37] Fischer, Kuno, Über die Entstehung und die Entwicklungsformen des Witzes, 1889, S. 97, zit. nach Müller, Gottfried, Theorie der Komik, Würzburg 1964, S. 10

1.20 Besonderheiten

uns hier nicht weiter interessieren. Sehen wir uns also zunächst ein paar Witze an, um dem Wesen der Pointe auf die Spur zu kommen.

Für die meisten Pointen gilt: je kürzer, desto besser, von ausgesprochenen Erzählwitzen mal abgesehen. Ein Witz sollte auf den Punkt kommen und jeden unnötigen Schnörkel, der nicht zur Pointe führt, vermeiden. Die folgenden Witze habe ich zum größten Teil bei Eike Christian Hirsch[38] gefunden.

? Machen Sie aus der folgenden Geschichte einen kurzen Witz!
Ein Mann sitzt auf einer Bank im Park in der Sonne und liest Zeitung. Da kommt ein anderer Mann, der seinen Hund ausführt, und will sich neben ihn setzen. Als der zweite Mann schon fast sitzt, entdeckt er auf dem Platz neben dem ersten Mann eine Brille. Er stutzt, und lächelt den ersten Mann an: „Entschuldigen Sie, da hätte ich mich beinahe auf Ihre Brille gesetzt!" Da blickt der erste Mann von seiner Zeitung auf und antwortet: „Macht nichts, die hat schon ganz andere Sachen gesehen."

! ---

Die Kurzform dieses Witzes könnte ungefähr so lauten:

„Entschuldigen Sie, jetzt hätte ich mich beinahe auf Ihre Brille gesetzt!"
„Macht nichts, die hat schon ganz andere Sachen gesehen."

Mehr muss es nicht sein. Es wurde alles Entscheidende erzählt und die Sache wird durch die Kürze viel komischer. Bei der vorangegangenen Langfassung lacht keiner, weil der *Aufwand* in keinem Verhältnis zur *Pointe* steht. Der Tod eines Witzes.

Wenn zwei Personen sprechen, ist es wieder am günstigsten, die Personen durch unterschiedliche Charaktere zu kennzeichnen, wie wir schon im Beitrag über die Stimmfarbe gesehen haben. Da können wir auf alle Erklärungen verzichten.

? Charakterisieren Sie die beiden Personen des nächsten Witzes!
Bernie löst Kreuzworträtsel und fragt seine Mutter: „Wo ist Napoleon gestorben?" „Auf Helena." „Oh, ausgerechnet."

! ---

---

38 Hirsch, Eike Christian, Der Witzableiter, Hamburg 1985

Das Wo ist Napoleon gestorben? kann Bernie ganz nebenbei sprechen. Er weiß ja nicht, wie „tragisch" es werden wird. Wenn wir das Auf Helena dann schön belehrend sprechen, während das Oh ausgerechnet voller Mitleid daherkommt, weiß jeder Zuhörer, dass der Sprecher jetzt ein anderer ist.

🎙 53

>   „Hast du etwa dem Chef gesagt, ich wäre ein Idiot?"
>   „Nein, er wusste es bereits."

Auch hier ergibt sich der Sprecherwechsel sofort, indem wir den beiden unterschiedliche Temperamente geben.

Der erste könnte aufgebracht fragen, und der zweite gibt eine beruhigende Antwort. Aber die Frage kann auch lauernd sein, und die Antwort entrüstet. Beide Stimmungen sollten nur gänzlich verschieden sein.

Dass wir einen Witz kennen sollten, bevor wir ihn erzählen, versteht sich von selbst. Wie viele potentielle Witzemacher müssen vor der Pointe noch einmal nachdenken, wie sie denn genau war. Die beiden Dinge, die durch den Witz zusammengebracht werden, aber ursprünglich nicht zusammengehören, werden auseinandergerissen und die Pointe funktioniert nicht mehr.

Schon die kleinste Pause in der Pointe, und der Witz ist hin. Einer der größten Fehler der Erzähler liegt einfach oft darin, dass sie genau in der Pointe eine Pause machen, aus welchem Grund auch immer. Wenn der Witz darin besteht, dass zwei unvereinbare Dinge zusammenkommen und dadurch Lachen erzeugt wird, dann müssen sie auch zusammenkommen.

> „Wann wurde eigentlich das Jodeln erfunden?" „So um 1895, als ein Schweizer Briefträger mit dem Fahrrad barfuß von einer Alm heruntersauste und mit dem großen Zeh in die Speichen kam."

Wenn wir hier nach heruntersauste ein Pause machen, bringen wir uns um einen Teil der komischen Wirkung. Jeder ahnt bei der Kombination von barfuß und Fahrrad, was kommen wird, und der Rest kleckert hinterher. Nur wenn wir die ganze Antwort in einem Atem durchlesen, erzielen wir den größten Effekt.

🎙 54

1.20 Besonderheiten

Das Leben ist eine sexuell übertragbare Krankheit die stets tödlich endet.

Eine Pause nach Krankheit wäre auch tödlich für diesen Aphorismus.

Aber ab wann müssen wir durchsprechen?

Wo hast du denn deine Armbanduhr gelassen?"
„Ach, die geht immer vor, die ist sicherlich schon zu Hause!"

Wenn Sie hier nach vor eine Pause machen, ist die Pointe hin, weil jeder sofort ahnt, was kommt. Wenn Sie die beiden Satzteile aber umdrehen würden, könnten Sie die Pause setzen, auch wenn ich die obige Version vorziehe.

Wo hast du denn deine Armbanduhr gelassen?"
„Ach, die ist sicherlich schon zu Hause!

(Pause)

Die geht immer vor!

Jetzt könnten Sie nach Hause eine Pause machen, um dann ganz trocken den letzten Satz nachzuschieben.

Der Begriff „trocken" besagt übrigens nichts anderes, als dass Sie den Satz möglichst beiläufig sprechen, ohne große Gestaltung, ohne doppelten Boden.

Ein Schauspieler des Stadttheaters hat seine Frau verloren. Eine Woche später kondoliert ihm ein Bewunderer und sagt: „Ich habe Sie in der Friedhofskapelle gesehen, wie sehr Sie gelitten haben."
„Da hätten Sie mich erst mal", entgegnet der Mime, „am offenen Grab erleben sollen."

Dieser Witz ist ganz unglücklich aufgeschrieben. Durch den an dieser Stelle völlig überflüssigen Einsatz entgegnet der Mime wird die Pointe zerteilt, und es kleckert das Bruchstück am offenen Grab erleben sollen hinterher. Setzen wir das entgegnet der Mime doch einfach vor die Schlusspointe.

Entgegnet der Mime: „Da hätten sie mich erst mal am offenen Grab erleben sollen."

Oder Sie leiten den Schlusssatz mit einem Füllwort ein, das noch nichts von der Pointe verrät.

„Danke", entgegnet der Mime, „da hätten sie mich erst mal am offenen Grab erleben sollen."

Die Pointe wird durchgesprochen, und alles ist wieder im Lot. Ein weiterer Witz:

> Bist du verheiratet? Nein, ich gucke nur so, weil man mir das Auto geklaut hat.

Dieser Witz verträgt zwischen nein und ich keine Pause. Ein Teil des Witzes besteht ja darin, dass der Gefragte gleich versteht, was der Frager meint, und nicht lange überlegen muss. Verheiratete Männer gucken eben unglücklich, da ist man sich unter Männern einig.

> Der junge Lyriker fragt den Verleger: „Sie meinen, ich sollte mehr Feuer in meine Gedichte legen?" „Umgekehrt", antwortet der Verleger, „mehr Gedichte ins Feuer!"

Dieser Witz funktioniert am besten, wenn wir nach umgekehrt und nach Verleger keine Pause machen. Umstellen müssen wir den Satz hier allerdings nicht. Wenn wir den Satz nämlich durchsprechen, geht das so schnell, dass niemand die Zeit hat, nach dem umgekehrt die Pointe zu erraten.

Außerdem ist hier ein ganz kurzer Einschub wie antwortet der Verleger unter Umständen günstig, damit der Hörer einen Moment Zeit hat, das umgekehrt zu verstehen.

🎧 55

Auch in dem folgenden Witz kommt die Pointe so schnell, dass eine kurze Pause ihn besser verständlich macht.

> Das beste Drehbuch ist das Telefonbuch. Wahnsinnig langweilig, aber toll besetzt.

Erst also wahnsinnig langweilig, der Zuhörer stimmt innerlich zu, und nach einem kurzen Atmer setzen wir als Überraschung die Pointe dahinter aber toll besetzt. Hier ist das Vorhandensein der Pause wichtig für den Erfolg.

🎧 56

> Ein Mann kommt in eine Bäckerei gestürzt und ruft: „Bitte eine Dose Kondensmilch, aber bitte schnell, ich hab's eilig!" „Nun schreien sie doch nicht so!", tadelt ihn der Bäcker, „Ich bin nicht taub. Mit oder ohne Sahne?"

Hier ist es ähnlich. Der Zuhörer muss ganz deutlich mitbekommen haben, dass der Bäcker sagt, dass er nicht taub ist. Erst wenn wir das ziemlich breit ausgestellt und dann eine kurze Pause gemacht haben, kommt die Pointe Mit oder ohne Sahne.

1.20 Besonderheiten

Verbessert wird der Witz noch, wenn wir die beiden Charaktere, die da aufeinander treffen, unterschiedlich gestalten. Ein hektischer, nervöser Büroangestellter, der zu spät dran ist, trifft auf einen dicken gemütlichen Bäcker, der die Ruhe weg hat. Das ergibt eine Spannung, die die Pointe des Witzes noch unterstützt. Komikerduos sind immer starke Gegensätze, ebenso wie die Figuren einer Comedy-Serie oder Protagonisten von Sketchen.

🎙 57

„Ach Papi", bettelt Suse, „kann ich im Bett noch etwas lesen, bis ich einschlafe?" „Ja, in Gottes Namen. Aber keine Minute länger!"

Auch dieser Witz wird besser, wenn wir die bettelnde Suse, einem sehr bestimmenden und seine Erziehungspflicht ernst nehmenden Vater gegenüberstellen. Der Ernst, mit dem er bei der Sache ist, und der Blödsinn, den er redet, sind Gegensätze, die unser Lachen verstärken.

Sie sehen also, dass es einheitliche Regeln gar nicht geben kann. Zu unterschiedlich sind die Möglichkeiten, Lachen zu erzeugen, und zu differenziert die Wege dahin.

Manche Pointen entstehen sogar erst durch eine Pause:

? Nehmen wir an, auf der Bühne fällt ein Schuss. Ein Bild fällt herunter. Kein Zuschauer lacht. Haben Sie eine Idee, wie Sie das ganze Theater zum Lachen bringen?
! --

Auf der Bühne fällt ein Schuss. Es vergehen endlose Sekunden tödlicher Stille (einundzwanzig – zweiundzwanzig – dreiundzwanzig...). Da fällt das Bild herunter. Alles lacht.

Wenn keiner mehr damit rechnet, dass der Schuss irgendwelche Auswirkungen hat, geschieht doch etwas, und das ist komisch.

Wir können die Pause so lang werden lassen, dass der Zuhörer den zweiten Teil der Pointe errät und anfängt zu lachen, obwohl die Pointe noch gar nicht ganz ausgesprochen ist. Wir finden ein Beispiel im Gedicht „Wintermärchen" von Heinrich Heine[39]. Es geht um die Pickelhaube mit ihrer steil nach oben ragenden Spitze, über die sich Heine lustig macht. Dann beginnt die nächste Strophe mit

---

39 Heine, Heinrich, Deutschland ein Wintermärchen, Im traurigen Monat November war's, München 1986, S. 317

Nur fürcht ich, wenn ein Gewitter entsteht –

(Pause)

Hier warten wir so lange, bis jeder verstanden hat, dass Heine meint, die Spitze des Helmes könnte ein Gewitter anlocken. Und wenn dann alle lachen, weil sie den Witz verstanden haben, liefern wir den Rest schnell und trocken hinterher.

Nur fürcht ich, wenn ein Gewitter entsteht

(Pause)

Zieht leicht so eine Spitze
herab auf Euer romantisches Haupt
des Himmels modernste Blitze!

58

Bei zweideutigen Witzen liefern wir nach der Andeutung den Rest manchmal überhaupt nicht, sondern überlassen es dem Zuhörer, die Pointe zu Ende zu denken…

Wenn Sie also Witze erzählen, sehen Sie sich vor allem die Pointe an. Spielen Sie damit herum, experimentieren Sie, und bald werden Sie feststellen, dass es einige Grundmuster gibt, die sich ständig wiederholen. Es wird immer leichter für Sie werden, eine Pointe zu setzen.

Im Oberhaus begegnen sich zwei Lords auf dem Korridor. „Wie ich höre", sagt der eine, „waren Sie gezwungen, Ihre verehrte Gattin zu beerdigen, mein armer Freund." „Ja", seufzt der andere, „was sollte ich tun? Sie war tot."

Auch hier sind wir wieder auf die kleine Pause nach tun angewiesen. Der Zuhörer muss einen Moment Zeit haben, etwas zu erwarten, bis seine Erwartung dann enttäuscht wird, und er dadurch zu lachen beginnt.

59

Über unfreiwillige Pointen lachen wir immer mehr als über Pointen, die jemand reißt, erzeugt, setzt, weil er einen Witz machen will. Deswegen ist die trockene Pointe, also die Pointe, bei der dem Sprecher nicht auffällt, dass sie witzig ist, in den meisten Fällen die, die beim Hörer am besten ankommt.

„Na hören Sie mal, das ist doch wohl der Gipfel der Unverschämtheit!" faucht der Kollege, „Ich erzähle Ihnen, dass meine Frau ein Baby erwartet, und Sie fragen, von wem!" „Nun regen Sie sich mal nicht auf!", versucht der andere ihn zu beruhigen, „Ich dachte ja nur, Sie wüssten es."

1.20 Besonderheiten

Wenn die zweite Person hier in wütendem Ton sagt, dass der andere sich nicht aufregen soll und ihn genauso anschreit, wie er angeschrien worden ist, dann ist er einfach unverschämt, und der letzte Satz ist eine bewusste Provokation. Das ist nicht komisch.

Wenn Person zwei aber beruhigen will und versucht, den anderen zu besänftigen, ihr der letzte Satz sozusagen „passiert", und sie die ganze Sache damit noch verschlimmert, ist die Pointe viel größer.

🎙 60

Noch ein Wort zu einer beliebten Technik, ohne die heute keine Komödie mehr auskommt und die gar nicht so einfach anzuwenden ist. Es geht um den sogenannten *Doubletake*.

Vereinfacht gesagt, wird ein Sachverhalt nicht gleich verstanden, sondern mit Verzögerung.

Beispiel: Jemand sagt mir, ich hätte im Lotto gewonnen. Ich antworte, dass das Dumme am Lottospielen der Umstand ist, dass man nie etwas gewinnt, mache etwas ganz anderes, warte zwei, drei Sekunden, begreife dann plötzlich, dass ich gewonnen habe (drehe mich zum Beispiel ruckartig um) und beginne erst dann, mich zu freuen.

Oder ich erfahre, dass draußen ein blauer Opel abgeschleppt wird. Ich rege mich jetzt auf, wie die Leute so blöd sein können, im Halteverbot zu parken, und mit großer Verzögerung fällt mir erst auf, dass ich selbst einen blauen Opel fahre, also mit großer Wahrscheinlichkeit mein Auto gerade abgeschleppt wird.

Wenn wir gesehen werden, funktioniert diese Technik am besten, weil die eigentliche Pointe ja die plötzliche Veränderung des Gesichtsausdrucks ist.

Aber das klappt auch im *Radio*. Da wir hier unseren Gesichtsausdruck nicht zeigen können, müssen wir einen kleinen Trick anwenden. Um hörbar zu machen, dass wir gerade etwas entdeckt haben, dass uns etwas wundert oder aus der Fassung bringt, darf dieser Drehpunkt nicht *zwischen* zwei Wörtern liegen (denn das würde man ja nicht so gut hören), sondern *mitten* in einem Wort, das wir nach einer kleinen Pause anders beenden, als wir es angefangen haben.

Also nicht:

(verwundert)
Na, das ist ja

(freudig)
ganz wunderbar!

Sondern besser:

(verwundert)
Na, das ist ja ganz wun-

(freudig)
derbar geworden.

Die Überraschung ist größer und der Effekt deutlicher.

🎙 61

Wichtig ist bei einem guten Doubletake nur, dass vor dem Bemerken des eigentlichen Sachverhaltes ein ganz anderes Gefühl ausgedrückt wird als danach. Selbstsicherheit wird zu Angst, Gleichgültigkeit wird zu Freude, Begeisterung wird zu Schrecken.

Gehen Sie aber sparsam um mit Ihrer Begeisterung für Ihre eigenen Pointen. Alle großen Komiker sind sehr ernsthaft. Wir lachen, aber der Komiker kämpft ganz ernst gegen die Tücke des Objekts oder den Unverstand der Menschen.

Wenn der Sprecher oder der Schauspieler auf der Bühne lacht, dann hört der Zuschauer auf zu lachen. Nur in ganz seltenen Fällen, zum Beispiel wenn jemand ein sehr ansteckendes Lachen hat, finden wir es unterhaltsam, jemandem beim Lachen zuzusehen. Wir wollen lieber selber lachen. Und wir wollen selber entscheiden, worüber wir lachen.

Wenn jemand für uns vorlacht und uns die Pointe „zeigt", fühlen wir uns manipuliert, und die Freude ist dahin.

Weitere Hörbeispiele zum Thema Witze finden Sie im Internet. 💻

Das gilt auch für jedes andere Gefühl. Dichterlesungen, auf denen der Rezitator aus lauter Respekt vor Rilke oder Hölderlin die Sätze in Ehrfurcht Wort für Wort zelebriert, haben gerade nicht den Effekt, dass wir dieselbe Ehrfurcht empfinden. Auch Fernsehkommissare, die sich ständig Sorgen machen, ob sie den Täter schnappen, nehmen uns die Sorge ab, anstatt sie hervorzurufen. Zuschauer oder Zuhörer wollen ein Angebot bekommen, und dann selbst entscheiden, was sie darüber denken und fühlen.

Zusammenfassung
1. Sehen Sie sich bei einem Witz vor allem die Pointe an!
2. Machen Sie keine Pause in der Pointe!
3. Gegensätze erzeugen Spannung und dadurch Komik.
4. Lachen Sie nicht, wenn Sie jemanden zum Lachen bringen wollen.

Sprechtechnik 2

2.1 Atmung

Atmen müssen Sie nicht lernen, atmen können Sie. Nein, im Ernst. Für einen *Schauspieler* ist die Entwicklung der richtigen Atemtechnik ein ganz wichtiger Teil seiner Ausbildung. Er muß auch in ungewöhnlichen Stellungen in der Lage sein, so laut und fest zu sprechen, dass er in einem größeren Theater verstanden wird.

Bei einem *Sprecher* spielt die Arbeit am Atem eine weniger wichtige Rolle, da er idealerweise vor dem Mikrofon genauso spricht wie im privaten Gespräch. Und dabei hat wohl niemand Atemprobleme. Doch darauf können wir uns nicht verlassen.

Ein Sprecher sollte mit seinem Atem umgehen lernen. Die Stimme ist das Werkzeug, mit dem er sein Geld verdient, und dazu gehört einfach auch, dass er über Atem und Atemtechnik Bescheid weiß. Er muss um die Probleme bei der Atmung wissen und lernen, mit Hilfe des Atems eine bestimmte Spannung in der Stimme zu erzeugen, einen bestimmen „Pegel" abzuliefern. Ganz abgesehen davon, dass sich die Schwierigkeiten beim Sprechen vor einer großen Gruppe ohne Mikrofon vervielfachen. Doch fangen wir vorne an.

2.1.1 Mit dem Zwerchfell atmen

Es ist sinnvoll, so weit wie möglich mit dem Zwerchfell zu atmen. Das ist die Atmung mit dem geringsten Kraftaufwand, die zu einer bestmöglichen Versorgung des Körpers mit Sauerstoff führt.

Was ist Zwerchfellatmung? Bei der Zwerchfellatmung hebt sich die Bauchdecke beim Einatmen (das bis jetzt in den Rippenraum gewölbte Zwerchfell senkt sich) und wird wieder flach beim Ausatmen (das Zwerchfell wölbt sich wieder in den Rippenraum). Über die Bewegung der Bauchdecke lässt sich die Zwerchfellatmung gut kontrollieren, etwa indem wir eine Hand auf die Bauchdecke legen.

Beim Einschlafen bzw. beim Aufwachen atmen wir übrigens alle mit dem Zwerchfell, und auch bei einem Baby können Sie die intensiven Bewegungen der Bauchdecke beim Atmen gut beobachten.

Welche Fehlformen der Atmung gibt es? Die *Schulter- bzw. Schlüsselbeinatmung* („Hochatmung") können wir daran erkennen, dass bei jedem Einatmen die Schultern nach oben gezogen werden. Das tun wir zum Beispiel vor einem erleichterten Seufzer. Wir ziehen die Schultern nach oben und lassen sie mit einem tönenden Ausatmer wieder nach unten fallen.

Es leuchtet ein, dass diese zusätzliche Muskelanspannung die Halsmuskulatur zu Mehrarbeit anregt. Die Halsmuskeln treten mit der Zeit immer stärker hervor, und das wiederum hat negativen Einfluss auf den Kehlkopf.

Auch die Brustatmung („Rippenatmung"), die vor allem bei Sportlern häufig vorkommt, ist für die sprecherische Arbeit eher ungünstig. Wieder führt das Heben des gesamten Brustkorbes zu einer unnötigen Muskelanspannung. Und durch die minimale Bewegung der Bauchdecke und damit des Zwerchfells ist das Atemvolumen kleiner. Der Sprecher muss zu oft einatmen.

Wir verbringen die meiste Zeit des Tages in einer sitzenden Position. Wenn der Bauch aber zusammengedrückt ist, fällt die Zwerchfellatmung schwer und die Atmung verlagert sich automatisch in den Brustkorb oder die Schultern. Mit jedem Atemzug werden zusätzliche Muskelpartien an Brust und Hals angespannt, und das ist im Sinne einer ökonomischen Atmung zu vermeiden. Vor allem die Schultern sollten immer in völliger Ruhe bleiben.

Viele von uns, besonders Frauen, denen eingeschärft worden ist, auf einen flachen Bauch zu achten (Brust raus, Bauch rein!), gestatten sich nur eine minimale Bewegung der Bauchdecke, was beim Sprechen zu Kurzatmigkeit und erhöhtem Luftbedarf führen kann.

Worauf müssen wir achten? Beobachten Sie Ihre *Bauchdecke,* wenn Sie sprechen, und sitzen Sie so, dass Sie mühelos mit dem Zwerchfell atmen können. Der Kopf ist fast gerade, die Schultern fallen locker nach hinten. Das Brustbein ist gehoben, das Becken wird leicht nach vorne gekippt. Wenn Sie jetzt noch die Füße leicht nach außen stellen und die Oberschenkel ein bisschen auseinander nehmen, sitzen Sie fürs Sprechen gerade richtig.

Am leichtesten sprechen Sie im Stehen. Synchronsprecher und viele Studiosprecher stehen vor einem Pult. Probieren Sie einmal aus, ob Sie sich damit leichter tun. Den kleinen Umbau sollten Sie in Kauf nehmen.

Falsche Körperhaltung ist nach Ansicht vieler Wissenschaftler Ursache vieler Schwierigkeiten beim Sprechen. Je freier und lockerer Sie stehen, je gerader Sie sich halten, desto leichter sprechen Sie.

2.1.2 Die Luft einteilen

Atemprobleme haben wenig mit mangelnder Atemtechnik zu tun. Sie sind viel mehr ein Problem der Einteilung der Sätze, auf das ich ja schon eingegangen bin.

Wenn Sie wollen, machen Sie einfach einen Test und fangen an, einen Zeitungsartikel so weit laut zu lesen, bis Ihr Atemvolumen erschöpft ist. Sie werden erstaunt sein, wie weit Sie dabei kommen und wie viele Zeilen Sie mit einem einzigen Atemzug lesen können. Lesen Sie diesen Abschnitt doch einfach ab Die Luft einteilen noch einmal. Ich komme locker bis lesen können.

Unser Atemvolumen reicht also auch für längere Sätze. Deswegen sind alle Übungen, die die Menge der eingeatmeten Luft vergrößern wollen, nicht nur unnötig, sondern auch unvernünftig. Ein Einatmer, nach dem ich mir vorkomme wie ein zum Zerreißen gespannter Ballon, ist sicher keine gute Voraussetzung für ein entspanntes, atemgestütztes Sprechen.

In Stresssituationen haben wir meist eher zu viel Luft, da Nervosität und Aufregung die erhöhte Einatmung fördern. Hier kann mehrfaches bewusstes Ausatmen vor dem Sprechen beruhigen und gleichzeitig die Atmung um die Atemmittellage herum stabilisieren.

Bei Coblenzer/Muhar ist diese Atemmittellage folgendermaßen definiert: „Die gedachte Linie, auf die die einzelnen Atemzüge während der Ruheatmung immer wieder zurückfinden, bezeichnet man als Atemmittellage. Hier pendelt sich die Atmung im Gleichgewicht zwischen den in- und exspiratorischen Kräften immer wieder ein, und zwar ganz ohne unser Zutun."[40]

---

40 Coblenzer, Horst, Muhar, Franz, Atem und Stimme, Wien 1976, 5. Auflage, S. 17

Wenn Sie trotzdem kurzatmig werden, obwohl Sie sich den Text eingeteilt haben, und die einzelnen Gedanken gar nicht so lang sind, liegt es sehr wahrscheinlich daran, dass Sie sich zwischen den einzelnen Gedanken zu wenig Zeit zum Atmen genommen haben. Lassen Sie Pausen zwischen den Gedanken, um Atem zu holen. Auch Ihre Zuhörer brauchen diese Pausen, um zu erfassen, was Sie ihnen sagen wollen.

Fangen Sie auf keinen Fall an, Ihre Atemreserven bis an die Grenze auszunutzen. Es besteht die Gefahr, dass die letzten Worte zittrig und kehlig werden.

2.1.3 Einatmen durch Mund oder Nase

Meistens werden wir durch den Mund einatmen, weil das Atmen durch die Nase zu lange dauern würde.

> „Unter dem Gesichtspunkt des Energieumsatzes ist die Atmung durch die Nase unökonomisch, weil der Nasenraum durch seine Konstruktion einen hohen Luftwiderstand hat, der etwa die Hälfte der Arbeit für die ganze Atmung verbraucht. Der Vorteil der Nasenatmung ist, dass die Luft befeuchtet, erwärmt und gefiltert wird und so Luftwege und Lunge vor trockener und schmutziger Luft geschützt werden."[41]

Wo die Zeit reicht, können wir also durch die Nase atmen, beim Vortragen längerer Texte geht es nur durch den Mund.

Dass wir sowohl bei der Mund- als auch bei der Nasenatmung jedes Geräusch nach Möglichkeit vermeiden, versteht sich von selbst. Atmen Sie deshalb ruhig und gleichmäßig.

Vermeiden Sie ruckartiges Atmen, das besonders leicht zu hören ist. Am besten gelingt Ihnen das, wenn Sie die Vorstellung haben, die Luft nicht einzusaugen. Vielmehr entsteht durch Vorstrecken des Bauches im Körper ein Unterdruck, der bewirkt, dass Luft eingeatmet wird. Ähnlich einem Gummiball, den wir mit dem Daumen eindrücken und der nach dem Nachlassen des Daumendrucks in seine ursprüngliche Form zurückspringt, füllt sich unsere Lunge nach einem Ausatmer ganz von selbst wieder mit Luft.

---

41 Rabine, Eugen und Jacoby, Peter, Die drei Teilfunktionen der Stimmfunktion in: Rohmert, Walter (Hrsg.), Grundzüge des Funktionalen Stimmtrainings, Köln 1985

2.1.4 Den Atem stützen

Der Begriff taucht in Unterricht und Sprecherziehungsliteratur so häufig auf, dass er der näheren Erläuterung bedarf, zumal er durchaus strittig behandelt wird.

Atemstütze bedeutet, dass wir durch Anspannung des Bauches fürs Sprechen einen gleichmäßigen Atemstrom zur Verfügung stellen. Steht die Luft, mit der wir sprechen, nicht unter Druck, hat das eine zu leise und spannungslose Sprechweise zur Folge. Der Seufzer „Ich kann nicht mehr!" zum Beispiel, den ich so einfach leise vor mich hin murmle, damit es niemand mitbekommt, wäre eine Sprechsituation, in der ich ohne Stütze spreche.

Beim lauten Sprechen oder beim Sprechen vor der Gruppe muss ich mittels des Zwerchfells einen Atemdruck aufbauen, auf den ich meine Töne setze, damit ich deutlich verstanden werde. Dieser Druck entsteht, indem ich die Stimmlippen, das sind schwingungsfähige Strukturen im Kehlkopf, schließe, wie ich das zum Beispiel vor dem Räuspern tue, und dann den Bauch leicht anspanne. Die Luft wird also gegen die Stimmlippen gestützt. Wenn ich jetzt zu sprechen beginne, setze ich meine Töne auf die langsam und gleichmäßig ausströmende Luft.

Für das Sprechen vor dem Mikrofon ist das Trainieren der Atemstütze wichtig, um einen gleichmäßigen Luftstrom zu erzeugen. Und zwar bis zum letzten Wort, das nicht „herunterfallen" sollte, weil die Atemstütze nachlässt.

> **Zusammenfassung**
> 1. Atmen Sie mit dem Zwerchfell: Schultern bleiben ruhig, der Bauch wölbt sich beim Einatmen und wird wieder flach beim Ausatmen.
> 2. Im Stehen atmen (und sprechen) Sie leichter.
> 3. Lassen Sie sich Zeit zum Atmen, besonders bei langen und schwierigen Texten!
> 4. Atmen Sie nicht zu viel ein und nicht zu weit aus!
> 5. Vermeiden Sie Atemgeräusche, indem Sie nicht ruckartig atmen!

2.2 Stimmbildung

Die Stimmbildung beschäftigt sich damit, wie eine Stimme klingt und wie wir sie benutzen. Entwicklungsgeschichtlich gesehen ist die Verständigung mittels der Stimme sehr jung, und deswegen können wir verhältnismäßig viel falsch machen.

Die Stimmbildung erschöpfend zu behandeln, bleibt anderen Publikationen vorbehalten. Innerhalb dieses Buches möchte ich aber auf die häufigsten Schwierigkeiten eingehen, die bei meiner Arbeit mit Schauspielern, Moderatoren, Sprechern und Lehrern immer wieder aufgetreten sind. Das, was Sie hier lesen, ist also die Stimmbildung in einer absoluten Kurzfassung.

Es ist seltsam, wie wenig wir alle über unsere eigene Stimme wissen. Über unseren Körper wissen wir ja sonst sehr gut Bescheid. Wir wissen, ob wir nach vier Treppen kurzatmig werden oder ob wir nach einer Fahrradtour Muskelkater bekommen. Aber wissen wir, wann wir heiser werden oder wie laut wir sprechen könnten, wenn es darauf ankäme, und wie lange wir das durchhielten? Offenbar wissen wir wirklich alle sehr wenig über unsere Stimme. Das fängt damit an, dass sie uns manchmal gar nicht gefällt.

Die erste Aufnahme. Bevor sie anfangen, sich aus privaten oder beruflichen Gründen damit zu beschäftigen, vor einer Gruppe zu sprechen oder zu lesen, sind die meisten Menschen ganz begierig, ihre Stimme auf einem Aufnahmegerät zu hören. Sie wollen doch so gern überprüfen, ob ihre Stimme auch gut klingt.

Die meisten finden dann ihre Stimme so grässlich, dass der Energieschub, sich mit dieser Materie zu beschäftigen, schon hier abrupt endet.

Sie kommt uns fremd und eigenartig vor, ganz davon abgesehen, dass die Qualität der Mikrofone und Aufnahmegeräte, die normalerweise für den privaten Gebrauch zur Verfügung stehen, oft keine professionellen Ergebnisse liefert.

Warum gefällt den meisten ihre Stimme nicht (zumindest am Anfang)? Das kann mehrere Ursachen haben. Zunächst einmal hören wir uns selbst nicht nur über unsere eigenen Ohren, sondern auch quasi über den kürzeren Weg durch den Kopf. Und so klingt die Stimme vom Aufnahmegerät so gar nicht wie das, was wir täglich als unsere eigene Stimme identifizieren.

Der Mensch hat kein ausgesprochenes Stimmorgan. Er benutzt drei verschiedene Organe bzw. Organgruppen, um Laute zu erzeugen. Und diese Organe haben eigentlich ganz andere Aufgaben, sie werden sozusagen zur Tonerzeugung nur „ausgeliehen":

2.2 Stimmbildung

- Die *Lippen* und die *Mundwerkzeuge* benutzt der Mensch in erster Linie zum Zerkleinern der Nahrung;
- der *Kehlkopf* ist dazu da, die Luftröhre beim Schlucken zu verschließen; und die
- *Atemorgane* versorgen den Körper mit Sauerstoff.

Wie meine Stimme nun klingt, hängt in erster Linie davon ab, wie ich diese Organe zum Sprechen benutze und viel weniger von ihrer äußeren Gestalt. Deswegen lässt sich auch eine Stimme entwickeln. Niemand muss sich mit einer angeblich unschön klingenden Stimme abfinden, weil er glaubt, daran lasse sich nichts verändern.

Für einen ungünstigen Gebrauch der Stimme gibt es viele Gründe. Es kann zum Beispiel sein, dass Sie unbewusst einen bestimmten Menschen nachahmen wollen und sich dessen Art zu sprechen angewöhnt haben. Ganze Schulklassen imitieren bestimmte Pop-Idole, und das kann natürlich auch Spuren in ihrer privaten Sprechweise hinterlassen.

Bei Paaren ist für mich immer sehr interessant, inwieweit der eine die Sprechweise des Partners annimmt. Ist die Zuneigung von ihr zu ihm sehr stark, wird sie vielleicht sogar irgendwann ungewollt seinen S-Fehler übernehmen, während ihn ihr Piepsstimmchen erst stört, sobald die Liebe nachläßt.

Ein Norddeutscher, der gerne in Bayern lebt, wird sehr viel eher süddeutsche Ausdrücke in seine Art zu sprechen aufnehmen, als jemand, dem es im Süden Deutschlands nicht gefällt. Er wird die Sprache seiner Kindheit, sozusagen als Selbstschutz, in der fremden Umgebung beibehalten.

Auch die psychische Verfassung spiegelt sich in der Art, wie wir sprechen. Sehr viele Begriffe, die den Zusammenhang zwischen Stimmung und Stimme herstellen, belegen das. Zum Beispiel:

- mit brüchiger Stimme,
- mit gebrochener Stimme,
- mit tonloser Stimme,
- die Stimme versagte ihm,
- die Stimme überschlug sich,
- da blieb ihm die Spucke weg usw.

Unterdrückte Wut oder Trauer, ein Leben, das subjektiv als zu schwer empfunden wird, beruflicher oder privater Druck, ein Abkapseln vor der Umwelt oder ein übertriebenes Geltungsbedürfnis, all das kann seine Spuren in der Sprechweise hinterlassen. Und je länger ich in diesem Bereich arbeite, desto erstaunter bin ich immer wieder, was die Stimme uns alles erzählt.

Schwierigkeiten für einen berufsmäßigen Sprecher gibt es aber dann, wenn seine Sprechweise dazu führt, dass er nicht richtig verstanden wird oder seine Art zu sprechen unangenehm auffällt. Bei meiner Arbeit mit Schauspielern und Sprechern begegnen mir im Bereich der Stimmbildung hauptsächlich drei große Probleme, mit denen sehr viele Menschen zu kämpfen haben:

- Ein falscher Sitz der Stimme,
- der festgehaltene Unterkiefer
- und das Sprechen mit zu viel Luft.

2.2.1 Die Stimme nach vorne holen

Der Begriff „Sitz der Stimme" ist kein wissenschaftlich exakter Begriff, weil die Stimme bei allen Menschen an derselben Stelle gebildet wird, nämlich im Kehlkopf. Aber wie so oft in der Stimmbildung und dem Gesangsunterricht arbeitet man mit Bildern, die dem Lernenden das Verstehen der komplexen Zusammenhänge erleichtern sollen.

Was ist mit „vorne" gemeint? „Vorne sitzend" bedeutet, dass die Resonanzräume des Kopfes und des Mundraumes optimal ausgenutzt werden, wohingegen der Hals mit dem Kehlkopf möglichst geschont wird. Vorne sprechen klingt für den Zuhörer warm und weich. Wenn wir es ein bisschen überzeichnen, klingt so der Moderator der Sendung mit den Schmusesongs um Mitternacht.

Eine Stimme, die „hinten sitzt", also eine Stimme, die den Kehlkopf bei der Resonanzbildung sehr stark einbezieht, klingt wesentlich härter und metallischer. Wir sprechen auch von „knödeln". Die „keifende Alte" ist ein treffendes Bild für diese Art zu sprechen. Aber auch Frau Klum, Verona Pooth, Vera Int-Veen, Martin Semmelrogge oder Marcel Reich-Ranicki sind dafür gute Beispiele.

> „Besser als durch den Ausdruck Vornesprechen kann man diese Sachlage, wenn auch nur verneinend, mit dem Grundsatz bezeichnen: Die Halszone freihalten."[42]

---

42 Weller, Maximilian, Das Buch der Redekunst, Düsseldorf, 2. Aufl. 1955

2.2 Stimmbildung

Warum kann die Stimme hinten sitzen? Es kann eine Angewohnheit sein, ein Erbe der Eltern oder der Umgebung, in der Sie aufgewachsen sind.

Auch für die verschiedenen Dialekte kann man ja die Begriffe vorne und hinten anwenden. Ein Berliner spricht zum Beispiel weiter vorne als ein Bayer.

Dazu kommt nach meiner Erfahrung, dass ein Rückzug der Stimme mit einem seelischen Rückzug einhergehen kann. Bei einem Menschen, der sich von seiner Umwelt zurückzieht, besteht auch die Gefahr, dass die Stimme nach hinten rutscht.

Besonders bei Frauen in Führungspositionen habe ich beobachtet, dass die Stimme leicht nach hinten rutscht, weil die Frau subjektiv das Gefühl hat, dass ihre Stimme dann härter und männlicher klingt. Das heißt, sie glaubt, sich mit dieser Art zu sprechen in einer Männerwelt besser durchsetzen zu können. Leider geht das dann aber meist auf Kosten von Liebenswürdigkeit und Charme. Typisch war der Fall einer Redakteurin, die nach dem Wechsel in eine leitende Position Schwierigkeiten mit ihrer Stimme bekam, die oft heiser war und weh tat. Ein paar Übungen, um die Stimme nach vorne zu holen, und zumindest dieses Problem war für den Moment gelöst.

Im Streit rutscht die Stimme sehr leicht nach hinten. Eine Auseinandersetzung beginnt unter Umständen ganz ruhig und sachlich. Doch je mehr Emotionen ins Spiel kommen, desto lautstarker und heftiger wird gestritten. Die Stimme wird härter, kehliger, keifiger… Nach ein paar Minuten ärgert mich nicht mehr, was mein Kontrahent sagt, sondern die Art, *wie* er es sagt. „Wie kann der oder die es wagen, mich so anzukeifen!" Man entfernt sich vom Thema und von der Lösung des Problems.

Eine falsche Haltung kann dazu führen, dass Ihre Stimme nach hinten rutscht. Der Blick auf das Manuskript zum Beispiel sollte nicht zu sehr nach unten gehen. Wird der Kopf zu sehr gesenkt, wird der Kehlkopf gequetscht und der Hals eng. Sie können das einmal ausprobieren, indem Sie auf einen Vokal, zum Beispiel das „a" ausatmen und dabei den Kopf auf die Brust nehmen. Sie hören selbst, wie kehlig und gequetscht Ihr „a" jetzt klingt.

Mit ein bisschen Übung sind Sie in der Lage, sozusagen auf Knopfdruck, von der hinteren in die vordere Stimme zu wechseln.

Warum soll die Stimme nach vorne? Wenn Sie versuchen, mit der hinten sitzenden Stimme laut zu sprechen oder gar zu schreien, merken Sie sofort, dass Sie sich dabei weh tun. Die Stimme kratzt und wird schnell heiser. Lautes Sprechen kann also mit dieser Sprechweise zu Schmerzen an den Stimmbändern und zu Heiserkeit führen.

Aber auch für Menschen am Mikrofon empfiehlt es sich, die Stimme nach vorne zu holen, da sich der metallische Klang durch das Mikrofon noch verstärkt. Die Stimme wirkt hart und kalt. Außerdem überträgt sich der erhöhte Druck und die erhöhte Muskelanspannung, die entsteht, wenn wir hinten sprechen, auf die Zuhörer. Die Stimme bekommt etwas Aggressives, Angespanntes, und der entspannte Hörgenuss wird beeinträchtigt.

62

Was können Sie tun? Oft genügt schon die Einsicht in diese Zusammenhänge, die Stimme nach vorne zu holen. Mein Tipp ist, einfach mal zur Übung ganz leise zu sprechen. In vielen Fällen genügt das schon, weil Sie hinten nicht unter eine bestimmte Lautstärke kommen. Wenn Sie noch leiser werden wollen, dann müssen Sie schon vorne sprechen. Sie spüren, dass der Kehlkopf frei wird von jedem Druck und die Stimme weich und entspannt klingt.

Wenn Sie diesen Punkt einmal gefunden haben, ist es nicht schwer, durch die Erhöhung des Luftdruckes wieder lauter zu werden. Wichtig ist es, erst einmal zu spüren, wie es sich anfühlt, wenn Sie vorne sprechen. Die Lautstärke kommt dann von alleine.

Das Gefühl, viel zu leise zu sein, ist rein subjektiv. Hier brauchen Sie einen Gesprächspartner, der Ihnen bestätigt, dass Sie gut zu verstehen sind.

Menschen, die geglaubt haben, mit ihrer engen und kehligen Stimme ein Leben lang gestraft zu sein, entdecken innerhalb weniger Stunden eine ganz neue Art zu sprechen.

Wenn sich die Stimme erst von einem bestimmten Punkt im Leben an verändert hat, haben Sie es sehr viel leichter, Stimmfehler zu beseitigen, als wenn Sie von Geburt an z. B. einen besonders kehligen Dialekt sprechen.

Für diejenigen, die mit dem Sitz der Stimme ernsthafte Probleme haben, bleibt nur der Weg zu einem Stimmbildner oder Logopäden.

2.2.2 Den Unterkiefer locker machen

Der festgehaltene Unterkiefer ist ein zweites häufiges Problem, das eine leicht verständliche Sprechweise stark beeinträchtigt.

Hier wird der Mund beim Sprechen nur minimal geöffnet und die Muskeln des Unterkiefers bleiben angespannt.

Wenn Sie versuchen, mit zusammengebissenen Zähnen zu sprechen, bekommen Sie einen Eindruck davon.

Warum wird der Unterkiefer festgehalten? Unsere Meinung dürfen wir nicht immer frei äußern. Wir spannen die Muskeln an, um den Mund nicht zu öffnen. Der prägnanteste Ausdruck für diese Art von Fehlfunktion scheint mir zu sein, dass jemand „die Klappe hält". Er hält im wahrsten Sinne dieses Wortes den Unterkiefer fest. Aber auch jemand, der „die Zähne zusammenbeißt", um irgendetwas auszuhalten, fällt in diese Kategorie. Das heißt also: Da, wo jemand die Klappe zu halten hat, sei es als Kind oder als Untergebener in einem Betrieb, wird sich sehr viel Spannung in seinem Unterkiefer sammeln.

Warum sollte der Unterkiefer locker sein? Ein festgehaltener Unterkiefer verhindert eine saubere Artikulation. Was Sie sagen, wird undeutlich und Sie sind damit schwer zu verstehen. Womöglich sagt man Ihnen, dass Sie zu leise sind, obwohl die Lautstärke gar nicht das Problem ist.

Der Sprecher wird sich jetzt bemühen, lauter zu sein, wofür er aber sehr viel mehr Kraft benötigt, da auch der Klang der Stimme durch die ungenügende Mundbewegung eingeschränkt ist. Auf die Dauer führt also der feste Unterkiefer zu einem unnötig großen Kräfteverschleiß, wobei der Sprecher im Extremfall immer noch nicht optimal zu verstehen ist.

Außerdem dürfte es Ihnen schwer fallen, Ihren Zuhörern Offenheit zu signalisieren, wenn Sie schon nicht bereit sind, Ihren Mund zu öffnen.

◯ 63

Was können Sie tun? In der Regel genügen ein paar Lockerungsübungen des Unterkiefers.

Ü Wir lassen den Kopf leicht nach vorne hängen. Dann schütteln wir den Kopf, als wollten wir etwas heftig verneinen. Der Unterkiefer sollte dabei locker hin- und herschwingen.

! --

Ü Wir lassen den Unterkiefer leichte Kaubewegungen ausführen. Einmal links herum, dann wieder rechts herum. Die Betonung liegt auf leicht. Der Unterkiefer sollte auf keinen Fall mit Gewalt nach unten oder zur Seite gedrückt werden.

! --

Ansonsten bleibt nur der Weg zum Logopäden oder Stimmbildner. Wobei auch hier die Beseitigung psychischer Ursachen für den Erfolg entscheidend sein kann.

Für viele Menschen erfordert es sehr viel Mut, den Mund zu öffnen, um zum Beispiel ein helles, offenes „a" zu sprechen. Der Mund ist doch ein sehr intimer Körperteil.

2.2.3 Mit wenig Luft sprechen

Manche Menschen benutzen zum Sprechen zu viel Luft. Ihre Stimme klingt verhaucht, und durch den größeren Luftverbrauch sind sie gezwungen, wesentlich häufiger zu atmen.

Je nach Geschmack bezeichnet man eine solche Sprechweise als eine Stimme mit Schmelz, als verhaucht oder als affektiert. Auch für die Karikatur einer Tunte würde man versuchen, mit sehr viel Luft zu sprechen.

Warum benutzen wir zu viel Luft? Die Stimme wird weicher und wärmer. Stellen wir uns vor, dass jemand das Gefühl hat, zu hart und zu maskulin zu wirken, dann versucht er mit dem Hauch auf der Stimme, dem entgegenzuwirken.

Auch der Nachahmungstrieb und die Begeisterung für den Klang der eigenen Stimme können Ursachen dafür sein, sie mit einem Hauch zu belegen. Manche Männer halten sich für sexy, wenn sämtliche Resonanzräume beim Sprechen vibrieren.

Warum sollten wir weniger Luft benutzen? Es ist einfach ökonomischer. Wir müssen sonst zu oft atmen. Wir verbrauchen zu viel Luft, um längere Passagen durchsprechen zu können, wodurch die Sprechweise abgehackt wirkt.

Der Mundraum trocknet weniger aus und die Stimmbänder bleiben *feucht* und *geschmeidig*. Das obligatorische Wasserglas neben Rednerpulten und Vortragstischen können Sie sich sparen. Ein Sprecher oder Redner mit einer ausgebildeten Stimme braucht auch nach einer Rede von mehreren Stunden keinen Schluck Wasser (es sei denn, er hat Durst). Der erhöhte Wasserbedarf ist meistens nur auf eine falsche Benutzung der Stimme oder auf ein ungünstiges Raumklima zurückzuführen.

Ob Sie eine verhauchte Stimme schön finden oder nicht, muss ich Ihnen überlassen. Wir können gerade vor dem Mikrofon mit der Menge der Luft spielen und ein paar Effekte erzielen. Vielleicht löst ja ein verhaucht laszives „wie war's denn mit uns beiden?" von der Blondine am Nachbartisch bei den meisten Männern eindeutige Gefühle aus. Ob allerdings so ein warmes Brummen bei einer Radiosendung für Verliebte nach Ihrem Geschmack ist, müssen Sie selbst entscheiden.

64

2.2 Stimmbildung

Was können Sie tun? Da es sich hier um eine schlechte Angewohnheit handelt, genügt es wieder, klar und deutlich zu sprechen, auch wenn Ihnen das am Anfang sehr hart und geschäftsmäßig vorkommt. Ein guter Freund oder eine gute Freundin kann helfen, einem das Gegenteil zu bestätigen.

Sprechen Sie vor einer brennenden Kerze! Wenn die Kerze flackert, ist zuviel Hauch auf der Stimme, wenn die Kerze ruhig bleibt, sprechen Sie richtig.

Eine *Summübung* kann ebenfalls dazu beitragen, den optimalen Luftverbrauch zu trainieren:

Ü Die Lippen sind geschlossen, wie bei einem „m", die Zungenspitze liegt am oberen Gaumen wie bei einem „n". Wenn wir jetzt ausatmen entsteht ein Summton. Je länger ich diesen Summton anhalten kann, desto ökonomischer gehe ich mit meinem Luftvorrat um. Wir lernen dabei, diesen Summton mit immer weniger Luft zu erzeugen. Der Ton wird dabei gleichzeitig klarer.

! --

2.2.4 Falsche Stimmlage

Viele Menschen kommen mit der Befürchtung in den Unterricht, sie sprächen zu hoch oder zu tief. Manche haben von sich aus das Gefühl, nicht in ihrer eigentlichen Stimmlage zu sprechen. Anderen hat man es (im besten Fall) gesagt, oder (weit häufiger) durch die Blume zu verstehen gegeben, sie sollten „doch etwas runtergehen mit der Stimme". Tatsache ist, dass die wenigsten Menschen ihre natürliche Sprechstimmlage auf Anhieb finden. Und ebenso unbestritten ist, dass wechselnde Emotionen die Stimme einmal höher, das andere Mal tiefer sitzen lassen.

Eine Veränderung der Stimmlage nach oben kommt am häufigsten vor, zum Beispiel bei Stress, Anspannung, Begeisterung oder Angst. Erinnern wir uns nur an die letzte lautstarke Auseinandersetzung. Mit zunehmender Erregung wurden die Stimmen schriller und höher. Auch Nervosität vor der ersten Moderation oder den ersten Nachrichten kann dazu führen, dass wir zu hoch sprechen. Zudem vermittelt unsere Sprechstimmlage dem Hörer ein (oft ungewolltes und unzutreffendes) Bild von uns selbst: „Wissenschaftliche Untersuchungen haben ergeben, dass zum Beispiel ein Mann mit einer verhauchten Stimme als jünger und künstlerischer empfunden wird, eine Frau wird als weiblicher, hübscher, schlanker, angespannter und oberflächlicher empfunden.

Bei einer Frau mit dünner Stimme vermutet man geringere soziale, physische, emotionale und geistige Reife sowie mehr Sinn für Humor und mehr Sensibilität.

Männer mit scharfer Stimme werden als älter und weniger nachgiebig und streitsüchtig eingeschätzt. Frauen mit scharfer Stimme empfindet man als jünger, emotionaler, angespannter und weniger intelligent.

Männer mit kehliger Stimme wirken älter, realistischer, reifer und gebildeter, Frauen männlicher, bäuerischer, insgesamt dumm und tölpelhaft."[43]

Eine Ausbildung der Stimme kann die eigene Wirkung also positiv verändern. Auf die Stimmlage bezogen heißt das: Sprechen Sie in der Ihnen eigenen Sprechstimmlage, der sogenannten *Indifferenzlage*. Da die Indifferenzlage ja über dem unteren Drittel unseres Sprechumfanges liegt, fällt es Ihnen immer leichter, mit Ihrer Stimme höher zu sprechen als tief.

Beim Sprechen in der Indifferenzlage haben Sie die größte Bandbreite an Gestaltungsmöglichkeiten, weil Sie hier ganz mühelos Ihren Stimmumfang nach oben und unten ausdehnen können. Außerdem ist es die Sprechweise mit dem geringsten Kraftaufwand.

Die Indifferenzlage zu finden, ist viel einfacher, als Sie denken: Zählen Sie in locker entspannter Haltung vor sich hin. Ihre Stimme wird sich auf einer Tonhöhe einpendeln, in der Ihnen das Sprechen am leichtesten fällt.

Dauernde Abweichungen von der Indifferenzlage, vor allem nach oben, können zu Stimmstörungen führen, weil hohe Töne eine erhöhte Muskelanspannung verlangen. Wenn Sie aus der Sauna kommen und so richtig entspannt sind, sprechen Sie automatisch richtig.

2.2.5 Näseln

Unter Intellektuellen ist es als besondere Art des Ausdrucks sehr verbreitet. Man spricht leise in der Nase und gibt sich damit einen besonderen Touch. Subjektiv fühlt sich das gut an, die Stimme brummt angenehm. Das Zuhören macht allerdings weniger Spaß.

Wenn Ihnen jemand sagt, Sie sprächen durch die Nase, lassen Sie es also einfach weg. Dabei ist nichts zu können. Sie dürfen sicher sein, dass es nicht schön ist,

---

[43] Addington, D., The Relationship of Selected Vocal Characteristics to Personality Perception; in: Speech Monographs, 35, 503. Zit. nach: Berger Lothar, Sprechausdruck in politischer Rede, in: Berger Lothar (Hrsg.), Sprechausdruck, Frankfurt a. M. 1984

auch wenn Ihnen Ihr Gefühl im Moment vielleicht etwas anderes sagt. Zusätzliche Hörbeispiele mit verschiedenen Stimmfehlern finden Sie auf der Website.

> **Zusammenfassung**
> 1. Sprechen Sie vorne!
> 2. Sprechen Sie mit lockerem Unterkiefer!
> 3. Sprechen Sie ohne Hauch, drücken Sie nicht auf die Stimme und sprechen Sie nicht in der Nase.
> 4. Je entspannter Sie sind, desto besser klingt Ihre Stimme.
> 5. Finden Sie Ihre natürliche Sprechstimmlage und näseln Sie nicht!

2.3 Phonetik

In der Phonetik geht es im Unterschied zur Stimmbildung, die sich mit dem *Klang* der Stimme beschäftigt, um die Festigkeit und Genauigkeit der *Aussprache*.

Klingen können nur die Vokale, während die Konsonanten lediglich Geräusche verursachen.

Deswegen ist der Gesang von Heino nicht nur eine Geschmacksfrage, denn das verzweifelte Bemühen, die Konsonanten zum Klingen zu bringen (das Wannnndern anstatt das Waaandern), ist von vornherein zum Scheitern verurteilt. Konsonanten klingen nicht, die brummen bloß. Und wenn Sie es doch versuchen, haben Sie einen Stil gefunden und verkaufen vielleicht CDs, aber Sie ignorieren die Gesetze von Sprache und Gesang.

2.3.1 Artikulation

Bedingt durch *Dialekt, Sprache der Eltern* und *Umgebung* fallen jedem Menschen bestimmte Vokale und Konsonanten schwer. Diese Schwierigkeiten sind individuell sehr verschieden. Was dem einen viel Mühe macht, ist für den anderen überhaupt kein Problem. Wenn Sie sich nur einmal die Schnellsprechsätze anschauen, die ich Ihnen am Ende des Buches zusammengestellt habe, werden Sie bald feststellen, dass Sie manche als sehr schwer empfinden, andere wiederum gar nicht.

Sehen Sie sich die schweren an und sprechen Sie sie so lange, bis Sie sich nicht mehr versprechen. Sie glauben gar nicht, wie sehr das trainiert. Aber Sie müssen natürlich laut sprechen, sonst nützt es überhaupt nichts.

Was Sie auf keinen Fall machen sollten, ist, die betreffende Stelle eines Textes, an der Sie sich versprochen haben, wie diese Schnellsprechsätze, endlos zu wiederholen. Das hat nämlich zur Folge, dass Sie vielleicht das sprecherische Problem beseitigen, aber Sie erhöhen Ihre Angst vor diesem speziellen Wort ganz enorm. Sollte dieses Wort in Zukunft auftauchen, werden Sie schon drei Zeilen vorher nervös und versprechen sich wahrscheinlich wieder.

Sie können aber aus dem Wort eine Übung machen, die Ihnen hilft, den Versprecher zu beseitigen, die aber nicht mehr an das Wort erinnert. Fachleute sprechen hier von einer „sinnleeren" oder „sinnentleerten Übung"[44]:

Versprecher tauchen vor allem da auf, wo sich die Konsonanten drängen, also wenn zum Beispiel das eine Wort mit einer Konsonantenhäufung endet und das nächste Wort mit mehreren Konsonanten beginnt. Zum Beispiel

Du erbst Schränke.

Sie können jetzt die Konsonantengruppe in der Mitte isolieren.

Du e -rbst Schr- änke

und erhalten

rbstschr

Das können wir aber ohne Vokal nicht sprechen und so setzen wir ein i davor und ein i dahinter. Jetzt können wir die Buchstabengruppe gut sprechen:

irbstschri

Wären Sie darauf gekommen, aus welchen Wörtern diese Buchstabengruppe entstanden ist?

Jetzt gehen Sie diese Übung mit allen Vokalen durch, und zwar in der Reihenfolge i-e-a-o-u-ä-ö-ü-ei-eu-au. Die Reihenfolge ist deswegen gegenüber dem Alphabet leicht geändert, weil das i der Vokal ist, der am weitesten vorne im Mund gebildet wird, das u der Vokal, der am weitesten hinten im Mund gebildet wird.

---

44 Aderhold, Egon, Sprecherziehung des Schauspielers, Wilhelmshaven 1977, S. 245 ff.

2.3 Phonetik

Ü Sprechen Sie laut:

irbstschri, erbstschre, arbstschra, orbstschro, urbstschru, ärbstschrä, örbstschö, ürbstschrü, eirbstschrei, eurbstschreu, aurbstschrau

! --

Gar nicht so einfach oder? Aber die Stelle, an der Sie jemandem erzählen, dass er Schränke erbt, wird sicher nie mehr ein Problem darstellen, wenn Sie diese Übung flüssig beherrschen.

◯ 65

Ü Gehen Sie die folgenden Beispiele mit allen Vokalen durch und überlegen Sie, welche Wortkombination sich hinter der Übung verbergen könnte.

i-e-a-o-u-ä-ö-ü-ei-eu-au

ichstli, inftstri, irkstri, ifstwi, irmpfli, ichpfli, ipfsti, impftpfli, irmstschwi, irschtdri, ichtskri, ipfstschwi

! --

Aus jedem Wort, das Sie zum Stottern bringt, können Sie jetzt eine Übung machen. Aus Regisseur wird rigissir, aus Authentizität wird itintizitit.

Die schwierigen Wörter, die Grundlage für unsere Übung waren, lauten:

nächstliegend, zukunftstrunken, Starkstrom, Tiefstwert, Arm pflegen, ich pflanze, Zapfstelle, impft Pflegekinder, schirmst schweigend, knirschst drohend, Weihnachtskrapfen, hüpfst schweigend.

Sie können jetzt noch einen Schritt weiter gehen und die Übungen nicht mehr aus konkreten Wortkombinationen herleiten, sondern einfach aus den Konsonanten bauen, mit denen Sie die meisten Schwierigkeiten haben. Hier ein paar besonders schöne Beispiele:

Ü Gehen Sie die folgenden Konsonantenübungen jeweils mit allen Vokalen durch:

i-e-a-o-u-ä-ö-ü-ei-eu-au

intridri, glikikli, pnibnitri, iptni, flipwli, strigrikri, pnininimi, dliti, tlidi, griptkliti, ilschizifri, kliquixi, ilkwri, ifiwichkisi, tißschidizi, wlischti, pfiglischi, ikpfni, jimpni, wripfri

! --

Auch wenn Sie sich normalerweise nicht versprechen, sind diese Übungen eine wunderbare Möglichkeit, die Deutlichkeit Ihrer Aussprache zu trainieren.

Je lauter Sie sprechen, desto deutlicher müssen Sie werden. Wenn Sie in einem Gespräch sagen Wir woll'n anfang'n ist das gutes Deutsch und absolut in Ordnung. Aber wenn Sie den Satz schreien, muss es heißen Wir wollen anfangen, selbstverständlich immer noch, ohne die beiden e in wollen und anfangen zu betonen. Das Gleiche gilt für das Sprechen von Lyrik. Auch hier ist Langsamkeit und Deutlichkeit besonders gefragt.

Aber übertreiben Sie es nicht. Unter allen Sprechern mit schlechten Angewohnheiten geht uns der am meisten auf die Nerven, der alles so überdeutlich artikuliert.

Ü Eine gute Artikulationsübung für die Deutlichkeit der Konsonanten ist folgende. Sprechen Sie die vier Wörter mit geflüsterter Stimme

Holzpflock, Herbstpflanze, Kunststück, Pfingstschmuck

! ---

Dadurch, dass Sie flüstern, den Vokalen also weniger Raum geben, können Sie die Konsonanten gut kontrollieren und die Geräuschlaute überprüfen. Am besten geht das mit einem Lehrer.

66

2.3.2 Übungen zur Aussprache

Die Ausspracheregeln der deutschen Sprache finden Sie an anderer Stelle[45]. Eine Sprache erlernen wir am leichtesten nicht durch die Beschäftigung mit ihren Regeln, sondern durch Nachahmung. Ich habe Ihnen hier in ein paar Aufgaben die häufigsten Fehler zusammengestellt, die mir in meinem Unterricht begegnen.

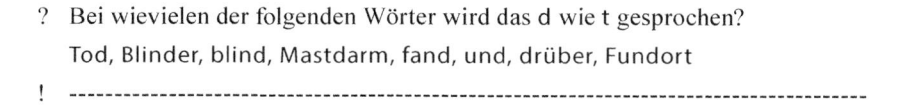

? Bei wievielen der folgenden Wörter wird das d wie t gesprochen?
Tod, Blinder, blind, Mastdarm, fand, und, drüber, Fundort

! ---

---

45 Aussprachewörterbuch, Duden Bd. 6, Mannheim, 6. Auflage, 2005 oder Siebs, Theodor, Deutsche Aussprache, Berlin 1969

2.3 Phonetik

Bei 5 Wörtern wird das d wie ein t ausgesprochen:
Tod, blind, fand, und, Fundort

? Welche der folgenden *Wortpaare* werden unterschiedlich ausgesprochen?
Weg – weg
wegen – wägen
sucht – Sucht
fing – Fink
herzog – Herzog
Uhrteil – Urteil
Vetter – fetter
Busse – Buße
bis – Biss
das – dass
tagt – Takt
mehr – Meer
Verse – Ferse
wieder – wider
Schoß – schoss
man – Mann
Ehre – Ähre
hält – Held
fällt – Feld
Stelle – Ställe
rußen – Russen
bohrt – Bord
flucht – Flucht
sinkt – singt

! --

Die folgenden Wortpaare werden unterschiedlich ausgesprochen:

Weg – weg
wegen – wägen
sucht – Sucht
fing – Fink
herzog – Herzog
Uhrteil – Urteil
Busse – Buße
tagt – Takt
Schoß – schoss
Ehre – Ähre
rußen – Russen
bohrt – Bord
flucht – Flucht
sinkt – singt

! ---

? Bei welchen der folgenden zusammengesetzten Wörter dürfen wir *vom einen zum anderen Wortteil binden?*
Abblasen, Taubenei, Strommesser, Stiefvater, Sauffest, überantwortet.

! ---

Binden dürfen wir nur bei Stiefvater. Der Strommesser, zum Beispiel, würde entweder ein Strom-Esser oder ein Stroh-Messer. Beim Stiefvater kann eine solche Verwechslung nicht entstehen, deswegen ist da die Bindung erlaubt. Auch beim Binden von abblasen und Sauffest entstünden neue Bedeutungen. Bei Taubenei und überantwortet ist das Binden im Deutschen nicht erlaubt.

? Wie viele Möglichkeiten, gibt es im Deutschen, ein *ch* zu sprechen?
! ---

Es gibt fünf Möglichkeiten, ein ch **zu sprechen:**
    als ch wie in ich, ärgerlich oder Sicht
    als ch wie in doch, machen oder Schacht

2.3 Phonetik

als k wie in Chaos oder Christine
als sch wie in Chef oder Chanson
als tsch wie in Couch oder Churchill

? Lesen Sie einmal laut vor!
Du wachst die ganze Nacht, aber du wachst als nächstes die Skier. Dabei sprichst und fluchst du ja immer über den Luchs.

! --
Die Buchstabenfolge chs zu sprechen, gibt es drei Möglichkeiten

chs = x wie in Luchs und wachst (die Skier)

chs = ich-ch und s wie in nächstes und sprichst

chs = ach-ch und s wie in fluchst oder in wachst
(die ganze Nacht)

? Bei welchen der folgenden Wortpaare entspricht die rechte Schreibweise mehr der *Aussprache des Wortes,* als die Originalschreibweise links?

Liter – Litter

Ursache – Uhrsache

werden – werrden

Geste – Gehste

Herde – Hehrde

Fabrik – Fabrick

Telefon – Tellefon

Reste – Rehste

Titel – Tiehtel

Wuchs – Wux

Dachs – Dax

Tag – Tahk

ob – op

nächst – nechst

Unfug – Uhnfug

Januar – Jannuar

! --

Folgende Schreibweisen kommen der Aussprache näher:

Ursache – Uhrsache
Herde – Hehrde
Titel – Tiehtel
Dachs – Dax
Tag – Tahk
ob – op
Januar – Jannuar

? Bei welchen der folgenden Wörter wird *das* ig *wie* ik *gesprochen?*
Honig, König, königlich, ewiglich, Ewigkeit, Königin, Königs
! --

Die Sache mit dem ig **ist ein bisschen kompliziert:**

- ig am Ende des Wortes wird zu ich, wie in Honig und König.
- ig mit der Endung lich wird wie ik ausgesprochen, wie in königlich, aber auch in ewiglich und lediglich.
- ig in dem Wort Königreich wird wie ik ausgesprochen.
- ig mit anschließendem Vokal bleibt ig wie in Königin oder wenige.
- ig mit Konsonant wird wieder zu ich, wie in Königs oder Predigt.
- Bei zusammengesetzten Wörtern bleibt es sonst bei der Endung ich, auch wenn der zweite Wortteil mit einem Vokal beginnt. Das ig in Heiligabend wird also wie ich ausgesprochen.

Das hindert viele Sender, vor allem im süddeutschen Raum, nicht daran, die Aussprache Könik nicht nur zu erlauben, sondern sogar zu fördern. Es kommt eben nicht immer darauf an, das Hochdeutsche konsequent anzuwenden.

So ist es oft ein Zeichen für ein ausgeprägtes Regionalbewusstsein, wenn man Wert darauf legt, dass schon an der Sprache zu hören ist, in welchem Sendegebiet man sich befindet. Wenn die vornehme Dame dann aber statt Teppich lieber Teppik sagt, da wird es dann albern und falsch.

Ein besonderes Problem sind die Eigennamen. Wenn in den Nachrichten ein neuer, fremder Name auftaucht, erleben wir in Deutschland ein eigenartiges Phänomen.

2.3 Phonetik

Die Nachrichtensprecher so mancher Sender bemühen sich, den Namen dieses Menschen oder Ortes so aussprechen, wie er in dessen eigener Sprache klingt – und kommen dabei zu abenteuerlichen Ergebnissen. In meiner Jugend hieß der polnische Arbeiterführer Lech Walesa in jedem Sender anders.

Ein Engländer oder ein Franzose würde einen deutschen Eigennamen englisch bzw. französisch aussprechen, aber er würde nie versuchen, den deutschen Klang zu erzeugen.

Das geht sogar so weit, dass man, von Belgien kommend, die Richtung nach Aachen nicht mehr findet, weil die Belgier „Aix la chapelle" schreiben. Der Bodensee heißt im Englischen „Lake Constance" und die Backstreetboys heißen in Spanien „Los chicos de la calle de atrás" und welche Musikgruppe sich hinter „Simplemente Rojo" verbirgt, können Sie jetzt leicht ahnen.Wir dagegen bestellen „zwei Espressi", um zu zeigen, wie gut wir italienisch können. Wir fliegen nach „MIami" und kommen aus „MiAMI", wir fliegen nach „Dubai" und kommen aus „DuBAI".

Die folgende Zusammenstellung allgemein zugänglicher Quellen (aus der 11. Auflage des Buches „Radio-Journalismus"[46]) soll die Suche nach der richtigen Aussprache erleichtern:

Die richtige Aussprache klären
- Aussprachedatenbank (ADB) der ARD. Beim Hessischen Rundfunk (Frankfurt/M.) angesiedelte Gemeinschaftseinrichtung der ARD. , rund um die Uhr online abrufbar als Transkription in Lautschrift sowie als mp3-Audiofile. Zugänglich für die Mitarbeiter der Landesrundfunkanstalten der ARD, für Mitarbeiter von Deutschlandradio, Deutscher Welle, ARTE, ORF (Österreich) und SRG SSR (Schweiz), sowie der deutschen Abteilung des italienischen Staatsfernsehens RAI.
- Duden Das Aussprachewörterbuch6. Auflage, Dudenverlag, Mannheim 2005)
- Krech, Eva-Maria; Stock, Eberhard; Hirschfeld, Ursula: Deutsches Aussprachewörterbuch. De Gruyter, Berlin/New York 2009. Mit DVD
- Leo. Online-Wörterbuch Deutsch/Englisch bwz. Französisch, Spanisch, Italienisch, Chinesisch, Russisch, Portugiesisch, Polnisch. Stichwörter aller Sprachen mit Audiofiles.http://dict.leo.org

---

46 La Roche/Buchholz (Hrsg.), Radio-Journalismus, München 2009

- Merriam-Webster. Online Wörterbuch Deutsch/Englisch (amerikanisch). Zu jedem Stichwort Definition, Beispiel, Herkunft und Audiofile. http://merriam-webster.com/
- Muhr, Rudolf: Österreichisches Aussprachwörterbuch. Österreichische Aussprachedatenbank. Verlag Peter Lang, Frankfurt 2008. Mit CD. Stichwörter transkribiert und als Audiofile, jeweils in der Lautung der deutschen Standardaussprache, des österreichischen und des schweizerischen Deutsch.

Dazu gibt es im Netz noch viele weitere Möglichkeiten. Zum Beispiel www.linguee.de. Sehr praktisch ist auch die kostenlose App von forvo, bei der man bequem über das Smartphone die Aussprache eines Wortes, das man eingegeben hat, vorgesprochen bekommt. Allerdings sind bei beiden die Ergebnisse nicht von einer Redaktion zusammengestellt, sondern von der „Netzintelligenz". So ganz sicher ist die Quelle also nicht.

Ob fremdsprachige Wörter so original wie möglich ausgesprochen oder aber eingedeutscht werden, entscheiden die Mitarbeiter der ADB pragmatisch. Es gilt die Formel „so original wie möglich, aber so deutsch wie nötig" Sie erlaubt einen weiteren Spielraum als die vor 1998 praktizierte Regel, ein Wort so auszusprechen, „dass der Hörer es am nächsten Tag in der Zeitung wiedererkennen kann".

Im Übrigen hat jeder die Freiheit, seinen eigenen Namen so auszusprechen, wie er es möchte. Wenn es irgendwann dann wichtig sein sollte, diesen Namen öffentlich zu nennen, müssen wir uns nach der Vorgabe des Namensträgers richten.

? Lesen Sie einmal den folgenden Satz

Karl Valentin kam am Valentinstag an den Chiemsee, um von China zu erzählen, das er nach einem Urlaub in Chile wegen des Champagners besucht hatte.

! ---

Karl Valentin sprechen wir mit „F", weil er entschieden hat, dass er so heißt, aber den Valentinstag mit „W", den Chiemsee mit „K", weil die Bayern das so entschieden haben, aber China in jedem Fall mit „ich-ch", und Chile sprechen wir als „Tschile", wohingegen es aber wieder Schampagner heißt. Einfach kompliziert.

Dazu noch eine Aufgabe:

2.3 Phonetik

? Lesen Sie laut und denken Sie über die Aussprache nach!
Bayernkönig Ludwig braucht in Ludwigsburg kein Denkmal.

!

Das ig in Bayernkönig wird wie ich ausgesprochen, der Bayernkönig selbst wird aber Ludwik ausgesprochen, wie im Beitrag über Eigennamen schon besprochen. Er hat gesagt, er heiße Ludwik, und deswegen müssen wir ihn auch so nennen. Dafür wird das ig in dem Wort Ludwigsburg wieder eindeutig wie ich ausgesprochen.

In einer literarischen Vorlage können wir nun niemanden fragen, wie die Orts- und Eigennamen auszusprechen sind, also entscheiden wir uns für eine Aussprache, die begründet sein sollte und die wir dann aber den ganzen Text strikt durchhalten müssen. Sprechen Sie den unbekannten Namen ein paar Mal, bis Sie damit keine Schwierigkeiten mehr haben und lesen Sie, als hieße so ein guter Freund von Ihnen. Je öfter etwas wiederholt wird, desto perfekter muss es sein.

Ihre Zuhörer dürfen nicht das Gefühl haben, dass da jemand einen unaussprechlichen Namen hat.

Je bekannter ein Text ist, desto mehr empfiehlt sich eine gründliche Recherche in dieser Richtung.

Wenn Sie in diesen Übungen Fehler haben, ärgern Sie sich nicht oder regen sich darüber auf, dass Ihr eigener Vorschlag doch logischer sei als die Aussprache, die den Regeln entspricht. Unsere Sprache ist nicht logisch.

Und das Sprechen war ja schließlich zuerst da. Die Schrift ist nur eine ungenügende Rekonstruktion der gelauteten Sprache.

Jörg Jesch schreibt dazu: „Zwar ist im Deutschen die Entsprechung von Lautwert und Buchstabenwert erheblich größer als etwa im Englischen oder Französischen, doch die Abweichungen sind noch recht groß… Ein Hauptgrund für die Diskrepanz zwischen Buchstabe und Laut ist darin zu sehen, dass man die Buchstaben der lateinischen Sprache, die ja nur für diese selbst galten, übernahm, ohne dass neue spezifische Zeichen für den deutschen Lautstand entwickelt wurden."[47]

Der Buchstabe e zum Beispiel, steht im Deutschen für fünf verschiedene Laute. Und wenn dann jemand, der sich Mühe gibt, Hochdeutsch zu sprechen, aus einem unbetonten e in dem Wort Damen das lange geschlossene e aus dem Wort Weg macht, hören wir seine Mühe sofort heraus, weil sie komisch wirkt.

---

47 Jesch, Jörg, Grundlagen der Sprecherziehung, Berlin 1973, S. 32

Guteeehn Abeeehnd meineeeh Dameeehn und Heeehrreeehn.
Es ist das gleiche Zeichen, aber ein völlig anderer Laut.

Für ein und denselben Laut gibt es umgekehrt oft auch sehr verschiedene Schreibweisen. Laut Duden ist es das lange geschlossene o mit 9 Möglichkeiten im Schriftlichen. Da gibt es das einfache o wie in Boden. Durch ein zusätzliches h ändert sich nichts, wie bei Ohr, auch wein zweites O wie in Boot ändert nichts an der Aussprache. Dasselbe gilt für ein zusätzliche e oder i, also für Laute, die mal Dehnungslaute waren, wie in Oer-Erkenschwick oder in Troisdorf. Und dann kommen noch ein paar Wörter aus anderen Sprachen dazu, wie Bordeaux, Eau de Cologne, Bowle oder Fauxpas.

Begriffe aus einer anderen Sprache in einem deutschen Text können noch ganz besondere Schwierigkeiten verursachen. Stellen wir uns eine Abhandlung über Computer vor, in der viele englische Ausdrücke vorkommen, für die es im Deutschen keine Entsprechung gibt. Das r wird zum Beispiel im Englischen ganz anders gesprochen als im Deutschen.

? Sprechen Sie einmal dieses Wort:

   Producerin

! --

Das erste r sollte am besten, wie im Englischen, gerollt werden, das zweite r in dem deutschen Anhängsel an das englische Wort, wird aber deutsch ausgesprochen, also mit Rachen-r.
   Texte dieser Art verlangen also eine sehr gute Kenntnis der fremden Sprache, wenn sie wirklich gut gelesen werden wollen. Die Galloway-Rinder und der McGraw-Graben sind schwierig. Ebenso wie Ricardo im Red Bull Rennwagen, der Briefing-Raum, die Getränke-Range oder die Goal-Keeperin.

2.3.3 Hilfsmittel

Sollten Sie ein Buch über Sprecherziehung kaufen wollen, mit dem Sie Schwierigkeiten der Aussprache trainieren können, empfehle ich Ihnen die sprechtechnischen Übungen von Felix Rellstab[48]. Es ist eine wunderbare Sammlung von Übungstexten,

---

48 Rellstab, Felix, Sprechtechnik-Übungen, Wädenswil 1974

geordnet nach Vokalen, Konsonanten und besonderen sprecherischen Problemen der Aussprache.

Das Korkensprechen geistert immer noch durch die Fachliteratur und wird sogar für sehr wertvoll gehalten[49], aber ich halte es, wie die meisten Kollegen, für schädlich.

Einen Korken zwischen die Zähne zu klemmen, um damit deutlich sprechen zu lernen, war viele Jahrzehnte eine beliebte Methode. Man ging davon aus, dass der Korken eine verstärkte Lippenbewegung bei der Artikulation bewirkt, die anschließend der Deutlichkeit beim Sprechen zugute kommen sollte. Heute wird aber in vielen Publikationen dringend davor gewarnt. Aderhold[50] z. B. hält die Arbeit mit dem Korken nicht nur für sinnlos, sondern auch für gefährlich.

Leider kann der Korken zu einem S-Fehler führen, da die Zunge nur ungenügend eingesetzt werden kann, und vor allem kann er einen starren Unterkiefer zur Folge haben, der den Korken festhalten muss. Über das Problem des festen Unterkiefers und seine Folgeerscheinungen habe ich ja an anderer Stelle ausführlich gesprochen.

Dass Demosthenes sprechen gelernt hat, indem er mit einem Mund voller Kieselsteine redete und dabei womöglich noch gegen das Rauschen des Meeres anschrie, dürfte eine Erfindung griechischer Fremdenführer sein. Sprechen lernen kann man so nicht.

Wenn Sie während der sprecherischen Ausbildung eine Zeit lang ein bisschen durcheinander geraten, ist das ganz normal. Jeder Eingriff in einen bisher automatischen Ablauf hat eine kurzzeitige Störung des Ablaufs zur Folge. Trotzdem ist diese Störung nötig, um Ihre Sprechweise zu korrigieren und die neue Sprechweise im Unterbewusstsein zu verankern. Das ist in den meisten Fällen eine Fleißaufgabe, und der Erfolg stellt sich am schnellsten durch ständige Wiederholung der richtigen Aussprache ein.

Und wenn Sie eine Sprechausbildung machen, teilen Sie das Ihrer Umgebung mit, um auch beim privaten Sprechen auf die Stimme achten zu können. Wenn Sie jeden Tag trainieren, kommen Sie ungleich schneller vorwärts.

---

49 Coblenzer, Horst und Muhar, Franz, Atem und Stimme, Wien, 5. Auflage 1976, S. 86
50 Aderhold, Egon, Sprecherziehung des Schauspielers, Wilhelmshaven, 2. Aufl. 1983, S. 43 und S. 238

> **Zusammenfassung**
> 1. Nur Vokale klingen.
> 2. Trainieren Sie schwierige Wörter nicht durch Wiederholungen, sondern mit sinn-entleerten Übungen.
> 3. Benutzen Sie keinen Korken bei Ihren Sprechübungen!

2.4 Stimmstörungen

Was tun, wenn Ihre Stimme plötzlich rau und belegt ist, wenn das Sprechen weh tut oder Sie kaum zu verstehen sind?

Dann ist es eigentlich schon zu spät und es bleibt Ihnen nichts anderes übrig, als abzuwarten, bis die Stimme wieder in vollem Umfang zur Verfügung steht. Denn das beste Mittel, seine Stimme wiederzubekommen, ist: einfach nicht mehr zu sprechen. Treten die Stimmstörungen häufiger auf, sollten Sie der Ursache auf den Grund gehen. Eine stimmliche Beeinträchtigung durch einen Schnupfen oder Husten ist völlig normal, aber regelmäßige Schmerzen im Kehlkopf sind es nicht.

Wenn die Stimme oft weh tut und Sie ständig das Gefühl haben, sich räuspern zu müssen, kann es sein, dass Sie Ihre Stimme falsch einsetzen. In den meisten Fällen sprechen Sie dann zu weit hinten, wie im Beitrag über Stimmbildung erläutert. Gerade wenn Sie mit einer hinten sitzenden Stimme viel ge- schrien haben, ist die Stimme irgendwann weg.

Ein Übermaß an Alkohol und Nikotin kann ebenfalls Auswirkungen auf die Sprechweise haben, besonders dann, wenn eine Stimme noch nicht richtig ausgebildet ist. Alkohol verbessert das subjektive Befinden, aber nicht die objektive Leistung, und die der Stimme schon gar nicht.

Die Raumheizung ist ein weiterer wichtiger Faktor für das Wohl Ihrer Stimme. Ich empfehle Ihnen das hochinteressante Buch von Alfred Eisenschink mit dem Titel „Falsch geheizt ist halb gestorben"[51], das die Thematik sehr ausführlich beleuchtet. Eisenschink weist meiner Meinung nach sehr schlüssig nach, dass es nicht die trockene Luft ist, die dem Menschen schadet, sondern der Staub in der Luft. Und der hängt wiederum von der Heizungsart ab. Staub in der Luft kann also

---
51 Eisenschink, Alfred, Falsch geheizt ist halb gestorben, Gräfelfing, 7. Auflage 1994

2.4 Stimmstörungen

auch eine Ursache für Stimmstörungen sein. Eine Fußbodenheizung zum Beispiel ist für jemanden, der mit seiner Stimme arbeitet, daher eher ungünstig.

Sämtliche Krankheiten, die sich auf die Stimme auswirken, sowie den Bereich der psychosomatischen Erkrankungen müssen wir ausklammern, weil er zu umfangreich wäre.

Das können Sie tun, wenn die Stimme wie ein Reibeisen klingt, höllisch weh tut, aber Sie gezwungen sind, zu sprechen:

- Sprechen Sie leise, aber flüstern Sie nicht, sonst verschwindet auch noch der Rest Ihrer Stimme.
- Halten Sie Ihren Hals warm, am besten mit einem Seidenschal. Oder kühlen Sie Ihren Hals. Wenn man eine Stimmstörung als Schwellung auffasst, geht die Schwellung nach einer entsprechenden Kühlung zurück. Probieren Sie aus, was Ihnen hilft.
- Kein Alkohol, kein Nikotin, keine heißen Getränke (die eine bestehende Entzündung im Halsbereich ja fördern würden).
- Und wenn Ihnen ältere Schauspieler, Sänger, Sprecher oder Moderatoren unter dem Siegel der Verschwiegenheit ihre Patentrezepte anbieten, vom Gurgeln mit warmem Bier bis zum Lutschen von Butter, können Sie gerne alles ausprobieren. Solange es Ihnen hilft, ist dagegen nichts einzuwenden.

Zusammenfassung
1. Wenn Sie oft einen trockenen Hals haben, denken Sie über Ihre Raumheizung nach!
2. Flüstern Sie nicht bei Heiserkeit.
3. Am schnellsten verschwindet die Heiserkeit, wenn Sie gar nicht sprechen.
4. Vermeiden Sie Alkohol und Nikotin bei Stimmstörungen!

2.5 Versprecher

Es gibt kaum etwas, wovor Sprecher größere Angst haben als vor einem Versprecher.

Was aber könnte Ihnen im schlimmsten Fall passieren?
Stellen Sie sich das in allen Einzelheiten vor! Wie würden Sie sich fühlen, was würden Ihre Zuhörer denken? Was würden Sie denken, wenn Sie jemandem in so einer Situation zuhören würden? Vielleicht verlieren Sie so die Angst vor Versprechern. Doch sie unterlaufen selbst dem geübten Profi.

Also am besten einfach korrigieren und kommentarlos weitersprechen. Keiner Ihrer Zuhörer wird einen kleinen Stolperer übelnehmen. Manchmal tritt sogar das Gegenteil ein. Die Hörer mögen es, wenn nicht alles so technisch perfekt abläuft. Andererseits vermischt der Zuhörer sehr schnell Form und Inhalt.

> „Nach allen empirischen Untersuchungen sehen mehr als 75 Prozent der Radio-Hörer eine versprecherfreie und sichere Präsentation als wichtigstes Element einer kompetenten Nachrichten-Sendung an"[52].

Der Hörer glaubt also Nachrichten eher, die perfekt vorgetragen werden. Ein Versprecher schafft unter Umständen *Sympathie,* ein perfekter Vortrag aber vermittelt *Kompetenz.*

Finden Sie nach der Sendung heraus, warum Sie sich versprochen haben!

- Waren Sie abgelenkt?
- Haben Sie an etwas anderes gedacht?
- Waren Sie unzureichend vorbereitet?
- War etwas vielleicht nicht so, wie es sonst ist?

Finden Sie heraus, was es war, und versuchen Sie, es für das nächste Mal abzustellen, oder gewöhnen Sie sich daran. Eine Gefahr, die man kennt, hat schon einen Teil ihres Schreckens verloren.

Es kann auch ganz konkrete Ursachen für Versprecher geben. Das heißt, dass der Sprecher unterbewusst etwas anderes sagen will als das, was er sagt. Die tiefenpsychologische Begründung können wir uns von Sigmund Freud geben lassen.[53]

---

52 Zehrt, Wolfgang, Hörfunk-Nachrichten, Konstanz 1996, S. 16
53 Freud, Sigmund, Vorlesungen zur Einführung in die Psychoanalyse, Frankfurt a. M. 1991, S. 23 ff.

2.5 Versprecher

Dass einem Versprecher sofort der nächste folgt, dieses Risiko ist leider groß, weil Sie in Ihren Gedanken noch bei der Unglücksstelle sind und sich deswegen schon beim nächsten Satz verhaspeln.

Also keine Panik, und vor allem nicht während des Sprechens darüber nachdenken, warum gerade Ihnen ausgerechnet dieser Versprecher unglücklicherweise gerade an diesem Tag passiert ist. Forschen Sie erst hinterher nach möglichen Ursachen, um für das nächste Mal zu lernen.

Vielleicht ist es ja noch zu früh. Lachen Sie nicht! Die Stimme braucht nach der Nacht im Bett eine gewisse Zeit, ehe sie richtig „sitzt". Wenn jemand Sie telefonisch aus dem Schlaf reißt, können Sie sich noch so gut gelaunt melden, er wird sofort hören, dass er Sie geweckt hat.

Sie müssen lange suchen, bevor Sie einen Stimmbildner oder Gesangslehrer finden, der Ihnen vor 11 Uhr Unterricht gibt.

Schwierig ist es besonders dann, wenn Sie vor der Sendung oder dem Unterricht oder dem Vortrag mit niemandem gesprochen haben. Ihre Stimme ist auf die Sprechleistung, die sie nun aus dem Stand vollbringen soll, nicht vorbereitet.

Machen Sie Ihre Stimme warm, bevor Sie sie gebrauchen, genauso wie der Sportler, der sich warm läuft. *Sprechen* Sie, *summen* Sie, machen Sie *Sprechübungen* oder *unterhalten* Sie sich. Aber gehen Sie nicht direkt aus dem Bett hinters Mikrofon oder vor die Kamera oder ins Seminar. Im Zweifelsfall müssen Sie früher aufstehen.

Für lange und schwierige Wörter, bei denen es leicht zu Versprechern kommen kann, noch ein guter Tipp von Wolfgang Zehrt[54]. Er empfiehlt, komplizierte Namen oder unaussprechbare chemische Substanzen mit Bindestrichen aufzuschreiben:

Elek-trizi-täts-werke

Per-chlor-ätylen-dämpfe

Manchmal liegt die Schwierigkeit eines Wortes ja einfach in seiner Länge. Die laut Duden längsten Wörter im Deutschen sind im Moment Grundstücksverkehrsgenehmigungszuständigkeitsübertragungsverordnung und Rindfleischetikettierungsüberwachungsaufgabenübertragungsgesetz. Aber das kann sich jederzeit verlängern. Zum Beispiel wenn ich das Wort Witz oder Satz hinten an die Wörter anfüge, oder...

---

54 Zehrt, Wolfgang, Hörfunk-Nachrichten, Konstanz 1996, S. 132

? Versuchen Sie einmal, den folgenden Text fehlerfrei vorzulesen. Wenn Sie eine gute Lesetechnik haben, wird Ihnen das sofort gelingen, und Sie können zur nächsten Übung weitergehen.
Diejenigen, die sich bei diesem Text oft versprechen oder verlesen, sollten ein paar Gedanken darauf verschwenden, warum sie das tun.

Sommermädchenküssetauschelächelbeichte

An der Murmelrieselplauderplätscherquelle
Saß ich sehnsuchtstränentröpfeltrauerbang:
Trat herzu ein Augenblinzeljunggeselle In verweg'nem Hüfteschwingeschlendergang,
Zog mit Schäkerehrfurchtsbittegrußverbeugung
Seinen Federbaumelriesenkrempenhut –
Gleich verspürt' ich Liebeszauberkeimeneigung,
War ihm zitterjubelschauderherzensgut!
Nahm' er Platz mit Spitzbubglücketückekichern,
Schlang um mich den Eisenklammermuskelarm:
Vor dem Griff, dem grausegruselsiegessichern,
Wurde mir so zappelseligsiedewarm!
Und er rief: „Mein Zuckerschnuckelputzelkindchen,
Welch ein Schmiegeschwatzeschwelgehochgenuss!"
Gab mir auf mein Schmachteschmollerosenmündchen
Einen Schnurrbartstachelkitzelkosekuss.
Da durchfuhr mich Wonneloderflackerfeuer – Ach, das war so überwinderwundervoll...
Küßt' ich selbst das Stachelkitzelungeheuer, Sommersonnenrauschverwirrungsrasetoll!
Schilt nicht, Hüselkeifewackeltrampeltante, Wenn dein Nichtchen jetzt nicht knickeknirschekniet,
Denn der Plauderplätscherquellenunbekannte Küßte wirklich wetterbombenexquisit!
Hanns v. Gumppenberg[55]

! ---

Der Grund für Versprecher in diesem Test ist in erster Linie der, dass wir erst nachdenken müssen, aus welchen einzelnen Begriffen das lange Wort zusammen-

---

55 Gumppenberg, Hanns von, zit. nach: Deutsche Unsinnspoesie, Hrsg. K. P. Dencker, Stuttgart 1978

2.5 Versprecher

gesetzt ist. Das kostet Zeit. Wenn wir aber schon beim Schreiben die einzelnen Begriffe ganz klar trennen, indem wir sie durch *Bindestriche* voneinander absetzen, fällt das Lesen ungleich leichter. Um das zu üben, lesen Sie den Text von H. v. Gumppenberg so, wie Zehrt das vorgeschlagen hat:

An der Murmel-riesel-plauder-plätscher-quelle
Saß ich sehnsuchts-tränen-tröpfel-trauer-bang:
Trat herzu ein Augen-blinzel-jung-geselle
In verweg'nem Hüfte-schwinge-schlender-gang,
Zog mit Schäker-ehrfurchts-bitte-gruß-verbeugung
Seinen Feder-baumel-riesen-krempen-hut – Gleich verspürt' ich Liebes-zauber-keimeneigung,
War ihm zitter-jubel-schauder-herzens-gut!
Nahm' er Platz mit Spitzbub-glücke-tücke-kichern,
Schlang um mich den Eisen-klammer-muskel-arm: Vor dem Griff, dem grause-grusel-siegessichern,
Wurde mir so zappel-selig-siede-warm!
Und er rief: „Mein Zucker-schnuckel-putzelkindchen,
Welch ein Schmiege-schwatze-schwelge-hochgenuss!"
Gab mir auf mein Schmachte-schmolle-rosenmündchen
Einen Schnurrbart-stachel-kitzel-kose-kuss.
Da durchfuhr mich Wonne-loder-flacker-feuer – Ach, das war so über-winder-wunder-voll... Küsst' ich selbst das Stachel-kitzel-un-geheuer,
Sommer-sonnen-rausch-verwirrungs-rase-toll!
Schilt nicht, Hüsel-keife-wackel-trampel-tante, Wenn dein Nichtchen jetzt nicht knicke-knirsche-kniet,
Denn der Plauder-plätscher-quellen-un-bekannte Küsste wirklich wetter-bomben-exquisit!

Wenn Sie jetzt allen Druck herausgenommen haben und ein Wort nach dem anderen gelesen haben, dürfte Ihnen der Vortrag dieses Textes viel leichter gefallen sein.

Besonders wichtig ist das Eintragen von Trennstrichen, wenn sich die Bedeutung des Wortes verschiebt, je nachdem, wie wir trennen, zum Beispiel bei Druckerzeugnis, Gelbrand oder Postfacharbeiter.

Sollte für Sie persönlich ein Begriff oder Name schwierig auszusprechen sein, so empfiehlt es sich nach meiner Erfahrung, den betreffenden Satz umzuschreiben. Setzen Sie den schwierigen Begriff an den Anfang oder an das Ende des Satzes als einen eigenen Gedanken, und das Lesen fällt deutlich leichter.

World of warcraft – das ist ein Computerspiel, dass…
Die meisten benutzen dafür lieber das Fachwort: Ingredienzien.

Zusammenfassung
1. Machen Sie sich klar, dass Ihnen niemand einen Versprecher übelnimmt!
2. Denken Sie über Versprecher erst nach, wenn Sie mit dem Vortragen fertig sind!
3. Wärmen Sie Ihre Stimme auf!
4. Entzerren Sie schwierige Wörter durch Bindestriche!
5. Setzen Sie schwierige Wörter an Anfang oder Ende ihrer Satzkonstruktion.

2.6 Schön sprechen

Sprechen Sie unter keinen Umständen „schön"! Sprechen Sie dialektfrei, vorne, deutlich, fest, akzentuiert, aber sprechen Sie bitte nicht „schön"!

Was bedeutet „schön sprechen" denn anderes, als dass sich der Sprecher wichtiger macht, als er eigentlich ist. Haben Sie bei einer guten Nachrichtensendung einmal darüber nachgedacht, wie der Herr oder die Dame spricht? Sehen Sie! Und das können die Tagesschausprecher durchaus als Kompliment auffassen.

Auch in Dichterlesungen und Vorträgen halte ich eine Gestaltung, in der es nur um die Ästhetik geht, für völlig fehl am Platz. Die Bemühung, etwas sprecherisch gut zu verkaufen, erzeugt eher Unbehagen, wenn sie denn bemerkt wird. Außer natürlich bei den Fans des Vortragenden. Aber die lieben ihn unabhängig von dem, was er sagt.

Es gibt wirklich den Fall, dass ich hören möchte, wie der Dichter selbst seine eigenen Texte liest, auch wenn es Profis gäbe, die das besser könnten. Aber des Dichters Art zu lesen schließt mir den Text vielleicht noch anders auf und führt mich zu neuen Erkenntnissen. Da liegt das Vergnügen dann weniger im Vortrag als in der Art der Interpretation.

Zusammenfassung
1. Sprechen Sie nicht schön!
2. Gestalten Sie Texte nie unabhängig vom Inhalt!

2.7 Mimik und Gestik

Mimik und Gestik sind Teil Ihrer Botschaft. Im günstigsten Falle unterstreichen sie, was Sie mit Worten sagen. Ja sie werden sogar besser verstanden als das, was Sie sagen.

Auch für einen Radiosprecher kann Arbeit mit Mimik und Gestik eine Hilfe sein: Setzen Sie sich so, dass Ihre Hände sich bewegen können, anstatt sich mit einem zu niedrigen Stuhl hinter einem hohen Tisch zu verstecken. Halten Sie nichts fest, sondern legen Sie Ihr Manuskript nach Möglichkeit auf den Tisch und krallen Sie die Hände nicht um die Tischplatte. Auch das Mikrofon funktioniert besser, wenn Sie es nicht festhalten.

Lassen Sie Ihre Hände sich frei bewegen! Es ist nicht zu unterschätzen, wie viel überschüssige Energie (die zum Beispiel durch Nervosität entsteht) beim Bewegen der Hände abfließen kann. Verhindern Sie diesen Bewegungsdrang, fließt die Spannung in Ihre Sprechweise ein. Sie sprechen vielleicht überakzentuiert oder drücken auf die Stimme. Lassen Sie Ihre Hände einfach frei. Auch wenn es niemand sieht, man wird es hören.

Bei Maximilian Weller[56] finden wir eine sehr schöne Anekdote von Max Reinhardt, der den Schauspielern, die bei ihm vorsprachen, beim zweiten Versuch verbot, die Hände zu bewegen. Wem das gelang, den hat er auf keinen Fall engagiert.

Synchronsprecher sprechen teilweise mit Händen und Füßen, weil ihnen das hilft, sich in ihre Figur hineinzuversetzen.

Ich weiß, dass Trainer für Telefonverkäufer diesen empfehlen, beim Telefonieren Jackett und Krawatte anzuziehen, um bei sich selbst die richtige Motivation zu erzeugen. Da ist durchaus eine Wechselwirkung vorhanden.

Sollten Sie in einem Studio sitzen, kann es Ihnen helfen, sich eine konkrete Person vorzustellen, für die Sie lesen. Je direkter Sie den Hörer ansprechen, desto lieber wird er Ihnen zuhören. Das kann Ihnen auch helfen, Spannung abzubauen. Eine Person, der ich etwas erzähle, macht mich viel weniger nervös, als wenn ich anfange darüber nachzudenken, wer denn da so alles zuhören könnte...

Bei einer Veranstaltung, beim Sprechen vor einer Gruppe von Menschen oder vor der Kamera sind Mimik und Gestik natürlich ungleich wichtiger. Auf die sehr

---

56 Weller, Maximilian, Das Buch der Redekunst, Düsseldorf, 2. Aufl. 1955

häufig gestellte Frage, was man denn da mit den Händen macht, gibt es also nur eine Antwort: Man lässt sie frei. Geben Sie dem natürlichen Bewegungsdrang Ihrer Hände nach, verknoten Sie sie nicht ineinander und sperren Sie sie nicht in die Hosentaschen. Wenn Sie zu Anfang Ihrer Rede die Hände losgelöst voneinander halten oder einfach hängenlassen, werden sie sich ganz von allein selbständig machen. Es gibt eine Fülle von Literatur, in der alle Aspekte von Mimik und Gestik hinreichend behandelt. Neben meinem Buch „Frei sprechen"[57] seien Ihnen die Bücher von Altmann[58] oder Fricke[59] besonders empfohlen.

Schneller geht es natürlich in einem guten Rhetorikkurs, denn dort lernen Sie unmittelbar, wie man vor einer Gruppe spricht. Auch der regelmäßige Besuch einer örtlichen Toastmastergruppe (www.toastmasters.org) kann helfen, seine rhetorischen Fähigkeiten deutlich zu verbessern.

Zusammenfassung
1. Ihre Hände sollen sich frei bewegen können.
2. Im Zweifelsfalle schlägt die Körpersprache die Wortaussage.

2.8 Lampenfieber

Lampenfieber ist nichts Besonderes. Eine gewisse Anspannung und Nervosität vor dem ersten Auftritt, einer wichtigen Sendung oder einer Rede vor einer Gruppe von Menschen ist ganz normal. Es gibt ganz wenige Schauspieler, Moderatoren und Sprecher, die behaupten, keinerlei Lampenfieber mehr zu haben. Im Gegenteil, manche sind der Meinung, dass gerade die Anspannung durch das Lampenfieber zum guten Gelingen beiträgt.

Bei einem Sprecher legt sich das Lampenfieber wohl sehr bald nach den ersten Sendungen, aber bei einer wichtigen Sendung oder einem neuen Format oder einem sehr prominenten Studiogast kann es wieder da sein.

---

57 Rossié, Michael, Frei sprechen in Radio, Fernsehen und vor Publikum, 6. Auflage, Wiesbaden 2017
58 Altmann, Hans Christian, Wie man frei spricht und seine Zuhörer fesselt, Kissing, 1982
59 Fricke, Wolfgang, Frei reden, Köln 1991

2.8 Lampenfieber

Wenn Sie allerdings unter übersteigertem Lampenfieber leiden, Sie vorher Schweißausbrüche haben, tagelang nicht schlafen können und durch das bevorstehende Ereignis vollkommen blockiert sind, dann empfehle ich Ihnen einen Therapeuten.

Das beste Mittel gegen Lampenfieber ist immer noch eine gute Vorbereitung. Wenn Sie alles getan haben, haben Sie auch keinen Grund, sich unsicher zu fühlen.

Bereiten Sie auch die technischen Geräte, die Sie brauchen, gut vor und sehen Sie sich den Ort genau an, an dem Sie sprechen werden.

- Suchen Sie nach knarrenden Dielen,
- überprüfen Sie Mikrofonständer und Stehpulte,
- sehen Sie sich den Stuhl und die Unterlage für Ihr Manuskript im Studio genau nochmal an
- und richten Sie sich in Ruhe ein.

Ich hatte einmal einen Auftritt auf einem Schwabinger Straßenfest. Alles hatte ich vorher genau kontrolliert und war alle Wege abgegangen. Nur tat ich das leider bereits zwei Stunden vor der Veranstaltung. In der Zwischenzeit hatte man ein großes Schild aufgehängt, an dem ich mir prompt den Kopf angestoßen habe. Ein großer Lacher fürs Publikum, aber für mich alles andere als lustig.

Äußert sich Ihre Nervosität in einer starken Überspannung, das heißt, laufen Sie dauernd herum, wippen mit den Füßen, trommeln mit den Fingern, sollten Sie in einer ruhigen Minute überlegen, wie Sie diese Spannung in Zukunft vorher abbauen können. Egal ob Meditation, Yoga, autogenes Training, Jogging über 10 Kilometer oder etwas Ähnliches, probieren Sie aus, was Ihnen gut tut. Körperliche Anspannung kostet einen großen Teil unserer Aufmerksamkeit, die dann für unseren Vortrag nicht mehr zur Verfügung steht. Bauen Sie Ihre Spannungen vorher ab.

Stanislawski[60], ein bekannter russischer Schauspiellehrer, ließ einen seiner Schüler auf die Bühne treten und ihn einen Flügel um ein paar Zentimeter anheben. Dabei stellte er ihm eine ganz einfache Rechenaufgabe, die der Schüler aber erst beantworten konnte, nachdem er den Flügel wieder abgesetzt hatte.

Nur schlafen Sie nicht dabei ein. Das wäre sicher die schlechteste Vorbereitung. Überspannung ist also genauso ungünstig wie eine Unterspannung, die auch als Gleichgültigkeit oder mangelnde Kompetenz gedeutet werden kann.

---

60 Stanislawski, Die Arbeit des Schauspielers an sich selbst, Berlin 2001

Wenn Sie beim Sprechen stehen, fühlen Sie den Kontakt zum Fußboden. Steht Ihr Unterkörper fest auf dem Boden, gibt Ihnen das ein sicheres Gefühl. Möglichst keine Schuhe mit hohen Absätzen! Die leiseste Unsicherheit im Unterkörper kann sich sofort auf Ihre Stimme übertragen.

Im Sitzen gilt das Gleiche. Meine Lehrerin hat immer gesagt: „Im Sitzen ist der Po die Füße." Sitzen Sie nicht auf der Kante, sondern sorgen Sie dafür, dass Sie ganz auf einem stabilen Stuhl sitzen, der sich vor allem auch nicht dauernd dreht.

Schreiben Sie Ihr Manuskript groß genug, ein Gedanke pro Zeile, die Betonungen teilweise hineingeschrieben. Keine Tippfehler, viel Zwischenraum zwischen den Zeilen, keinen Gedanken von der einen zur anderen Seite überlappen lassen.

Ist Ihre Stimme vorbereitet? Haben Sie sich heute schon genügend unterhalten? Machen Sie ein paar Stimmübungen, lesen Sie etwas laut oder unterhalten Sie sich, bevor Sie vor die Gruppe oder auf Sendung gehen.

Atmen Sie ein paar Mal ganz tief durch, bevor es los geht, und konzentrieren Sie sich besonders auf das Ausatmen. Das beruhigt, und ihre Stimme klingt fester.

Fangen Sie langsam an. Nach den ersten Sätzen verschwindet die Nervosität. Wenn Sie den Anfang geschafft haben, geht es wie von selbst weiter.

Sollten Sie sich doch versprechen, korrigieren Sie und sprechen weiter. Kein Zuhörer nimmt einen Versprecher übel, wohl aber die Unsicherheit, die sich aus einem Versprecher ergeben kann.

Üben Sie nicht während des Sprechens. Wenn Sie reden, sprechen oder vortragen müssen, vergessen Sie Ihre Übungen und denken Sie vor allem nicht darüber nach, ob das, was Sie gerade gesagt haben, richtig war. Auch hier können Sie Ihre Aufmerksamkeit nicht gleichzeitig auf das, was sie gesagt haben, und auf das, was Sie sagen werden, richten.

Wenn Sie vor einer Gruppe stehen, kann ein kleiner Gegenstand in der Hand, ein Stift, ein Blatt Papier, eine Karte mit Notizen, sehr hilfreich sein. Sie kommen sich nicht so nackt vor und obwohl der Gegenstand ja verhältnismäßig klein ist, haben Sie das Gefühl, geschützter zu sein. Ohne diesen Gegenstand wirkt es souveräner, aber überfordern Sie sich nicht. Am Anfang lieber die zweitbeste Möglichkeit, dafür sicher und mit klarer Stimme.

2.8 Lampenfieber

Das Gleiche gilt, wenn Sie sich irgendwo festhalten (Lehrer schieben gerne ständig die Tafel rauf und runter) oder sich hinter einem Pult verstecken (Politiker sind hinter diesem Rednerpult sehr viel angriffslustiger als sonst). Das ist noch nicht die Kür, aber wenn es Ihnen am Anfang hilft, tun Sie es.

Und wenn Sie trotzdem noch nervös sind, dann denken Sie einen Moment an die andere Seite des Lampenfiebers. Denn Lampenfieber ist auch eine Verbeugung vor meinen Zuhörern. Ein Eingeständnis, wie wichtig mir die Sache ist. Und das hört und sieht man zunächst einmal gern. Vorausgesetzt, es hält nicht lange an und stört nicht allzu sehr. Aber die, die es wissen müssen, sagen übereinstimmend, dass wirklich schwierig in Bezug auf das Lampenfieber nur die ersten Sätze sind.

Übungsprogramm 3

3.1 Übungen zur Sprechtechnik

? Lesen Sie sich die einzelnen Texte in Ruhe durch, entscheiden Sie, wie Sie die Sätze betonen und wo Sie eine Pause machen würden. Dann überlegen Sie, welche Gestaltungsmittel Sie an welcher Stelle einsetzen wollen, um den Text plastischer und interessanter zu machen.

3.1.1 Nachrichten

Bis Ende des Jahres will der Minister mit den bayrischen Bauern einen Umweltpakt schließen.
Damit möchte er die Schadstoffeinträge in den Boden reduzieren oder sogar stoppen.
Er setzt dabei auf freiwillige Vereinbarungen, die billig, aber sehr effektiv seien. Unter anderem sollen sich die Bauern bei der Düngung künftig an Mengenangaben halten.
Eine Überdüngung schade nicht nur dem Grundwasser und der Umwelt, sondern sei auch finanzielle Verschwendung.

! --

Pausen und Betonungen:

Bis Ende des Jahres will der Minister mit den bayrischen BAUERN einen UMWELTPAKT schließen.

Hüten Sie sich vor zu vielen Betonungen. Wenn Sie zusätzlich Minister und womöglich auch Ende und Jahres betonen, wird der Satz schwerfällig und unverständlich.

Damit möchte er die SCHADSTOFFEINTRÄGE in den Boden REDUZIEREN oder sogar STOPPEN.

Die betonten Wörter ergeben sich hier von selbst. Durch die Betonung von reduzieren und stoppen machen wir die Steigerung klar.

Er setzt dabei auf FREIWILLIGE Vereinbarungen die BILLIG aber sehr EFFEKTIV seien.

Unter anderem sollen sich die Bauern bei der DÜNGUNG künftig an MENGENANGABEN halten.

Eine ÜBERdüngung schade nicht nur dem GRUNDWASSER und der UMWELT, sondern sei auch finanzielle VERSCHWENDUNG.

Aus den betonten Wörtern ließe sich immer eine Schlagzeile bilden.

Sollten Sie im letzten Gedanken lieber finanzielle betonen, so ist das ebenso möglich. Die Überdüngung ist eine Verschwendung von Düngemitteln und eine FINANZIELLE Verschwendung ist sie zusätzlich.

Ich sehe es so, dass die Überdüngung in erster Linie ein Schaden für die Umwelt ist, in zweiter Linie ist die Überdüngung dann auch noch eine Verschwendung. Ich ziehe daher die Betonung von VERSCHWENDUNG vor, aber darüber lässt sich streiten. Wenn Sie das Problem genau durchdenken, werden Sie feststellen, dass sich für beide Fassungen ein, wenn auch geringer, Bedeutungsunterschied ergibt.

Auch eine Pause nach UMWELT wäre möglich, aber Sie gehen dann mit der Stimme dort nicht herunter, sondern lassen sie oben stehen, da der Gedanke ja noch nicht zu Ende ist.

🎙️ 67

3.1.2 Nachrichten

60 Jahre lang hat eine Familie in der italienischen Stadt Atri einen geistesgestörten Verwandten in einem vier Quadratmeter großen Schweinestall gehalten. Der nur mit ein paar Lumpen bekleidete Mann wurde am Wochenende von der Polizei befreit, seine Peiniger wurden verhaftet. Die

3.1 Übungen zur Sprechtechnik

Verwandten hatten regelmäßig die Rente ihres Opfers abgehoben. Der 60-Jährige war bereits von seinen Eltern gefangen gehalten worden.

! --

Pausen und Betonungen

60 JAHRE lang hat eine Familie in der italienischen Stadt ATRI einen geistesgestörten VERWANDTEN in einem vier Quadratmeter großen SCHWEINESTALL gehalten.

Das könnte man sicher anders schreiben, aber wenn es so formuliert ist, ist es ein einziger Gedanke. Die Schlagzeile lautete: Verwandter (in Atri) 60 Jahre im Schweinestall, wobei der Hauptton auf Schweinestall liegt. Bitte betonen Sie nicht GEHALTEN. Das wäre in diesem Zusammenhang völlig sinnlos.

Der nur mit ein paar LUMPEN bekleidete MANN wurde am Wochenende von der Polizei BEFREIT ↑ seine PEINIGER wurden VERHAFTET.

Die Pause nach BEFREIT verdanken wir der Tatsache, dass der Autor dort kein und gesetzt hat. Stände ein und dort, änderte sich aber nichts an den Betonungen, lediglich die Pause fiele weg, mit der wir jetzt erklären, was zunächst mit dem Mann und dann mit seinen Peinigern passierte.

Die VERWANDTEN hatten regelmäßig die RENTE ihres Opfers ABGEHOBEN.

Rente muss in jedem Fall einen Ton bekommen, denn allein die Tatsache, dass sie etwas ABGEHOBEN haben, käme nicht in die Schlagzeile.

Der 60-JÄHRIGE war bereits von seinen ELTERN gefangengehalten worden.

Die neuen Informationen in diesem Satz sind 60-JÄHRIGE und ELTERN, werden daher betont.

📷 68

3.1.3 Nachrichten

Die Polizei fahndet nach einem unbekannten Messerstecher, der zwei Passanten in München auf offener Straße angegriffen hat.
Der Mann hatte zunächst verschiedene Fußgänger angesprochen – als ein Passant sich umdrehte, stach der Unbekannte auf ihn ein.
Das Opfer wurde an der Schläfe verletzt.

Wenig später stach der Täter einem weiteren Passanten mit dem Messer in den Bauch. Das zweite Opfer musste in einer Klinik operiert werden. Der Messerstecher konnte unerkannt entkommen.

! --

Pausen und Betonungen:

Die POLIZEI fahndet nach einem unbekannten MESSERSTECHER, der zwei Passanten in München auf offener Straße ANGEGRIFFEN hat.

Keine Pause vor dem Relativsatz! Es ist der Messerstecher der angegriffen hat.
Auch in diesem Satz besteht die Gefahr, dass wir zu viele Wörter betonen. Es kommt dann im schlimmsten Fall monotoner Vorlese-Singsang heraus. Die Schlagzeile hieße POLIZEI: Messerstecher hat angegriffen! bzw. Messerstecher griff an! Es geht auch noch kürzer, aber das Subjekt eines Satzes nicht zu betonen, ist zum Sprechen wie für das Verständnis eher ungünstig. Im nächsten Satz brauchen wir das Subjekt nicht mehr zu betonen, weil wir schon wissen, dass ein Messerstecher männlich sein muss.

Der Mann hatte zunächst verschiedene FUSSGÄNGER angesprochen.

Um die Geschwindigkeit der Tat zu zeigen, können wir den Gedanken auch erst bei ein beenden.

Der Mann hatte zunächst verschiedene FUSSGÄNGER angesprochen ↑ als ein Passant sich UMDREHTE stach der Unbekannte auf ihn EIN.

Aber wenn wir zwei Gedanken daraus machen, ist der Satz verständlicher und vor allem leichter zu lesen.

Der Mann hatte zunächst verschiedene FUSSGÄNGER angesprochen. Als ein Passant sich UMDREHTE stach der Unbekannte auf ihn EIN.

In diesem Fall muss die Endbetonung eines Wortes mit einer verhältnismäßig geringen Informationsmenge leider sein.

Das OPFER wurde an der SCHLÄFE verletzt.
Wenig später stach der Täter einem WEITEREN Passanten mit dem Messer in den BAUCH.

Das Wort Passant haben wir schon gehört, also wird WEITEREN betont, vom Messer haben wir schon gehört, also wird BAUCH im Gegensatz zu SCHLÄFE im vorangegangenen Gedanken betont.

Das ZWEITE Opfer musste in einer Klinik OPERIERT werden.

Das Wort Klinik zu betonen ist unsinnig. Operationen finden nur in Ausnahmefällen außerhalb von Kliniken statt. Trotzdem betonen hier viele meiner Schüler falsch, weil sie wohl Geschmack am Rhythmus finden, der sich durch die Betonung von Klinik ergibt.

Der Messerstecher konnte UNERKANNT ENTKOMMEN.

Die beiden betonten Wörter stehen am Ende hintereinander, das ist aber viel eleganter, als Messerstecher und entkommen zu betonen, dann hätten nämlich die beiden letzten Sätze wieder den gleichen Rhythmus.

Das ZWEITE Opfer musste in einer Klinik OPERIERT werden.

Der MESSERSTECHER konnte unerkannt ENTKOMMEN.

Das klingt langweilig, und die Informationsmenge ist eher geringer als in meinem Vorschlag.

69

3.1.4 Wettervorhersage

Sie gehört zu den Nachrichten, aber in vielen Redaktionen legt man auf eine sehr persönliche Wettervorhersage Wert. Überlegen Sie einmal, wie Sie das hier machen würden.

Und nun zum Wetter
Sie wissen jetzt genau was kommt.
Richtig!
Es ist regnerisch, kühl und windig.
Aber nicht mehr lange.
Fürs Wochenende sind die Aussichten ausgezeichnet.
Am Samstag bricht die Sonne durch, die Temperaturen klettern auf 28 Grad, und so bleibt es dann erst mal.
Lediglich am Montag ist wieder mit wenigen Wolken zu rechnen.
Also, nichts wie raus und Sonne getankt.
Den Regenschirm können Sie zu Hause lassen.

! ---

Pausen und Betonungen:

Es sind kurze Sätze und die Betonungen sind einfach. Jeder Satz hat aufgrund seiner Struktur einen anderen Rhythmus, und wir müssen keine Betonungsakrobatik veranstalten.

Und nun zum WETTER
Sie wissen jetzt GENAU was kommt.
RICHTIG!
Es ist REGNERISCH, KÜHL und WINDIG.
Aber nicht mehr LANGE.
Fürs WOCHENENDE sind die Aussichten AUSGEZEICHNET.
Am Samstag bricht die SONNE durch ↑ die Temperaturen klettern auf 28 GRAD ↑ und so BLEIBT es dann erst mal.
Lediglich am MONTAG ist wieder mit wenigen WOLKEN zu rechnen.
Also, nichts wie RAUS und SONNE getankt.
Den REGENSCHIRM können Sie zu HAUSE lassen.

Weitere Gestaltung: Wenn Sie jetzt so eine locker geschriebene Wettervorhersage genauso lesen wie die Weltnachrichten, geht der ganze Pfiff des Textes verloren. Wir müssen also überlegen, wie wir den Wetterbericht gestalten können.

Machen Sie sich ein paar Gedanken, ehe Sie mit meinen Vorschlägen vergleichen.

(augenzwinkernd, jetzt kommt was Schönes)
Und nun zum WETTER

(deprimiert, es ist zum Heulen)
Sie wissen jetzt GENAU was kommt.

(zustimmend, wir verstehen uns)
RICHTIG!

(sachlich, so ist es nun mal)
Es ist REGNERISCH, KÜHL und WINDIG.

(verheißungsvoll, warten Sie es ab)
Aber nicht mehr LANGE.

(freudig, es wird wunderschön)
Fürs WOCHENENDE sind die Aussichten AUSGEZEICHNET.

(eifrig, hören Sie nur genau zu)
Am Samstag bricht die SONNE durch ↑
die Temperaturen klettern auf 28 GRAD ↑

und so BLEIBT es dann erst mal.
(zerknirscht, leider ein kleiner Schönheitsfehler)
Lediglich am MONTAG ist wieder mit wenigen WOLKEN zu rechnen.
(aufmunternd, planen Sie Ihren Ausflug)
Also, nichts wie RAUS und SONNE getankt.
(konspirativ, Sie können mir glauben)
Den REGENSCHIRM können Sie zu HAUSE lassen.

Bei dieser oder einer ähnlichen Art der Gestaltung unterstützen Sie die vielen *Facetten,* die der Autor Ihnen zum Thema Wetter anbietet. Wetter ist nicht nur schlecht oder gut, regnerisch oder sonnig. Es gibt, wie Sie sehen, sehr viele Möglichkeiten, zumal im Verlaufe eines Tages die Wettervorhersage ja immer ein bisschen anders aussehen sollte.

Dass Sie auch meinen, was Sie sagen, glaubt Ihnen Ihr Zuhörer nur, wenn Sie jeden Satz, den Sie sagen, auch denken. Das heißt, Sie geben dem Satz einen Subtext, der die Begründung liefert, warum Sie diesen Satz so sagen, wie das in jeder privaten Unterhaltung auch ist.

Nur mit dem einzigen Unterschied, dass wir hier erst den Text haben und uns dann über den Untertext Gedanken machen müssen, wohingegen beim privaten Sprechen erst der Redeanlass, der Grund für einen Satz da ist, und wir erst dann den Satz sprechen.

◎ 70

3.1.5 Sachtext

Was bislang gefehlt hat, war einerseits der politische Wille, entsprechend qualitativ gute Angebote zur Verfügung zu stellen, und andererseits die pädagogische Phantasie, neue Familien- und kindgerechte Formen der außerfamilialen Betreuung zu prüfen, nicht als Ersatz, sondern als sinnvolle Ergänzung der familialen Erziehung.
Jene Mütter, die gar nicht mehr in den Beruf zurückwollen, sondern ihre Kinder selbst betreuen möchten, sollten von der Gesellschaft nicht unter Druck gesetzt werden, doch gefälligst wieder erwerbstätig zu sein.

! --

Pausen und Betonungen:
Was bislang GEFEHLT hat war EINERSEITS der politische WILLE entsprechend qualitativ gute Angebote zur VERFÜGUNG zu stellen ↑ und ANDERERSEITS die pädagogische PHANTASIE neue Familien- und kindgerechte Formen der außerfamilialen Betreuung zu PRÜFEN.
Nicht als ERSATZ, sondern als sinnvolle ERGÄNZUNG der familialen Erziehung.

Nach hat und nach stellen geht der Gedanke weiter, wir führen die Stimme also nicht nach unten, sondern nach oben. Der Gegensatz von einerseits und andererseits wird betont, also zwischen politischem Willen und pädagogischer Phantasie.

Ab nicht schlage ich der Einfachheit halber einen neuen Gedanken vor, da der Satz sonst zu lang wird, auch wenn der neue Gedanke grammatikalisch nicht vollständig ist. Es ist durchaus möglich, dass dem Sprecher der letzte Gedanke erst kommt, wenn er bei prüfen angelangt ist und er ihn sozusagen als Bekräftigung hinten anhängt.

Keine Pausen nach Wille und nach Phantasie. Diese Pausen wären rein grammatikalischer Art und würden den Gedanken zerreißen.

Hüten Sie sich vor zu vielen Betonungen.
Nicht:
... ANDERERSEITS die pädagogische PHANTASIE NEUE FAMILIEN- und KINDGERECHTE Formen der AUSSERFAMILIALEN Betreuung zu PRÜFEN.

Lesen Sie das mal laut! Jetzt verstehen wir gar nichts mehr. Aber wie viele Politiker hören Sie so reden?!
Es soll ja nichts verloren gehen. Weniger Betonungen sind aber trotzdem manchmal mehr.

JENE Mütter die gar nicht mehr in den Beruf ZURÜCKWOLLEN sondern ihre Kinder SELBST betreuen möchten ↑

sollten von der Gesellschaft nicht unter DRUCK gesetzt werden doch gefälligst wieder ERWERBSTÄTIG zu sein.

Zugegeben, der Satz ist lang. Aber es genügt die eine Pause. Die Pause nach Mütter wäre überflüssig, da Relativsätze ja immer zum Substantiv gehören. Auch nach zurückwollen und werden gehört keine Pause hin. Der Gedanke ist noch nicht zu Ende.

Nach dem, was wir bisher gelernt haben, scheint das Wort jene so gar kein Wort zu sein, das sich zur Betonung anbietet. Aber es weist auf den Relativsatz hin, und wir können den Hörer schon durch die Betonung von jene darauf vorbereiten, dass wir die Mütter jetzt noch näher erklären werden. Es geht nicht um die Mütter, sondern um JENE Mütter DIE. Das die wird näher erklärt und die Betonung springt dadurch auf zurückwollen.

◯ 71

3.1.6 Sachtext

Theater entfaltet sich in der Dialektik von Spielen und Zuschauen; der Theatersituation liegt die Vereinbarung der Beteiligten zugrunde, sich auf diese Dialektik einzulassen. Der Voyeur ist kein Theater-Zuschauer, und der, dem er zusieht, spielt kein Theater, so theaterähnlich die Situation erscheinen mag.
Vielmehr müssen sich in einem Interaktionszusammenhang, soll ihm die Qualität von Theater zugesprochen werden, einige der Beteiligten für die Rolle der Spieler, andere für die Rolle der Zuschauer entscheiden. Nur wenn diese Vereinbarung zustande kommt und solange sie besteht, ist Theater möglich.
Der Interaktionszusammenhang erhält einen anderen Charakter, wenn alle Beteiligten spielen und keiner seine Beteiligung an der Situation als Zuschauen versteht oder aber – dies versteht sich eher von selbst – wenn keiner spielt.
Spielen und Zuschauen sind die beiden Beteiligungsangebote, die mit der Theaterhandlung gegeben sind.[61]

! --

Pausen und Betonungen:

Je schwieriger ein Text ist, desto mehr Mühe sollten wir uns geben, sinnvolle Pausen und Betonungen zu setzen, und desto kleiner müssen wir die gedanklichen Einheiten machen, die wir zwischen zwei Pausen setzen.
THEATER entfaltet sich in der Dialektik von SPIELEN und ZUSCHAUEN.

---

61 Brauneck, Martin, Theater im 20. Jahrhundert, Hamburg 1982, S. 16

Zur Verdeutlichung des Gegensatzes könnten Sie zwischen SPIELEN und und noch eine zusätzliche kleine Pause machen.

Der THEATERSITUATION liegt die VEREINBARUNG der Beteiligten zugrunde sich auf diese Dialektik EINZULASSEN.

Eine Pause nach zugrunde würde ich vermeiden, obwohl sie möglich ist. Wir hätten sonst wieder fast denselben Rhythmus wie im Satz vorher.

Der VOYEUR ist KEIN Theater-Zuschauer.
Und der dem er ZUSIEHT spielt kein THEATER ↑ so THEATERÄHNLICH die Situation ERSCHEINEN mag.

Machen Sie zwei Gedanken daraus. Den Relativsatz dem er ZUSIEHT brauchen Sie nicht mit Hilfe der Stimmlage zu verändern oder durch Pausen abzutrennen. Dazu ist er zu kurz. Es klingt wieder furchtbar nach Leseübung im Gymnasium, wenn Sie nach Und der schon eine Pause machen, ohne etwas Neues gesagt zu haben.

Vielmehr müssen sich in einem INTERAKTIONSZUSAMMENHANG – soll ihm die Qualität von THEATER zugesprochen werden – EINIGE der Beteiligten für die Rolle der SPIELER ↑
ANDERE für die Rolle der ZUSCHAUER entscheiden.

Wieder ein Einschub. Diesmal so lang, dass wir ihn abtrennen müssen. Wir lassen den Ton von INTERAKTIONSZUSAMMENHANG einfach stehen, setzen den Einschub einen Ton tiefer oder höher und machen dann mit EINIGE in der gleichen Tonhöhe weiter, mit der wir vor dem Einschub aufgehört haben.

Nur wenn DIESE Vereinbarung ZUSTANDE kommt und solange sie BESTEHT ist Theater MÖGLICH.

Ausnahmsweise betonen wir DIESE, da wir die Vereinbarung ja gerade erklärt haben. Dann aber nicht mehr die Betonung von solange, sondern von BESTEHT. Sonst klingt der Satz sehr umständlich.

Der Interaktionszusammenhang erhält einen ANDEREN Charakter wenn ALLE Beteiligten spielen und KEINER seine Beteiligung an der Situation als ZUSCHAUEN versteht

Die Pause nach Charakter **machen Sie nur,** wenn Ihnen der Satz zu lang ist oder wenn Sie befürchten müssten, dass Ihre Zuhörer Ihnen nicht mehr folgen können. Sonst sprechen Sie den Gedanken durch.

ODER aber
– dies versteht sich eher von SELBST – wenn KEINER spielt.

Zum Thema Einschub ist alles gesagt.

SPIELEN und ZUSCHAUEN sind die beiden BETEILIGUNGSANGEBOTE die mit der Theaterhandlung GEGEBEN sind.

Sie haben recht, die Informationsmenge von Theaterhandlung ist wesentlich größer als die von gegeben. Aber nun haben wir so oft von Theater gesprochen und gehört, dass wir es nicht mehr betonen müssen.

Außerdem ist gegeben ja hier so gemeint, dass SPIELEN und ZUSCHAUEN die beiden Vorgaben für die Theaterhandlung sind. Mit dem Wort geben, im Sinne von etwas übergeben, hat es nichts zu tun. Also können wir es ruhig betonen.

🎧 72

3.1.7 Anekdote

Es hatte zwei Wochen lang geregnet, dann öffnete sich der Himmel zum schönsten Tag, der sich denken lässt. Die Bauarbeiten sollten fortgesetzt werden, aber der Tagelöhner fehlte. Die Tochter des Baumeisters eilte zu seiner abseits gelegenen Hütte und fand ihn in der Sonne sitzend. Auf ihre Vorhaltungen erwiderte er „Glauben Sie im Ernst, dass ich einen solchen Tag an Sie verkaufe?"[62]

! --

Pausen und Betonungen:

Es hatte ZWEI WOCHEN lang GEREGNET.
Dann ÖFFNETE sich der Himmel zum SCHÖNSTEN
Tag der sich denken lässt.

Keine Pause nach Tag. Der Relativsatz gehört zum Substantiv, hinter dem er steht.

Die BAUARBEITEN sollten FORTGESETZT werden.

Aber der TAGELÖHNER fehlte.

Ohne dass vom Tagelöhner die Rede war, ist es unsinnig, das Wort fehlte zu betonen.

Die TOCHTER des BAUMEISTERS eilte zu seiner abseits gelegenen HÜTTE und fand ihn in der SONNE sitzend.

---

[62] Puntsch, Eberhard, Witze Fabeln Anekdoten, München 1968

Es ist nicht entscheidend, dass der Mann in der Sonne sitzt, sondern dass er in der Sonne sitzt.
Auf ihre VORHALTUNGEN ERWIDERTE er
„Glauben Sie im ERNST dass ich einen solchen Tag an Sie VERKAUFE?"

Das ist ein Gedanke, aber aufgrund seiner Länge empfiehlt sich die Pause nach er. Außerdem kommt so besser raus, dass der Tagelöhner sie in aller Ruhe zu Ende schimpfen lässt, ehe er seine Meinung sagt.

Weitere Gestaltung: Wieder nur ein Vorschlag, der sich an meiner Interpretation des Textes orientiert:
Es war fürchterlich. Es schüttete wie aus Kübeln. An Arbeit war überhaupt nicht zu denken.
(bitter, stell dir das mal vor)
Es hatte ZWEI WOCHEN lang GEREGNET.

(freudig, da passierte etwas Wunderbares)
Dann ÖFFNETE sich der Himmel zum SCHÖNSTEN Tag der sich denken lässt.

Bitte fangen Sie mit der Gestaltung des schönsten Tages nicht erst bei dem Wort SCHÖNSTEN an. Stimmungen gehören zum ganzen Satz bzw. Gedanken. Zeigen Sie deswegen von Anfang an Ihre Begeisterung über den Wetterwechsel.
(energiegeladen, endlich geht es los)
Die BAUARBEITEN sollten FORTGESETZT werden.
(überrascht, was ist los mit dem)
Aber der TAGELÖHNER fehlte.

Im folgenden Satz bietet sich wieder eine Pause an, weil dann der Gegensatz zwischen der hektisch eilenden Tochter und dem sonnenbadenden Tagelöhner viel besser herauskommt.
(energisch, dem mache ich Beine)
Die TOCHTER des BAUMEISTERS eilte zu seiner abseits gelegenen HÜTTE
↑
(fassungslos, das gibt es doch nicht)
und fand ihn in der SONNE sitzend.

Zusätzlich können wir hier mit dem Tempo arbeiten. Das Eilen ist schnell, das Sitzen in der Sonne ganz langsam und ruhig.
(schimpfend, was fällt Ihnen eigentlich ein)
Auf ihre VORHALTUNGEN ERWIDERTE er
(ruhig, haben Sie das wirklich ernsthaft geglaubt)
„Glauben Sie im ERNST, dass ich einen solchen Tag an Sie VERKAUFE?"

Ich bin der Meinung, dass im letzten Satz jeder Druck und jede Aggression raus muss. Je souveräner die Antwort ist, desto stärker die Geschichte. Jemand, dem die Sonne so wichtig ist, dass er sie gegen nichts tauschen würde, der lässt sich nicht aus der Ruhe bringen und regt sich schon gar nicht auf.

73

3.1.8 Literarischer Text

Gespenstergeschichte
Eines Nachts, als Frau Scholl allein zu Hause war, hörte sie im Estrich Schritte. Zuerst tat sie so, als merke sie nichts, aber als die Schritte nicht aufhörten, wurde es ihr unheimlich, es konnte schließlich ein Einbrecher sein.
Da fasste sie sich ein Herz, nahm die Pistole ihres Mannes aus dem Nachttischchen, stieg die Treppe hinauf, öffnete vorsichtig die Tür, drückte ganz rasch auf den Lichtschalter und rief: „Hände hoch!"
Aber ihre Angst war umsonst gewesen. Es waren nur zwei Füße, die langsam auf dem Estrichboden hin und hergingen.
Franz Hohler[63]

! --

Betonungen und Pausen:

Eines NACHTS als Frau Scholl ALLEIN zu Hause war ↑
hörte sie im Estrich SCHRITTE.
Bitte keine Pause nach Eines NACHTS. Hier endet kein Gedanke, und es gibt keinen Grund, das Komma zu lesen. Außer Sie sind der Leiter einer Pfadfindergruppe,

---

63 Hohler, Franz, Der Wunsch, in einem Hühnerhof zu leben, Zürich 1977, S. 78

der es am abendlichen Lagerfeuer besonders gruselig machen möchte und alle zwei Worte eine Pause macht, um die Spannung zu erhöhen (arme Pfadfinder).

Der zweite Satz besteht aus drei Gedanken, die wir wie drei getrennte Sätze vorlesen. Die Kommas innerhalb des ersten und zweiten Gedankens werden wieder nicht gelesen. Lesen Sie so, wie Sie sprechen würden.
>Zuerst tat sie so als MERKE sie nichts.
>Aber als die Schritte nicht AUFHÖRTEN wurde es ihr UNHEIMLICH.
>Es konnte schließlich ein EINBRECHER sein.

Der nächste Gedanke ist erst nach „HÄNDE hoch!" zu Ende. Aber er vollzieht sich in einzelnen Schritten, deren Ende wir jeweils nach oben ziehen, um zu zeigen, dass der Gedanke noch weitergeht.
>Da fasste sie sich ein HERZ ↑
>nahm die PISTOLE ihres Mannes aus dem NACHTTISCHCHEN ↑
>stieg die TREPPE hinauf ↑
>öffnete vorsichtig die TÜR ↑
>drückte ganz rasch auf den LICHTSCHALTER und rief: „HÄNDE hoch!"

Die Pause vor „HÄNDE hoch!" entfällt. Es gibt keinen Grund, hier eine Pause zu machen, die unseren Spannungsbogen nur stören würde. Wenn Sie die Geschichte erzählen würden und nicht an Anführungsstriche und Doppelpunkte dächten, kämen Sie gar nicht auf die Idee hier innezuhalten.

Bei den letzten beiden Sätzen decken sich wieder Satz und Gedanke.
>Aber ihre Angst war UMSONST gewesen.
>Es waren nur zwei FÜSSE die langsam auf dem Estrichboden HIN- und HERGINGEN.

Bitte keine Pause nach FÜSSE. Der Relativsatz gehört zum Substantiv. Außerdem ist der Satz die Pointe der Geschichte, und in der Pointe machen wir nach Möglichkeit keine Pause.

Weitere Gestaltung: Dieser kleine Text bietet uns eine Vielzahl von Möglichkeiten zur Gestaltung und damit zur Interpretation. Gehen wir ihn nochmal Satz für Satz durch.

Können wir dem Zuhörer ein paar Informationen liefern, die der Leser nicht hat? Spielen wir doch einfach mal mit der Geschichte und lassen unsere Phantasie arbeiten.

Wie hören sich die Schritte an? Schnell oder langsam? Laut oder leise? Rhythmisch?

3.1 Übungen zur Sprechtechnik

? Schaffen Sie es, dass wir im ersten Satz hören, was das für Schritte sind?

Eines NACHTS als Frau Scholl ALLEIN zu Hause war ↑
hörte sie im Estrich SCHRITTE.

! --

Da wir von den Schritten erst im zweiten Teil des Satzes erfahren, kann es hier nur um die Gestaltung von hörte sie im Estrich SCHRITTE gehen. Vorher könnten wir eine eventuelle Rhythmisierung gar nicht deuten.

Sie können die Schritte für den Zuhörer hörbar machen, ohne dem Satz ein einziges Wort hinzuzufügen, indem Sie dem zweiten Teil des Satzes das Klopfen der Schritte unterlegen.

HÖRTE sie
im ESTRICH
SCHRITTE

Hören Sie das Klopfen der Schritte? Sonst lesen Sie noch einmal.

Stellen Sie sich die Schritte schnell und hastig vor, sprechen Sie diesen Teil des Satzes schnell, so dass wir eine Menge kurzer Trippelschritte hören. Stellen Sie sich die Schritte langsam vor, dann sprechen Sie diesen Teil des Satzes ganz langsam und gewichtig. Jetzt poltert ein schwerer Mensch über den Dachboden.

Damit man aber merkt, dass Sie die Geschwindigkeit verändern, müssen Sie den anderen Teil des Satzes in der entgegengesetzten Geschwindigkeit sprechen.

(langsam, unheimlich, vorsichtig)
Eines NACHTS als Frau Scholl ALLEIN zu Hause war

(hastig, schnell, trippelnd)
HÖRTE sie im ESTRICH SCHRITTE.

oder

(schnell, nervös, ängstlich)
Eines NACHTS als Frau Scholl ALLEIN zu Hause war

(langsam, stapfend, bedächtig)
HÖRTE sie im ESTRICH SCHRITTE.

🎧 74

Welche Variation Sie wählen, ist egal. Aber in beiden Fällen kann der Zuhörer die Schritte genau beschreiben. Lesen wir weiter!

Zuerst TAT sie so als MERKE sie nichts.

Aber als die Schritte nicht AUFHÖRTEN wurde es ihr UNHEIMLICH.
Es konnte schließlich ein EINBRECHER sein.

Bei diesen drei Gedanken haben wir das Problem, dass sie einen sehr ähnlichen Rhythmus haben. Lesen Sie die drei Sätze einmal hintereinander und Sie werden gleich wissen, was ich meine.
Versuchen wir zunächst, die beiden ersten Gedanken gegeneinander abzusetzen.
Wir können wieder mit dem Tempo arbeiten.

(langsam, Frau Scholl ignoriert lächelnd das Problem)
Zuerst TAT sie so als MERKE sie nichts.

(schnell, das Grauen ist ganz plötzlich wieder da)
Aber als die Schritte nicht AUFHÖRTEN wurde es ihr UNHEIMLICH.

oder

(schnell, Frau Scholl überspielt das Klopfen mit Aktivität)
Zuerst TAT sie so als MERKE sie nichts.

(langsam, das Grauen schleicht sich wieder ins Bewusstsein)
Aber als die Schritte nicht AUFHÖRTEN wurde es ihr UNHEIMLICH.

Sie können aber auch mit der Lautstärke arbeiten.

(flüstern, stören Sie den Geist nur ja nicht)
Zuerst TAT sie so als MERKE sie nichts.

(laut und fest, der Geist wird immer lauter)
Aber als die Schritte nicht AUFHÖRTEN wurde es ihr UNHEIMLICH.

oder

(laut, Frau Scholl vertreibt den Geist durch lautes Reden)
Zuerst TAT sie so als MERKE sie nichts.

(leise, Frau Scholl bekam jetzt richtig Angst)
Aber als die Schritte nicht AUFHÖRTEN wurde es ihr UNHEIMLICH.

Und jetzt können Sie Lautstärke und Tempo ja auch noch kombinieren.

75

Egal, wie Sie es machen, beim dritten Satz nutzt uns das aber gar nichts, wir wollen uns ja nach Möglichkeit nicht so schnell wiederholen.

3.1 Übungen zur Sprechtechnik

? Fällt Ihnen ein, was wir mit dem dritten Gedanken machen könnten, ohne mit Tempo und Lautstärke zu arbeiten?
  Es konnte schließlich ein EINBRECHER sein.
! --

Wir können diesen Satz sprechen, als sei er wörtliche Rede. Dass das anders geschrieben ist, soll uns hier nicht interessieren. Wir legen den Satz einfach Frau Scholl in den Mund. Und wenn wir Frau Scholl sprechen lassen, kann sich jeder Frau Scholl vorstellen, ohne dass wir sie eingehend beschreiben müssen. Wie Sie sich Frau Scholl vorstellen, bleibt wieder Ihnen überlassen.

(Ich habe ja fast einen Herzinfarkt bekommen, denn)
es konnte schließlich ein EINBRECHER sein.

(Heutzutage ist man ja nirgendwo mehr sicher, und)
es konnte schließlich ein EINBRECHER sein.

(Weil ich doch seit Jahren keinen Mann mehr im Haus hatte war ich freudig erregt, denn)
Es konnte schließlich ein EINBRECHER sein.

Je nachdem, wie Sie diesen Satz sprechen, sehen wir Frau Scholl vor uns. Ist es die lange dünne, pensionierte Realschullehrerin oder die kleine dicke Klatschtante oder die männermordende Blondine, der die Eckkneipe gehört? Wenn meine Schüler mit dem Satz herumprobieren, höre ich sofort, wie deren Frau Scholl jeweils aussieht. Sie müssen sich nur trauen, Ihre Frau Scholl den Satz wirklich sagen zu lassen.

📷 76

Da fasste sie sich ein HERZ ↑
nahm die PISTOLE ihres Mannes aus dem NACHTTISCHCHEN ↑
stieg die TREPPE hinauf ↑
öffnete vorsichtig die TÜR ↑
drückte ganz rasch auf den LICHTSCHALTER und rief: „HÄNDE hoch!".

Das Tempo zieht an, es wird spannender und läuft direkt auf „HÄNDE hoch!" zu. Sie können die vorletzte Zeile aufgrund des Wortes vorsichtig verzögern, wenn Ihnen das gefällt. Aber es geht genauso, wenn Sie immer schneller werden. Vorsicht muss kein Gegensatz zu Geschwindigkeit sein.

Wenn Sie den Rhythmus der einzelnen Zeilen noch etwas betonen, bekommt das Ersteigen der Treppe noch etwas Atemloses und drückt auf das Tempo.

Achten Sie nur darauf, möglichst langsam anzufangen. Wenn Sie eine Satzkonstruktion im Tempo steigern wollen, müssen Sie so langsam wie möglich anfangen. Wenn Sie in ihrer normalen Sprechgeschwindigkeit anfangen, sprechen Sie bald schneller als Sie können, und keiner versteht Sie mehr.

>Aber ihre Angst war UMSONST gewesen.
>Es waren nur zwei FÜSSE die langsam auf dem Estrichboden HIN- und HERGINGEN.

Um den richtigen Ton zu finden, wie Sie diese beiden Sätze gestalten, müssen Sie das „Hände hoch!" wiederholen. Hier liegt der Reiz gerade im Gegensatz der schnellen und hektischen Ersteigung der Treppe, die sich oben in der erleichterten Feststellung löst, dass die Angst vergeblich war.

>(hektische Ersteigung der Treppe)
>(Pause)
>(erleichtert, na dann ist ja alles in Ordnung)
>Aber ihre Angst war UMSONST gewesen.

>(feststellend, es war doch ganz harmlos)
>Es waren nur zwei FÜSSE die langsam auf dem Estrichboden HIN- und HERGINGEN.

Wenn Ihnen das noch zu wenig ist, dann können Sie in den letzten Satz auch Ironie hineinlegen, dass Frau Scholl ausgerechnet vor zwei Füßen keine Angst hat, im Gegensatz zu einem Einbrecher. Wir erinnern uns an die drei Methoden der Ironie: Pause, Übertreibung, Subtext. Hier empfiehlt sich ein Subtext, der lauten könnte:

>(Nein, was Sie immer gleich denken!)
>Es waren nur zwei FÜSSE die langsam auf dem Estrichboden HIN- und HERGINGEN.

Wie viel Sie doch aus so einem kleinen Text machen können! Wenn Ihnen meine Anregungen zu weit gehen, machen Sie weniger. Aber Sie könnten den Text jetzt sehr differenziert gestalten, wenn Sie wollten. Hören Sie den Text nun noch einmal im Zusammenhang!

🎙 77

3.1.9 Literarischer Text

24 Schulgeschichten
Martin ist immer bei der Sache.
Sara weiß nicht so recht.
Max wartet lieber ab.
Andreas ist anderweitig beschäftigt.
Carola findet alles blöd.
Petra ist sehr vernünftig.
Volker tut so als ob.
Margret lässt lieber die andern.
Heinz fühlt sich niemals angesprochen.
Claudia hört auf ihre Eltern.
Anke hat Angst.
Bei Tim stimmt natürlich auch sonst alles. Mit Mark ist das so eine Sache.
Patrik schlägt sich durch.
Jennifer ist so ein Problem für sich.
Auf Thomas ist Verlass.
Sven ist ein hoffnungsloser Fall.
Frauke übertreibt mal wieder.
Jessika ist um keine Ausrede verlegen.
Lisa ist gar nicht da.
Anne, Anne ist eine Musterschülerin.
Jenny ist das genaue Gegenteil.
Christian ist den Anforderungen des formalen Denkens durchaus gewachsen.
Paul ist eine Null.
Herbert Sleegers[64]

! --

Nach dem, was wir bisher gemacht haben, ist das ein einfacher Text. Es dürfte kaum Schwierigkeiten mit der Betonung geben, und bei den kurzen Sätzen sind auch Pausen kein Problem.

---

64 Sleegers, Herbert, zit. nach: Gedichte einmal anders, München 1993, vom Autor autorisierte Neufassung

Betonungen:

MARTIN ist immer bei der SACHE.
SARA WEISS nicht so recht.
MAX wartet lieber AB.
ANDREAS ist ANDERWEITIG beschäftigt.
CAROLA findet alles BLÖD.
PETRA ist sehr VERNÜNFTIG.
VOLKER TUT so als OB.
MARGRET lässt lieber die ANDERN.
HEINZ fühlt sich niemals ANGESPROCHEN.
CLAUDIA hört auf ihre ELTERN.
ANKE hat ANGST.
Bei TIM stimmt natürlich auch SONST alles.
Mit MARK ist das so eine SACHE.
PATRIK schlägt sich DURCH.
JENNIFER ist so ein Problem für SICH.
Auf THOMAS ist VERLASS.
SVEN ist ein hoffnungsloser FALL.
FRAUKE ÜBERTREIBT mal wieder.
JESSIKA ist um keine Ausrede VERLEGEN.
LISA ist gar nicht DA.
ANNE, ANNE ist eine MUSTERSCHÜLERIN.
JENNY ist das genaue GEGENTEIL.
CHRISTIAN ist den Anforderungen des formalen Denkens durchaus GEWACHSEN.
PAUL ist eine NULL.

Den Eigennamen betonen wir immer, und da der Autor die Sätze schon sehr unterschiedlich gebaut hat, müssen wir uns mit den Betonungen nicht besonders anstrengen. Außerdem suggeriert der Titel, dass es sich bei jeder Zeile um eine abgeschlossene Geschichte handelt. Wir fassen also keine Gedanken zusammen, und wir müssen auch nicht den Rhythmus ändern.

Wenn wir mit dem Text noch etwas tun wollen, so können wir die Aussagen über die einzelnen Kinder sprachlich illustrieren. Das ist aber bei 24 Geschichten gar nicht so einfach. Wenn wir da anfangen, nach Adjektiven zu suchen, die wir den Geschichten unterlegen, sind wahrscheinlich die meisten schnell am Ende:

3.1 Übungen zur Sprechtechnik

ärgerlich, freudig, gelangweilt, begeistert (nein, das ist zu nah an freudig), unsicher, entschlossen...

Es gibt wieder die andere Möglichkeit. Wir unterlegen kein Gefühl, das sich durch ein Adjektiv ausdrücken lässt, sondern wir unterlegen einen Satz. Anstatt vor die erste Geschichte das Adjektiv kritisch zu setzen, nehmen wir den Satz Du bist da völlig im Unrecht und sprechen dann den Satz MARTIN ist immer bei der SACHE genau in demselben Tonfall, wie wir vorher gesagt haben Du bist da völlig im Unrecht.

Warum nun gerade diesen Satz, werden Sie fragen? Weil wir davon ausgehen dürfen, dass jeder Text Teil einer Situation ist, beispielsweise einer Unterhaltung zweier Lehrer. Beide Lehrer kennen die Schüler, wissen also nach Nennung des Vornamens – wahrscheinlich geht es um eine Klasse – Bescheid. Und jetzt suchen wir uns Töne, die in dieser Unterhaltung von Lehrer zu Lehrer einen Sinn ergeben.

(Du bist da völlig im Unrecht)
MARTIN ist immer bei der SACHE.

(Es ist so schade)
SARA WEISS nicht so recht.

(Das ist wieder typisch)
MAX wartet lieber AB.

(Der stört, wo er nur kann)
ANDREAS ist ANDERWEITIG beschäftigt.

(Die darfst du nicht ernst nehmen)
CAROLA findet alles BLÖD.

(Das Mädchen macht mir wirklich Freude)
PETRA ist sehr VERNÜNFTIG.

(Ich sage dir, ich weiß Bescheid)
VOLKER TUT so als OB.

(So etwas Faules gibt's doch gar nicht)
MARGRET lässt lieber die ANDERN.

(Das kannst du hundertmal sagen)
HEINZ fühlt sich niemals ANGESPROCHEN.

(Die ist wirklich streng erzogen)
CLAUDIA hört auf ihre ELTERN.

(Da musst du ganz vorsichtig sein)
ANKE hat ANGST.

(Na, der ist mal wieder vorne weg)
Bei TIM stimmt natürlich auch SONST alles.

(Ich habe in Bezug auf ihn eine interessante Theorie)
Mit MARK ist das so eine SACHE.

(Der wird seinen Weg machen)
PATRIK schlägt sich DURCH.

(Ich bin nahe daran, zu verzweifeln)
JENNIFER ist so ein Problem für SICH.

(Nicht intelligent, aber zuverlässig)
Auf THOMAS ist VERLASS.

(Ich weiß nicht, was ich machen soll)
SVEN ist ein hoffnungsloser FALL.

(Lass sie mal ganz in Ruhe)
FRAUKE ÜBERTREIBT mal wieder.

(Die ist ganz schön clever)
JESSIKA ist um keine Ausrede VERLEGEN.

(Die fehlt auch bei mir ständig)
LISA ist gar nicht DA.

(Sie begreift jedes Wort, das ich sage)
ANNE, ANNE ist eine MUSTERSCHÜLERIN.

(Reden wir nicht darüber)
JENNY ist das genaue GEGENTEIL.

(Ein sehr treffendes Beispiel, Herr Kollege)
CHRISTIAN ist den Anforderungen des formalen Denkens durchaus GEWACHSEN.

(Erschreckend, einfach erschreckend)
PAUL ist eine NULL.

Wenn Sie jetzt zu jeder Geschichte die Klammer mitdenken, und dann die Geschichte sprechen, werden die Sätze viel lebendiger, weil der Ton des Vorsatzes unter der Geschichte hervorschaut.

Sie sprechen die Zeilen des Textes und benutzen dabei jeweils die Melodie des gedachten Vorsatzes. Dadurch bekommt das, was Sie sagen, eine zusätzliche Bedeutung, wie in fast jeder privaten Unterhaltung auch. Wir geben mit kaum einem Satz, den wir sagen, nur eine Sachinformation, sondern die Information hat fast immer einen Subtext. Der erste gesprochene Satz ist meist der zweite gedachte.

🎙 78

Wenn Ihnen die Subtexte in den Klammern nicht gefallen, suchen Sie sich andere. Aber variieren Sie. Dass das mit Mark so eine Sache ist und dass Jennifer so ein Problem für sich ist, sollte Sie nicht dazu verleiten, die beiden Sätze ähnlich zu sprechen.

Sie können einem der Sätze auch unterlegen

Jetzt gehen Sie aber zu weit, Herr Kollege!

oder

Was für einen Blödsinn Sie reden!

oder

Sie sind der seltsamste Mensch, der mir je begegnet ist.

Der Satz, den Sie unterlegen, muss auch, wie im letzten Beispiel, weder mit Mark noch mit Jennifer etwas zu tun haben. Wir werden trotzdem genau hören, warum der Satz gesagt wurde. Denken Sie die Geschichten weiter und machen Sie etwas daraus.

🎙 79

3.1.10 Fabel

Mitbestimmung

Als die Gazellen von den Löwen Mitbestimmung forderten, waren die Löwen dagegen. „Es kommt noch so weit, dass die Gazellen bestimmen, wen wir fressen", sagten die Löwen.
Sie beriefen sich auf eine unverdächtige Studie des WWF und sprachen von Wildpartner- schaft bei klarer Kompetenztrennung. Fressen auf der einen Seite, Gefressenwerden auf der anderen Seite. Denn, so sagten sie, es liege doch auf der Hand, dass einer nicht zugleich etwas vom Gefressenwerden und vom Fressen versteht. Und der Entscheid, jemanden zu fressen, muss schnell und unabhängig gefasst werden.
Das leuchtete denn auch den Gazellen ein. „Eigentlich haben sie recht", sagte eine Gazelle, „denn schließlich fressen wir ja auch." „Aber nur Gras", sagte eine andere Gazelle. „Ja schon", sagte die erste, „aber nur weil wir

Gazellen sind. Wenn wir Löwen wären, würden wir auch Gazellen fressen."
„Richtig", sagten die Löwen.

Peter Bichsel[65]

! --

Pausen und Betonungen:

Als die GAZELLEN von den Löwen MITBESTIMMUNG forderten ↑
(Pause)
waren die LÖWEN DAGEGEN.

Wir können diesen Satz auch ohne Pause durchsprechen, aber wie wir in der Gestaltung noch sehen werden, können wir so die Spannung besser aufbauen. Erst kommen die Gazellen und fordern, wir warten ab, was passiert, und stellen fest, dass die Löwen dagegen sind.

Es kommt noch SO WEIT dass die GAZELLEN bestimmen wen wir fressen sagten die Löwen.

Hier brauchen Sie keine Pause. Und schon gar nicht vor dem sagten.

Sie beriefen sich auf eine unverdächtige Studie des WWF und sprachen von WILDPARTNERSCHAFT bei klarer KOMPETENZTRENNUNG.

Ein Satz, ein Gedanke, keine Pause.

FRESSEN auf der EINEN Seite ↑
GefressenWERDEN auf der ANDEREN Seite.

Ein Gedanke, aber der Gegensatz wird durch die Pause wieder klarer.

DENN so sagten sie ↑
es liege doch auf der HAND dass einer nicht zugleich etwas vom GefressenWERDEN und vom FRESSEN versteht.

Da der Gedanke sehr lang ist, bietet sich hinter sie eine Pause an. Gleichzeitig können wir diese Pause wieder für die spätere Gestaltung nutzen. Alle übrigen Satzzeichen streichen Sie einfach.

Und der Entscheid jemanden zu FRESSEN muss SCHNELL und UNABHÄNGIG gefasst werden.

---

65 Bichsel, Peter, Geschichten zur falschen Zeit, Darmstadt 1979

Das Wort Entscheid brauchen Sie nicht zu betonen. In der Schlagzeile der Boulevardzeitung käme dieses Wort sicher nicht vor.
> Das LEUCHTETE denn auch den GAZELLEN ein.
> Eigentlich haben Sie RECHT sagte eine Gazelle.
> Denn schließlich fressen WIR ja AUCH.

Hier bietet sich die Auflösung in drei Gedanken an, die leicht zu lesen, zu verstehen und später gut zu gestalten sind, indem wir jedem Gedanken einen anderen Subtext geben.
> Aber nur GRAS sagte eine andere Gazelle.
> Ja SCHON sagte die erste ↑
> aber nur weil wir GAZELLEN sind.

Wenn wir hier nach erste keine Pause machen, kann der Satz zu Missverständnissen führen (... sagte die erste aber nur...). Deswegen lassen wir die Gazelle zwischen schon und aber eine kleine Gedankenpause machen, in der sie sich genau überlegt, was sie sagen will.
> Wenn wir LÖWEN wären würden wir AUCH Gazellen fressen.
> RICHTIG sagten die Löwen.

Dass das richtig von den Löwen kommt, ist keine Überraschung. Deswegen können Sie sich die Betonung von Löwen zum Schluss sparen. Der Satz klingt flüssiger.

Weitere Gestaltung: Ein literarischer Text verlangt vom Vorleser immer eine eigene *Haltung*. Und da müssen wir uns bei vorliegendem Text erst für eine Seite entscheiden. Denn von der Beantwortung dieser Frage hängt die Gestaltung des Textes ab. Um Ihnen zu demonstrieren wie wir die Haltung bei einem ganzen Text deutlich zum Ausdruck bringen, zeige ich Ihnen beide Varianten. Im einen Fall stehen Sie auf Seiten der Löwen, im anderen Fall halten Sie zu den Gazellen.

? Gestalten Sie erst selbst beide Varianten und dann sehen (und hören) Sie sich meine Vorschläge an.

! --

Variante A: Ich bin für die Löwen.

Als die GAZELLEN von den Löwen MITBESTIMMUNG forderten ↑
waren die LÖWEN DAGEGEN.

Wie oben schon erklärt, kann ich hier zwei verschiedene Töne unterbringen. Die lästigen Gazellen kommen nun schon zum hundertsten Mal mit ihrer Mitbestimmung, und die Löwen sind natürlich strikt dagegen, was denn sonst?

(genervt, die schon wieder)
Als die GAZELLEN von den Löwen MITBESTIMMUNG forderten ↑

(rigoros, es gibt keine Diskussion)
waren die LÖWEN DAGEGEN.

Jetzt regen die Löwen sich richtig auf, ohne dabei aus der Ruhe zu geraten. Der König der Tiere hat die Lage immer im Griff.

(entrüstet, das wäre ja wohl noch schöner)
Es kommt noch SO WEIT dass die GAZELLEN bestimmen wen wir fressen sagten die Löwen.

Das sagten die Löwen hängen wir nicht trocken und farblos ans Ende und lassen es hinterherkleckern, sondern sprechen es im selben Ton wie den übrigen Gedanken. Im Normalfall hat ein Gedanke einen Ton, und die drei Worte gehören zum Gedanken dazu.

(sachlich, das ist alles bereits geklärt)
Sie beriefen sich auf eine unverdächtige Studie des WWF und sprachen von WILDPARTNERSCHAFT bei klarer KOMPETENZTRENNUNG.

Was kann der Löwe denn dafür, wenn die Wissenschaft auf seiner Seite ist.

(ernst, wir erklären euch das auch noch einmal)
FRESSEN auf der EINEN Seite ↑

GefressenWERDEN auf der ANDEREN Seite.

DENN so sagten sie ↑
es liege doch auf der HAND dass einer nicht zugleich etwas vom GefressenWERDEN und vom FRESSEN versteht.

Und der Entscheid jemanden zu FRESSEN muss SCHNELL und UNABHÄNGIG gefasst werden.

Die dummen Gazellen haben das gleich begriffen.

(erleichtert, das war ein hartes Stück Arbeit)
Das LEUCHTETE denn auch den GAZELLEN ein.

Ein kluges Tier denkt sofort mit.

3.1 Übungen zur Sprechtechnik

(erfreut, ich glaube, ich habe es verstanden)
Eigentlich haben Sie RECHT sagte eine Gazelle. Denn schließlich fressen WIR ja AUCH.

Die Kritiker sind längst in der Minderzahl und bringen ihre Argumente nur ganz zögerlich vor.

(ängstlich, ich wollte es nur noch einmal andeuten)
Aber nur GRAS sagte eine andere Gazelle.

Es gibt aber Gazellen, die begreifen viel schneller.

(überheblich, wie kann man nur so langsam sein)
Ja SCHON sagte die erste ↑
aber nur weil wir GAZELLEN sind.
Wenn wir LÖWEN wären, würden wir AUCH Gazellen fressen.

Da können sich die Löwen doch ganz erleichtert zurücklehnen und nicken. Für ihre Vorherrschaft im Tierreich besteht wieder mal keine Gefahr.

(leicht, na endlich haben sie es begriffen)
RICHTIG sagten die Löwen.

📷 80

Jetzt sehen wir uns die Geschichte an, wenn Sie sozial denken und auf Seiten der Gazellen stehen.

Variante B: Ich bin für die Gazellen

Als die GAZELLEN von den Löwen MITBESTIMMUNG forderten ↑
waren die LÖWEN DAGEGEN.

Jetzt zeichnen wir die Löwen in ihrer Überheblichkeit negativ, während wir das Anliegen der Gazellen für sehr berechtigt halten.

(energiegeladen, da haben die Gazellen eine gute Idee)
Als die GAZELLEN von den Löwen MITBESTIMMUNG forderten ↑
(seufzend, wie könnte es auch anders sein)
waren die LÖWEN DAGEGEN.

Jetzt bauen wir einen ironischen Unterton ein.

> (fassungslos, das ist mal wieder ganz typisch)
> Es kommt noch SO WEIT dass die GAZELLEN bestimmen wen wir fressen sagten die Löwen.

Auch hier verrät der ironische Unterton, was Sie von der Sache halten.

> (spöttisch, die spinnen die Löwen)
> Sie beriefen sich auf eine unverdächtige Studie des WWF und sprachen von WILDPARTNERSCHAFT bei klarer KOMPETENZTRENNUNG.
> FRESSEN auf der EINEN Seite ↑
> GefressenWERDEN auf der ANDEREN Seite.
> DENN so sagten sie ↑
> es liege doch auf der HAND dass einer nicht zugleich etwas vom GefressenWERDEN und vom FRESSEN versteht.
> Und der Entscheid jemanden zu FRESSEN muss SCHNELL und UNABHÄNGIG gefasst werden.

Den nächsten Satz sprechen Sie so, dass er das Gegenteil von dem meint, was Sie sagen.

> (zweifelnd, irgendetwas stimmt da nicht)
> Das LEUCHTETE denn auch den GAZELLEN ein.

oder

> (ironisch, das glauben die doch selbst nicht)
> Das LEUCHTETE denn auch den GAZELLEN ein.

Eine wirklich dumme Gazelle ist immer darunter, die nun wieder gar nichts begreift. Aber das ist Gott sei Dank die Ausnahme.

> (zögerlich, ich meine ja nur)
> Eigentlich haben Sie RECHT sagte eine Gazelle.
> Denn schließlich fressen WIR ja AUCH.

Gut, dass es noch Gazellen gibt, die wissen, wo es langgeht.

> (genervt, hast du eine lange Leitung)
> Aber nur GRAS sagte eine andere Gazelle.

> (beharrlich, so schnell gebe ich nicht auf)
> Ja SCHON sagte die erste ↑
> aber nur weil wir GAZELLEN sind.
> Wenn wir LÖWEN wären, würden wir AUCH Gazellen fressen.

Die Löwen merken, dass da eine Intrige im Gange ist, die sie nur noch schwer kontrollieren können. Sie sind sozusagen in Alarmbereitschaft.
(hastig, so glaubt es uns doch)
RICHTIG sagten die Löwen.

Zwei völlig verschiedene Variationen desselben Textes. Und eine solche „Manipulation" ist wesentlich häufiger möglich, als Sie denken.

81

Das Problem ist, dass Sie sich aus den Streitigkeiten nicht heraushalten können. Wenn Sie neutral bleiben wollen, kann Ihr Vortrag nur langweilig und farblos werden. Interessant wird er erst durch Ihren eigenen Standpunkt.

3.1.11 Werbung

In der Werbung ist es besonders schwierig, Ihnen Tipps für die sinnvollen Betonungen zu geben. Manchmal ist es ja gerade die falsche Betonung, die den Witz einer Werbung ausmacht. Vielleicht ist sogar der Effekt gewünscht, dass die Werbung abgelesen wirkt oder dass der Hörer das Gefühl bekommt, er habe es mit einem Trottel zu tun.

Auf jeden Fall sollte eine Werbung in der Gestaltung abwechslungsreich sein. Man wird leicht dazu verführt, eine ganze Werbung genießerisch zu lesen, um zu verdeutlichen wie gut das angepriesene Produkt tut, oder man verfällt in totale Begeisterung, weil das Produkt ja so hinreißend ist. Das soll ja so sein, aber eben nicht nur. Der Hörer geht uns viel leichter auf den Leim, wenn wir unsere Freude ein bisschen verpacken.

Der Bär ist los beim Modehaus Leitner in Amstetten, mit bärenstarken Angeboten!
Jetzt ist die Premiere für die neueste Herbst und Wintermode, die muss man gesehen haben!
Chic muss nicht teuer sein.
Darum Modehaus Leitner, im Herzen von Amstetten.

! --

Pausen und Betonungen:
> Der BÄR ist los beim Modehaus LEITNER in AMSTETTEN.
> Mit BÄRENSTARKEN ANGEBOTEN!

Durch die Unterteilung in zwei Gedanken werden die Angebote größer. Ich sage, dass der Bär los ist, und dann habe ich das Gefühl, es noch verstärken zu müssen.

> Jetzt ist die Premiere für die neueste HERBSTund WINTERMODE.
> Die MUSS man gesehen haben!

Hier betonen wir im zweiten Gedanken nicht gesehen, weil sonst beide Gedanken wieder ähnlich klingen würden. Gerade in der Werbung müssen wir aber jede Eintönigkeit vermeiden.

> CHIC muss nicht TEUER sein.
> Darum MODEHAUS LEITNER.
> im Herzen von AMSTETTEN.

Kleine Happen sind leichter zu verdauen und wir bringen mehr Töne unter. Außerdem haben wir das Modehaus Leitner ja schon im ersten Satz mit Amstetten verbunden. Jetzt machen wir es anders, um wieder die volle Aufmerksamkeit zu bekommen.

Weitere Gestaltung: Ich kann Ihnen wieder nur Vorschläge machen. Denn wenn Sie die ganze Werbung mit demselben begeisterten Überdruck sprechen, der ausdrücken soll, wie toll alles ist, werden Sie sicher wenig Begeisterung ernten.

Versuchen wir, ein paar neue Töne zu finden, die die Begeisterung auf unterschiedliche Art ausdrücken.

> (wie ein Marktschreier, alle mal herhören!)
> Der BÄR ist los beim Modehaus LEITNER in AMSTETTEN.

> (beeindruckt, ich bin einfach überwältigt)
> mit BÄRENSTARKEN ANGEBOTEN!

> (geheimnisvoll, schnell hin, sonst ist alles weg)
> Jetzt ist die Premiere für die neueste HERBSTund WINTERMODE.

> (überzeugt, da kommt keiner dran vorbei)
> Die MUSS man gesehen haben!

> (überrascht, der Preis ist doch kein Argument)
> CHIC muss nicht TEUER sein.

> (selbstsicher, ich hab's doch immer gesagt)
> Darum MODEHAUS LEITNER.

3.1 Übungen zur Sprechtechnik

(nachdrücklich, ja wissen Sie das immer noch nicht?!)
im Herzen von AMSTETTEN.

Alle Gedanken sind positiv, aber wir *differenzieren* die Begeisterung jetzt und haben zu jeder einzelnen Aussage eine ganz spezielle Meinung, fast so wie im richtigen Leben.

🎧 82

Sie können es natürlich auch ganz anders machen:

(konspirativ, weißt du schon das Neuste)
Der BÄR ist los beim Modehaus LEITNER in AMSTETTEN.

(erregt, du glaubst es nicht)
mit BÄRENSTARKEN ANGEBOTEN!

(in freudiger Erwartung, ich bin schon ganz nervös)
Jetzt ist die Premiere für die neueste HERBSTund WINTERMODE.

(snobistisch, das ist DAS gesellschaftliche Ereignis)
Die MUSS man gesehen haben!

(beruhigend, sieh dir erst mal die Preise an)
CHIC muss nicht TEUER sein.

(gut gelaunt, wie schön, dass es die gibt)
Darum MODEHAUS LEITNER.

(freudig, es liegt genau richtig im Zentrum der Stadt)
im Herzen von AMSTETTEN.

Achten Sie in jedem Fall darauf, dass sich Stimmungen oder Gefühle *nicht wiederholen*. Sie können sich dazu auch noch mal die Liste der Vorsätze ansehen, die ich Ihnen am Ende des Beitrags über die Melodie zusammengestellt habe. Und wenn Sie einen Regisseur haben, der Ihnen sagt, wie Sie es machen sollen, dann bieten Sie ihm etwas an.

🎧 83

3.1.12 Satire

Der Grat zwischen einer gelungenen Satire und einem Kasperletheater ist schmal. Sie hören den Text, und Sie wissen sofort, ob er gelungen ist oder nicht.

Wie viele schön geschriebene Satiren habe ich gehört, die der Autor aber nicht angemessen vortragen konnte. Und was kann ein guter Schauspieler oder Sprecher aus einem schlechten Text alles herausholen!

Grundsätzlich gilt: Je besser der Text ist, desto weniger müssen Sie machen. Ein brillant geschriebener Text enthält schon die ganze Satire und Sie können ihn lesen wie die Nachrichten. Ja, manchmal sollen Sie das sogar, damit seine Stärke besonders herauskommt.

Je schwieriger die Satire zu erkennen ist, desto mehr müssen Sie durch die Gestaltung verdeutlichen, dass alles ganz anders gemeint ist, als Sie es sagen.

Ein Beispiel, wie ich das machen würde: Da es eine Satire über die Sportberichterstattung ist, können wir dabei gleich üben, wie wir Bewegungsabläufe sprachlich lebendig darstellen.

Abfahrt mit Bäng 4000

Früher sagte man Schleichwerbung. Heute umschreibt man dies eleganter: „Product Placement" klingt doch viel besser. Die privaten TV-Sender sind wieder einmal voll im Trend. Sie pfeifen auf die öden Sportberichte von ARD und ZDF. Ihre Reportagen packen zu, greifen hinein ins wirkliche (Konsum-)Leben. Man muss erlebt haben, wie z. B. Bäng 4000 einen Worldcup-Abfahrtslauf kommentiert:

„Am Kneissl-Starthaus steht jetzt Gustav Rasermann. Gestartet! Er stürzt sich mit seinem knallgelben Bogner-Dreß in den Rossignol-Hang. Erste Zwischenzeit vom IBM-Computer: Acht-Zehn-Null-Vier Sekunden. Hervorragend! Fährt jetzt in die BASF-Kompression, nimmt die Nordica-Kurve und kommt dann auf die Head-Gerade. Geht tief in die Hocke. Ich sage nur: Salomon-Stiefel! Aber vor der Völkl-Kante muss er aufmachen, springt weit – und verliert fast seine Uvex-Brille.

Wer weiß, ob er ohne seine Marker-Bindung diesen 30-Meter-Satz überstanden hätte? Ich schaue auf meine Rolex – gleich muss er zur zweiten Zwischenzeit kommen: Eins-Null-Null- Zehn …, > Porsche Gusti <, wie ihn seine Freunde nennen, liegt weit vorn, fährt jetzt links in die Kästle-Falle, schlägt mit seinem adidas-Helm beinahe an die Torstange. Geschafft! Schießt jetzt auf das Puma-Ziel zu. Begeisterung auf der Hypo-Tri-

büne. Die Zuschauer schwenken ihre Lacoste- und BossFähnchen. Da kurz vor dem Ziel: ein fürchterlicher Sturz, knapp an der Siemens Bande! Aber was sehen wir? Obwohl halb bewusstlos und blutend, hält er seine Fischer-Ski in die laufenden Kameras. Herrlich! Großartig!...
Und der Sani-Hubschrauber der Vereinigten Krankenversicherung ist schon im Anflug…"
Bernd Ellermann[66]

! --

Pausen und Betonungen:

Früher sagte man SCHLEICHWERBUNG.
Heute umschreibt man dies ELEGANTER:
„PRODUCT PLACEMENT"
klingt doch viel BESSER.
Die privaten TV-SENDER sind wieder einmal voll im TREND.
Sie PFEIFEN auf die öden Sportberichte von ARD und ZDF.
Ihre REPORTAGEN packen ZU ↑
greifen HINEIN ins wirkliche (KONSUM)Leben.
Man muss ERLEBT haben wie z. B. BÄNG 4000 einen Worldcup-Abfahrtslauf KOMMENTIERT:
„Am KNEISSL-Starthaus steht jetzt Gustav RASERMANN.
GESTARTET!

Wenn wir nach Rasermann eine kurze Pause machen und dann gestartet sagen, hat der Zuhörer das Gefühl von Ablesen. Kein Starter richtet sich danach, wann der Kommentator mit seinen Sätzen fertig ist.

Wenn wir also das Geschehen hautnah vermitteln wollen, müssen wir das machen, was ein echter Kommentator auch macht. Er wartet auf den Startschuss, um uns mitzuteilen, wann er erfolgt ist.

Wir machen also nach Rasermann eine kleine Pause und platzen dann plötzlich mit gestartet heraus, so als hätten wir es gerade gehört oder gesehen. Auch eine Dehnung in ge… startet wäre möglich. Ge… wäre das Hochheben des Armes, startet der eigentlich Startschuss.

---

66 Ellermann, Bernd, Süddeutsche Zeitung, Die letzte Seite, Ausgabe 10. 1. 87

Er STÜRZT sich mit seinem knallgelben BOGNER-Dreß in den ROSSIGNOL-Hang.
Erste ZWISCHENZEIT vom IBM-Computer ... Acht-Zehn-Null-Vier SEKUNDEN.
HERVORRAGEND!
Fährt jetzt in die BASF-Kompression ↑ nimmt die NORDICA-Kurve und kommt dann auf die HEAD-Gerade.
Geht TIEF in die Hocke.
Ich sage nur: SALOMON-Stiefel!
Aber vor der VÖLKL-Kante muss er aufmachen

Hier beenden wir den Gedanken hinter aufmachen, weil wir die Vorstellung haben, der Kommentator sagt, er muss aufmachen und meint, dass er *gleich* aufmachen muss. Wenn Sie es so sehen, dass der Kommentator den Satz sagt, weil er sieht, dass der Abfahrtsläufer *jetzt* aufmacht, dann machen Sie hier keine Pause.

springt WEIT – und verliert fast seine UVEX-Brille.
Wer weiß ob er ohne seine MARKER-Bindung diesen 30-Meter-Satz ÜBERSTANDEN hätte?
Ich schaue auf meine ROLEX
gleich muss er zur zweiten ZWISCHENZEIT kommen:

Ob Sie hier das Ende des Gedankens nach oben ziehen oder nach unten, bleibt Ihnen überlassen. Es hängt wieder davon ab, wie nah der Skiläufer der Zeitnahme für die Zwischenzeit ist. Ist er sehr nah, ziehen Sie kommen nach oben, ist er in Ihrer Vorstellung noch ein Stück entfernt, machen Sie nach kommen einen Punkt.

Eins-Null-Null-Zehn...,
> PORSCHE Gusti < wie ihn seine Freunde nennen liegt WEIT VORN
fährt jetzt LINKS in die KÄSTLE-Falle ↑ schlägt mit seinem ADIDAS-Helm beinahe an die TORSTANGE.
GESCHAFFT!
SCHIESST jetzt auf das PUMA-Ziel zu.
BEGEISTERUNG auf der HYPO-Tribüne.
Die Zuschauer schwenken ihre LACOSTE- und BOSS-Fähnchen.
DA!
KURZ vor dem ZIEL ein fürchterlicher STURZ knapp an der SIEMENS Bande!

Hier ist es wieder Ihrer Vorstellung überlassen, ob Sie nach da eine Pause machen und dafür nach Ziel keine oder ob sie da kurz vor dem Ziel durchsprechen,

3.1 Übungen zur Sprechtechnik

und dafür nach Ziel eine Pause machen. Nach da und nach Ziel eine Pause zu machen, bietet sich nicht an, weil das einen monotonen Rhythmus ergibt.
   Aber was SEHEN wir?

Ob Sie den Ton nach oben ziehen, oder ob Sie diese Frage wie einen Punkt sprechen, hängt wieder davon ab, wie Sie die Situation sehen. Machen Sie den Punkt, ist die Gefahr längst vorbei, wenn Sie die Frage stellen, und die Frage ist rein rhetorisch. Wenn Sie den Ton nach oben ziehen, wollen Sie wirklich wissen, was da gerade los ist.
   Obwohl halb BEWUSSTLOS und BLUTEND ↑
Wir geben ihm einen Moment Zeit, seine Skier zu drapieren. Jeder soll genügend Zeit haben, sich die absurde Szenerie vorzustellen, in der ein verletzter Skifahrer nichts Besseres zu tun hat, als seine Skier in die Kameras zu halten.
   hält er seine FISCHER-Ski in die LAUFENDEN KAMERAS.
   HERRLICH!
   GROSSARTIG!
   Und der SANI-Hubschrauber der Vereinigten KRANKENVERSICHERUNG ist schon im ANFLUG.

Weitere Gestaltung: Wichtig ist es, vor allem am Anfang eines Textes zu überziehen, damit die Zuhörer wissen, wie er gemeint ist. Hat dann jeder begriffen, dass es sich um eine Satire handelt, genügt die kleinste Andeutung, um die Hörer zum Lachen zu bringen.
   (Die Zeiten sind lange vorbei)
   Früher sagte man SCHLEICHWERBUNG.

   (Jetzt drücken wir uns mal fein aus, ironisch)
   Heute umschreibt man dies ELEGANTER:
   „PRODUCT PLACEMENT"
   klingt doch viel BESSER.

Sie meinen also das Gegenteil von dem, was Sie sagen. Den Begriff PRODUCT PLACEMENT würde ich schön breit nehmen, um ihn wirklich zu ironisieren.
   Die privaten TV-Sender sind wieder einmal voll im TREND.
   Sie PFEIFEN auf die öden Sportberichte von ARD und ZDF.
   Ihre REPORTAGEN packen ZU ↑
   greifen HINEIN ins wirkliche (KONSUM)Leben.

Diese Passage könnte etwas Marktschreierisches haben. Das laute Geklingel der privaten TV-Sender wird nachgemacht.

> (Staunen und Begeisterung)
> Man muss ERLEBT haben wie z. B. BÄNG 4000 einen Worldcup-Abfahrtslauf KOMMENTIERT:

Der Reporter beobachtet gespannt, was sich gerade tut.

> „Am KNEISSL-Starthaus steht jetzt Gustav RASERMANN.
> Ge – startet!
> Er STÜRZT sich mit seinem knallgelben BOGNER-Dreß in den ROSSIGNOL-Hang.

Es geht schnell, also sprechen wir auch schneller, weil wir die Information für die Zuhörer unterbringen müssen, während er an uns vorbeisaust.

Auch auf die Zeit müssen wir einen Moment warten, ehe wir sie auf dem Bildschirm sehen. Bis dahin entsteht eine gespannte Pause.

> (Pause)
> Erste ZWISCHENZEIT vom IBM-Computer ↑
> Acht-zehn-null-vier SEKUNDEN.
> (Die Begeisterung reißt den Reporter mit.)
> HERVORRAGEND!
> (Der Reporter hat ihn nach kurzer Suche wieder gefunden.)
> Fährt jetzt in die BASF-Kompression ↑

Wie stellen Sie sich die Nordica-Kurve vor? Ist es eine weite ausladende Kurve, dann ziehen Sie das nimmt richtig in die Länge, ist die Kurve klein und eng sprechen Sie das nimmt kurz und knapp.

> nimmt die NORDICA-Kurve und kommt dann auf die HEAD-Gerade.

Auch hier kann ich das tief wieder dehnen, wenn ich mir vorstelle, dass er wirklich bis an die Grenze in die Knie geht:

> Geht TIEF in die Hocke.
> (mit dem Understatement des Kenners)
> Ich sage nur: SALOMON-Stiefel!
> (zu dumm, wir drücken die Daumen, dass es gelingt und sehen mit angespannten Muskeln zu)
> Aber vor der VÖLKL-Kante muss er aufmachen

3.1 Übungen zur Sprechtechnik   227

Das weit **können Sie wieder dehnen,** um seinen Sprung bildlich zu machen:

springt WEIT -

(das ist ja noch einmal gut gegangen)
und verliert fast seine UVEX Brille.

(skeptisch und zweifelnd)
Wer weiß ob er ohne seine MARKER-Bindung diesen 30-Meter-Satz ÜBERSTANDEN hätte?
Ich schaue auf meine ROLEX
gleich muss er zur zweiten ZWISCHENZEIT kommen:

Auf die Zwischenzeit warten wir wieder.

Eins-Null-Null-Zehn ...,

(voller Begeisterung)
> PORSCHE Gusti < wie ihn seine Freunde nennen liegt weit VORN

Das könnte jetzt mal ganz wunderbar funktionieren. Der Reporter kommentiert es voller Bewunderung für Gustis fahrerische Qualitäten.

(bewundernd)
fährt jetzt LINKS in die KÄSTLE-Falle ↑

(doch was ist das? Ein Unglück?)
schlägt mit seinem ADIDAS-Helm beinahe an die TORSTANGE.

(nein, alles in bester Ordnung, die Gefahr ist vorbei)
GESCHAFFT!

(breite Piste ohne Schwierigkeiten, es kann ihm nichts passieren. Das Rennen ist fast gelaufen)
SCHIESST jetzt auf das PUMA-Ziel zu.

(es ist so schön, ihn siegen zu sehen. Und alle, alle sind gekommen)
BEGEISTERUNG auf der HYPO-Tribüne.
Die Zuschauer schwenken ihre LACOSTE- und BOSS-Fähnchen.

(ein jäher Schrei!)
DA!

Je breiter und bedeutungsvoller Sie den nächsten Satz sprechen, desto fürchterlicher wird der Sturz:

KURZ vor dem ZIEL ein fürchterlicher STURZ knapp an der SIEMENS Bande!

(der Reporter versucht, etwas zu erkennen, aber es will ihm nicht gelingen)
Aber was SEHEN wir?

(der Reporter ist schon erleichtert, weil er sieht, dass nichts passiert ist, wenn er es uns mitteilt)
Obwohl halb BEWUSSTLOS und BLUTEND ↑

Hier betonen wir die Wörter BEWUSSTLOS und BLUTEND, und sprechen sie ganz langsam und schwer, weil Gusti ja das Halten der Skier ebenfalls sehr schwer fällt.
hält er seine FISCHER-Ski in die LAUFENDEN KAMERAS.
(der Reporter ist überwältigt)
HERRLICH!
GROSSARTIG!

(trocken und kommentierend)
Und der SANI-Hubschrauber der Vereinigten KRANKENVERSICHERUNG ist schon im ANFLUG.

Kennzeichen der Ironie ist, dass der Inhalt des Gedankens, den wir sprechen, und der Subtext, den wir denken, ganz verschieden sind, ja sich meistens sogar widersprechen. Die Technik ist aber dieselbe wie beim literarischen Text. Jeder geschriebene Gedanke transportiert noch einen anderen Gedanken, den wir unterlegen.

84

3.1.13 Zwei Personen sprechen

Ein Text, an dem wir sehr schön üben können, eine Person zu charakterisieren, ohne unserer Stimme Gewalt anzutun.
Enttäuschung
Na, wie war's?
  Blöd.
Ich denk, sie hatte Geburtstag?
  Ja.
Und?
  Bloß rumgesessen und Kuchen gefressen.
Gegessen.
  Na, schön.
Nicht auch'n bisschen im Garten gespielt?
  Doch.
Und wahrscheinlich doch auch unterhalten?

3.1 Übungen zur Sprechtechnik

Klar.
Und sicher gab's auch Musik.
Jede Menge.
Aber sag mal, was willst du denn dann?
Dass se nich so hinterhältig is.
Bitte?
Na, weiß, dass ich komm, und lädt noch fuffzehn andre mit ein!
Wolfdietrich Schnurre[67]

Als erstes sollten wir überlegen, welche Charaktere bzw. welche Stimmung wir den beiden Sprechern zuordnen. Das Wichtigste, auf das wir achten müssen, ist, dass die Stimmungen nicht zu ähnlich sind. Je gegensätzlicher, desto größer die Spannung und desto leichter die Gestaltung.

Es bietet sich hier die neugierige Mutter an, die vielleicht noch etwas anderes nebenbei macht und ein richtig ärgerlicher kleiner Junge.

(überfreundlich, mit neugierigem Unterton)
Na, wie war's?

(kurz angebunden, sehr ärgerlich)
Blöd.

(sie lässt nicht locker)
Ich denk, sie hatte Geburtstag?

(will das Gespräch nicht fortsetzen)
Ja.

(Mutter lässt nicht locker)
Und?

(Sohn gibt auf, irgendetwas wird er erzählen müssen)
Bloß rumgesessen und Kuchen gefressen.

(mit erhobenem Zeigefinger)
Gegessen.

(so eine blöde Kuh, ich ärgere mich gerade)
Na, schön.

(Sohn antwortet, also können wir ein bisschen intensiver fragen)
Nicht auch'n bisschen im Garten gespielt?

---

67 Schnurre Wolfdietrich, Ich frag ja bloß, München 1973, S. 46

    (vielleicht sollte ich meinem Ärger doch Luft machen)
    Doch.
(ist ja interessant, mal sehen)
Und wahrscheinlich doch auch unterhalten?
    (es stinkt mir so, ich muss es sagen)
    Klar.
(jetzt wird's gleich interessant)
Und sicher gab's auch Musik.
    (die Frau lässt mich nicht zu Wort kommen)
    Jede Menge.
(das Kind soll einer verstehen!)
Aber sag mal, was willst du denn dann?
    (so schräg nach unten gebrummt)
    Dass se nich so hinterhältig is.
(jetzt verstehe ich gar nichts mehr)
Bitte?
    (versteht denn keiner hier, dass es so nicht geht?)
    Na, weiß, dass ich komm, und lädt noch fuffzehn andre mit ein!

Wenn die Mutter immer schön langsam und penetrant wie nebenbei die Würmer aus der Nase zieht und der Junge widerwillig und bockig nur zögernd antwortet, wird kein Zuhörer Probleme haben zu entscheiden, wer denn da jetzt gerade spricht.

🔘 85

3.2 Übungen zur Artikulation

Lesen Sie die Texte einmal leise, machen Sie sich Ihre Sprechzeichen, lesen Sie sie dann laut. Am besten lesen Sie die Texte jemandem vor. Sie werden dann merken, ob er oder sie Sie versteht oder nicht. Und wie Sie mit den sprachlichen Schwierigkeiten des Textes zurecht kommen, merken Sie selbst als Erster.

Ü **Der erste Text ist ein einziger Satz**, aber natürlich nicht ein einziger Gedanke. Teilen Sie den Satz ein und sprechen Sie ihn so, dass wir ganz entspannt mitbekommen, worum es da geht:

3.2 Übungen zur Artikulation

Wenn man nun die wichtige Rolle betrachtet, welche die Geschlechtsliebe in allen ihren Abstufungen und Nuancen, nicht bloß in Schauspielen und Romanen, sondern auch in der wirklichen Welt spielt, wo sie, nächst der Liebe zum Leben, sich als die stärkste und tätigste aller Triebfedern erweist, die Hälfte der Kräfte und Gedanken des jüngeren Teiles der Menschheit fortwährend in Anspruch nimmt, das letzte Ziel fast jedes menschlichen Bestrebens ist, auf die wichtigsten Angelegenheiten nachteiligen Einfluss erlangt, die ernsthaftesten Beschäftigungen zu jeder Stunde unterbricht, bisweilen selbst die größten Köpfe auf eine Weile in Verwirrung setzt, sich nicht scheut, zwischen die Verhandlungen der Staatsmänner und die Forschungen der Gelehrten störend mit ihrem Plunder einzutreten, ihre Liebesbriefchen und Haarlöckchen sogar in ministerielle Portefeuilles und philosophische Manuskripte einzuschieben versteht, nicht minder täglich die verworrensten und schlimmsten Händel anzettelt, die wertvollsten Verhältnisse auflöst, die festesten Bande zerreißt, bisweilen Leben oder Gesundheit, bisweilen Reichtum, Rang und Glück zu ihrem Opfer nimmt, ja den sonst Redlichen gewissenlos, den bisher Treuen zum Verräter macht, demnach im Ganzen auftritt als ein feindseliger Dämon, der alles zu verkehren, zu verwirren und umzuwerfen bemüht ist – da wird man veranlasst auszurufen: Wozu der Lärm? Wozu das Drängen, Toben, die Angst und die Not? Es handelt sich ja bloß darum, dass jeder Hans seine Grete finde.[68]

Ü **Der nächste Text ist nicht einfach zu begreifen.** Versuchen Sie, ihn so zu lesen, dass auch der Laie die beschriebenen Zusammenhänge für einfach hält.

In der Dialektik von Spielen und Zuschauen ist ein weiteres konstitutives Moment der Theatersituation angelegt, die Dialektik von Spiel und Ernst. Nur Spiel ist der Inhalt der Theaterhandlung, so sehr sie ihrer Form nach der Alltagsrealität gleichen mag; die Bühnentragödie ist eine fiktive Katastrophe. Auf dieses Spiel aber lassen sich Spieler und Zuschauer ernsthaft ein; die Emotionen, die Theater auslöst, Komödie wie Tragödie, sind deswegen durchaus real, affizieren nicht weniger als die Erfahrungen des Alltags.
Ernst ist auch die Theatersituation als gesellschaftliche Vereinbarung, das Theater als Institution.[69]

---

68 Schopenhauer, Arthur, Die Welt als Wille und Vorstellung II, 4,44, zit. nach: Schneider, Wolf, Wörter machen Leute, München, Zürich, 3. Auflage 1986, S. 275
69 Brauneck, Martin, Theater im 20. Jahrhundert, Hamburg 1982, S. 15

Eine Sammlung meiner schönsten Schnellsprechsätze zum Schluss. Sprechen Sie die Sätze in Ruhe und vor allen Dingen nach Möglichkeit flüssig, und bei dem Satz, der Ihnen Schwierigkeiten macht, wartet Arbeit auf Sie.

Sprechen Sie laut! Gemurmelt ist jeder Satz kinderleicht. Wenn ich zum Beispiel in meinem Gruppenunterricht einen Kreis gebildet habe und der Dame links neben mir einen Schnellsprechsatz gebe, den sie nachsprechen soll, gelingt ihr das in der Regel recht gut.

Am schlechtesten wird der Herr rechts neben mir sein, der diesen Satz die ganze Zeit leise vor sich hingeübt hat, während die anderen im Kreis den Satz gesprochen haben. Dieser Herr ist völlig überzeugt, den Satz perfekt zu können, weil es ja im Kopf so gut funktioniert hat. Aber gerade diese falsche Selbstsicherheit lässt ihn, wenn er dran ist, alles mit viel Schwung völlig durcheinander bringen.

Ich kann nur noch einmal betonen, wie sehr solche Übungen Ihre Sprechtechnik trainieren.

Zwei Schweizer Schwertschweißer schweißen schwitzend Schweizer Schwerte. Schweizer Schwerte schweißen schwitzend zwei Schweizer Schwertschweißer.

Wer gegen Aluminium minimal immun ist, besitzt Aluminiumminimalimmunität. Aluminiumminimalimmunität besitzt, wer gegen Aluminium minimal immun ist.

Österreichisch „Tschüs" heißt tschechisch „Tschö". Tschechisch „Tschö" heißt österreichisch „Tschüs".

Tschechische Chefchemiker auf griechischen Passagierschiffen.

Kauend klaut Klaus Labskaus.

Blaue Blumen blühen bunter als braune Blumen, und braune Blumen blühen bunter als blaue Blumen.

In Ulm und um Ulm und um Ulm herum.

Welcher Metzger wetzt sein Metzgermesser am Wetzstein des Metzgermeisters?

Achtundachtzig achteckige Jackenknöpfe

Lila Flanellläppchen (10x)

Im dichten Fichtendickicht nicken dicke Fichten tüchtig.

Sieben Zwerge machen Handstand, drei im Wandschrank, vier am Sandstrand.

Der Whiskeymixer mixt Whiskey. Whiskey mixt der Whiskeymixer.

3.2 Übungen zur Artikulation

Der Kaplan klebt Pappplakate an.

Es klapperten die Klapperschlangen, bis ihre Klappern schlapper klangen.

Leicht bröckelt die Rinde der breitblättrigen Linde.

Messwechsel – Wachsmaske, Wachsmaske – Messwechsel.

Spröde Schöne, sei mir nicht böse, wenn ich die Öse, die störende, löse.

Die Streusalzstreuer zahlen heuer keine Streusalzstreuersteuer.

Der Flugplatzspatz nahm auf dem Flugblatt Platz, auf dem Flugblatt Platz nahm der Flugplatzspatz.

Testtexter texten Testtexte

Testtexte texten Testtexter

Unter den kleinsten Steppdecken kann der größte Depp stecken.

Eine Diplombibliothekarin ist eine Bibliothekarin mit Diplom. Eine Bibliothekarin mit Diplom ist eine Diplombibliothekarin.

Ein Student mit Stulpenstiefeln stolperte am Stein und starb.

Sieben Schneeschipper schippen Schnee.

Basken, die Taxen wachsen, flachsen beim Wachsen der Baskentaxen. Beim Wachsen der Baskentaxen flachsen Basken, die Taxen wachsen (Udo Tanske).

Das Weinfass, das Frau Weber leerte, verheerte ihre Leberwerte.

Bei dem alten Lappenschupen, wo die Lappen Schoppen kippen und für ein paar Robbenhappen hübsche Lappenpuppen strippen, bis sich die ganzen Lappensippen mit den Rippen von den Robben um die hübschen Puppen kloppen, sollst du nie den Schlitten stoppen. (Georg Winter)

Sprechen als Beruf

4.1 Sprechercastings

Sollten Sie das Sprechen zum Beruf machen wollen und zu einem Sprechercasting, also zu einem Vorsprechen für Sprecher, egal ob Radio, Fernsehen oder Film, eingeladen werden oder aber nach langem Bemühen endlich einen Termin bekommen haben, habe ich Ihnen dafür ein paar Tipps zusammengestellt.

Verzichten Sie am Abend vorher auf zu viel Alkohol und Nikotin. Den Rausch von gestern hört man, auch wenn Sie sich noch so viel Mühe geben.

Essen Sie keine große, schwere Mahlzeit vorher. Das macht müde und schwerfällig.

Sprechen Sie sich ein. Wenn Sie vor dem Casting stundenlang mit niemandem gesprochen haben, sind Versprecher sehr wahrscheinlich.

Essen Sie vorher nichts Süßes. Das verklebt Ihnen den Mund und behindert Sie beim Sprechen. Versuchen Sie nur einmal, einen Schoko-Riegel zu essen und dann ein Referat zu halten. Sie werden sich wundern. Das Gleiche gilt für Nüsse und Mürbegebäck. Mit großer Wahrscheinlichkeit werden Sie husten müssen.

Nehmen Sie einen Bleistift mit. Wenn kurzfristig in Ihrem Text etwas geändert werden soll (und es muss immer etwas geändert werden), können Sie vielleicht eine einzige Änderung im Kopf behalten, aber zwei oder drei oder... Und womit wollen Sie sonst Ihre Sprechzeichen machen?

Kommen Sie früh genug. Sie können sich mit den Örtlichkeiten vertraut machen, vielleicht andere beobachten und schon ein bisschen sehen, was man von Ihnen will.

Fragen Sie nach dem Text! Wenn viel los ist, vergißt man vielleicht, Ihnen den Text zu geben, erwartet aber später, dass Sie ihn kennen. Je früher Sie den Text haben, desto leichter für Sie. Sie haben ja einen Bleistift und können sich jetzt vorbereiten.

Sollten Sie einen trockenen Mund haben, trinken Sie etwas Ungesüßtes oder beißen Sie sich bei geschlossenem Mund auf die Zunge. Das regt die Speichelbildung an.

Entschuldigen Sie sich nicht und machen Sie sich nicht klein! Wenn Sie etwas nicht können, hört man das sowieso. Sie brauchen niemanden auf Ihre Schwächen aufmerksam machen. Betonen Sie lieber Ihre Stärken, ohne aufdringlich zu sein.

Hören Sie sich nicht selber zu und denken über Fehler nach, die Sie gemacht haben oder vielleicht noch machen werden. Zum Üben ist es jetzt zu spät. Konzentrieren Sie sich nur auf Ihren Text.

Vor dem Mikrofon warten Sie immer erst das „Bitte" ab. Wenn Sie das nicht ausdrücklich hören, schweigen Sie besser noch. Wenn der Regisseur jünger ist, kann das „Bitte" auch schon mal „Action" heißen.

Stellen Sie sich immer einen Zuhörer vor! Sprechen Sie für jemanden und nicht für das Mikrofon. Nur wenn Sie für einen, in diesem Falle imaginären, Zuhörer sprechen, kommt Ihre Botschaft an.

Nehmen Sie den Text, den Sie bekommen, nur als Etüde, um zu zeigen, was Sie können. Niemanden interessiert der Inhalt dessen, was Sie da lesen. Dutzende von Sprechern haben denselben Text vor Ihnen gesprochen. Auf das „Wie" kommt es an. Gestalten Sie, lassen Sie sich etwas einfallen. Später sagt Ihnen ohnehin der Regisseur oder der Chefsprecher, wie er es haben will. Jetzt müssen Sie erst einmal zeigen, was Sie aus so einer Vorlage machen können. Wenn Sie ausgefallene Ideen haben, bringen Sie sie. Wenn Sie zu viel machen, wird man es Ihnen schon sagen.

Versuchen Sie einen fremden Text erst einmal zu verstehen, besonders, wenn Sie den Text kurzfristig bekommen und daher wenig Zeit zur Verfügung haben. Wenn Sie etwas lesen, das Sie nicht verstanden haben, merkt man das sofort.

Fangen Sie langsam und ruhig an. Schneller werden Sie ganz von selbst, besonders, wenn Sie aufgeregt sind.

Nach einem groben Versprecher sprechen Sie den Satz einfach noch einmal. Korrigieren Sie ohne lange Vorträge und Entschuldigungen und machen Sie genauso weiter. Das Schneiden ist später kein Problem. Wenn Sie noch ziemlich am Anfang sind, können Sie auch vorne neu beginnen.

Bereiten Sie sich auf die Frage nach Dialekten vor! Ein Witz im Heimatdialekt macht sich immer besser als ein paar gestammelte Sätze. Und bleiben Sie bei Ihrem eigenen Dialekt. Ein Leipziger wird auch mit großem Talent kein Bayer, und ein Hesse kein Hamburger.

Können Sie Ihre Stimme verstellen? Können Sie jemanden imitieren? Sonst irgendwelche besonderen Fähigkeiten? Bereiten Sie sich darauf vor, einen kleinen Ausschnitt davon zu zeigen.

Gehen Sie nicht zu nahe ans Mikrofon und berühren Sie es ja nicht! Ein Techniker stellt Ihnen alles ein. Die Geräte sind hochempfindlich. Also versuchen Sie nicht, an der falschen Stelle hilfsbereit zu sein.

Sprechen Sie nicht zu laut, auch wenn Sie nervös sind! Ihre Stimme klingt viel schöner und voller, wenn Sie die Lautstärke dem Mann mit den Reglern überlassen.

Wenn Sie nicht engagiert werden, nehmen Sie es auf keinen Fall persönlich. Wer einmal erlebt hat, nach welch eigenartigen Kriterien manchmal Stimmen ausgesucht werden, hört auf, sich nach einem Casting Vorwürfe zu machen.

Aber seien Sie selbstkritisch! Waren Sie wirklich gut oder müssen Sie noch an sich arbeiten? Wenn das Casting gut war, dann wissen Sie das hinterher selbst am besten.

Bohren Sie nicht nach, warum Sie nicht genommen wurden. Sie erfahren die Wahrheit ja doch nicht, und jede Notlüge des Auftraggebers provoziert bei Ihnen Überlegungen, die mit der Wahrheit nichts zu tun haben.

Lehnen Sie keine Texte ab, weil Sie sie für schlecht halten. Wenn man Sie danach fragt, können Sie Ihre Meinung sagen, aber niemand will von einem fremden Menschen, der sich um eine bestimmte Arbeit bewirbt, als erstes hören, was für einen Unsinn er geschrieben hat. Diese Besserwisserei kommt viel häufiger vor, als Sie denken.

Und telefonieren Sie später nicht ständig herum, dass man Ihnen eventuelles Audio- oder Videomaterial wieder zurückschickt. Die Kosten dafür sind inzwischen so gering, dass das ein komisches Licht auf Sie wirft. Verschicken Sie nur Kopien, und geizen Sie damit nicht. Nur wenn Sie in einem Archiv vorhanden sind, können Sie gefunden werden.

4.2 Demo-Material

Sollten Sie schon in einem Sender oder in einem Tonstudio gearbeitet haben, ist die Anfertigung von Demomaterial einfach.

Sie schneiden ein paar verschiedenartige Beispiele Ihrer Arbeit zusammen, wobei Ihre besten Sachen am Anfang stehen sollten, weil Sie ja nie wissen, wie lange derjenige zuhört.

Wenn Sie noch keine professionellen Beispiele haben, können Sie sich Demomaterial auch selbst herstellen. Es genügt ein normaler Computer oder ein Aufnahme-Gerät; das eingebaute Mikrofon genügt aber nicht. Aber es gibt heute für jedes Smartphone Zusatzmikrophone, die einen tollen Klang liefern und für diesen Zweck ausreichend sind. Aber am besten sollten Sie versuchen, jemanden zu finden, bei dem Sie die Aufnahme mit einer guten Anlage in einem Studio machen können.
  Auch eine Website mit guten Audiobeispielen zum Anwählen, ist heute Standard. Ich kann mir als potentieller Auftraggeber gleich die Textsorte heraussuchen, für die ich Sie buchen möchte. Außerdem sollten Sie zumindest in den kostenlosen Sprecherdatenbanken zu finden sein.

Ich rate Ihnen davon ab, zur Einführung neben Ihrem Namen und ein paar kurzen Angaben zu Ihrer Person etwas über Ihre Ziele und Ihre Selbsteinschätzung zu sagen. Nach meiner Erfahrung interessiert das niemanden. Und wenn Ihre Ziele nicht mit der Tätigkeit übereinstimmen, für die Sie vorsprechen, sind Sie aus dem Rennen, auch wenn sonst alles passt. Sie persönlich interessieren meistens leider nicht, so schade das ist.

4.2 Demo-Material

Nehmen Sie kurze und möglichst verschiedenartige Beispiele (max. drei Minuten pro Beispiel).

Gut bewährt hat sich eine Dreiteilung

- in einen *Sachtext*, z. B. ein Kommentar zu einem Dokumentarfilm,
- einen *Werbetext*, also eine besonders interessante Rundfunkwerbung, und drittens
- ein Stück aus einer *literarischen Erzählung*.

Die Texte dafür erfinden Sie oder Sie schreiben Sie bei Radio und Fernsehen einfach ab.

Aber das ist nur ein Vorschlag. Je nach der Produktionsfirma, der Redaktion oder dem Sender, bei dem Sie sich bewerben, und nicht zuletzt natürlich nach Ihren Zielen, können Sie andere Schwerpunkte setzen.

Wenn Sie einen Dialekt beherrschen oder andere spezielle Fähigkeiten haben, sollten Sie auch davon eine Probe abliefern. Wenn Sie wollen, können Sie jetzt auch noch einen *längeren* Text als Zugabe sprechen; wer sich dafür nicht mehr interessiert, kann ja abschalten.

Zeigen Sie, was Sie können, wählen Sie den Schwierigkeitsgrad nicht zu niedrig. Es gibt so viele, die glauben, gut sprechen zu können, aber wie wenige können es wirklich.

Dank

Ich möchte mich zunächst bei allen meinen Schülern bedanken, besonders bei Doris Tromballa und Martin Berlet und den Sprecherinnen und Sprechern von Radio Arabella, die durch ihre Fragen und ihren Ehrgeiz dieses Buch erst ermöglicht haben. Ihre Lust auf meinen Unterricht hat mich immer wieder neu motiviert und sie werden sich wohl in vielen Beispielen wiederfinden.

Dank an Waltraud für die kritische Durchsicht, an Herbert für die fachliche Beratung, an Ruth v. Zerboni für ihren Glauben an mich und meine Arbeit, an Monika Woytowicz und Celino Bleiweiß für ihre wunderbaren Tipps und Geschichten.

Dank gebührt vor allem auch meinem Lehrer Harald Schreiber, der mich durch unsere hartnäckigen und teilweise heftigen Auseinandersetzungen immer wieder dazu gebracht hat, den Strukturen der Sprache weiter auf den Grund zu gehen.

Ein herzliches Dankeschön auch an meinen Betreuer Norbert Linke, der mir mit seiner liebevollen und humorvollen Art viele Fehler vermeiden half. Vor allem aber war er immer ein kompetenter Gesprächspartner mit derselben Begeisterung für die Vielfalt unserer Sprache.

Bei der Endfassung des Buchtextes und dessen äußerer Form verdanke ich auch Birgit von La Roche als Lektorin wichtige Verbesserungen der Lesbarkeit.

Erwähnen möchte ich außerdem Uwe Gürtler, Elu Karmann, Petra Mentner, Rico Rank, Jochen Sattler, Roland Schindzielorz und Hellmuth Specht, der mir spontan sein Studio für die Aufnahme der CD zur Verfügung stellte. Sie alle haben auf ihre Art zum Gelingen dieses Buches beigetragen und ihnen gebührt mein aufrichtiger Dank.

Michael Rossié

Register

A

Abkürzungen 138f.
Adjektiv 11, 57, 74, 102, 104, 210f.
Akzent 2, 78, 113
Alkohol 178f., 235
Anekdote 47, 185, 201
Anführungsstriche 63, 65, 68, 204
Artikel 9, 39
Artikulation 161, 165, 177, 230
Atemmittellage 153
Atempause 38, 40f., 58
Atemstütze 155
Atemtechnik 151, 153
Atemvolumen 152f.
Atmung 151ff.
Aufnahmegerät 156
Aufzählung 30f., 112
Ausdruck 7, 24, 75, 127, 158, 161, 164, 215
Ausrufezeichen 16, 32, 60f., 65, 67f.
Aussagesatz 26
Aussprache 95, 133, 165, 168, 171ff.
Aussprachedatenbank 173f.
Ausspracheregel 11, 168
Autogenes Training 187
Autor 12, 17, 33, 35, 41, 57, 61, 74f., 90, 128ff., 139f., 193, 197, 210, 222

B

Bauchdecke 151, 152
Beitrag 1, 16, 27, 32f., 47f., 61, 64, 70, 78, 95, 98, 101f., 106, 112f., 119, 123, 128, 141, 174, 175, 221
Betonungen falsche 219
Binden 170
Bindestriche 11, 183f.
Bindewörter 18
Block
  zweikerniger 13
Bogen 41f., 60
Börsenbericht 104
Brustatmung 152
Bücher 4, 23, 27f., 31, 39, 42, 50, 59, 129, 136, 186

C

Casting 235, 237
CD 63, 173f.
Charaktere 118f., 124ff., 141, 145, 229
Comics 140

D

Definitionen 51
Demo-Material 238
Demosthenes 177
Dialekt 95, 107, 158ff., 237, 239
Diktaphon 38
Dokumentarfilm 239
Doppelpunkt 62f., 65, 68, 204
Doubletake 147f.
Duden 61, 67, 135, 173, 176, 181
Dynamik 2

E

Effekt 52, 142, 148
Effekte 116, 162
Eigenname 44f., 54, 172ff., 210
Einschub 56f., 64, 105ff., 144, 200f.
Ein-Wort-Satz 94
Endbetonung 15, 194
Erklärungen 31, 51, 126, 141

F

Fabel 213
Fachliteratur 50, 105, 177
Feature 39, 71, 100
Fragezeichen 32, 61, 65f.
Fullstop 32

G

Gedankenstrich 68
Gedichte 80, 109, 112, 128, 144f.
Gegensätze 30, 31, 49, 124, 145, 149
Geräusche 112, 115, 139, 165
Gestaltungsmittel 32, 75, 76ff., 86, 105, 109f., 116, 124, 126ff., 191
Glosse 71f., 91

H

Hals 152, 158f., 179
Haltung 159, 164, 215
Hände 51, 184ff., 203f., 207f.
Hauptton 2, 5f., 10, 23, 40, 53, 193
Hochatmung 152
Hochlautung 11
Hörbild 72
Hörspiel 85, 100
Humor 164

I

Indifferenzlage 105, 164
Informationsgehalt 2, 5, 14
Informationstext 17, 24, 50, 76
Intensität 7, 88
Interpunktion 29, 33, 65

K

Kehlkopf 152, 155ff., 160, 178
Klammer 64, 67, 212f.
Komma 25, 32ff., 36ff., 46f., 50f., 60, 65f., 68, 72, 74, 106, 137, 203f.
Komödie 129, 147, 231
Konjunktion 18
Korken 176ff.
Körperhaltung 153
Körpersprache 129, 186
Krimi 72
Kurzatmigkeit 152

L

Lampenfieber 186f., 189
Lautstärke 7, 86ff., 93, 105, 107, 110, 126, 160f., 206f., 237
Lehrer 6, 36, 50, 122, 156, 188f., 211
Lehrsatz 51
Lesung 39
Literatur 75, 186
    klassische 47, 115
Logopäde 161f.
Luftröhre 157
Lyrik 168

M

Manuskript 39, 42, 51, 64, 68, 117, 159, 184f., 188, 231
Märchen 74, 115f.
Meditation 187
Meinung 10, 23ff., 54f., 64, 70, 90, 101, 115, 160f., 178, 202f., 221, 237
Melodie 2, 89ff., 93ff., 104f., 110, 116f., 126, 212, 221
Mikrofon 39, 151, 155, 159f., 162, 181, 185, 236ff.
Mimik 129, 184ff.
Mode 117
Moderator 25, 71, 96, 98, 101, 113f., 128, 140, 155f., 158, 179
Modulation 89
Monotonie 17, 78, 112
Mundwerkzeuge 157
Musik 9, 75, 89, 229, 230

Register 245

Muskelanspannung 152, 159f., 164

N

Nachrichten 3, 4, 14, 16f., 24, 37, 41, 43, 50, 59, 70ff., 77f., 87f., 96, 107, 126, 128, 131, 163, 172, 180, 191ff., 195, 222
Nachrichtensprecher 25, 74, 173
Nase 154, 164f., 230
näseln 165
Näseln 164
Nebenakzent 8
Nebenton 8, 18, 40, 44
Nikotin 178f., 235

O

Objektivität 25

P

Parodie 72
Pausenzeichen 47, 62
Persiflage 1
Phonetik 165
Pointe 72, 129, 140ff., 204
  trockene 146
Pult 188f.
Punkt 2, 32f., 36ff., 40, 46ff., 52, 57f., 60ff., 65, 68f., 72ff., 83, 104, 113, 136f., 141, 160, 224f.

R

Raumheizung 178f.
Räuspern 139
Rede 6, 38, 75, 113, 115, 131, 162, 186, 201
  direkte 62
  indirekte 116
  wörtliche 62f., 71, 207
Referat 71, 113, 235
Regisseur 28, 90, 167, 221, 236
Relativpronomen 56
Relativsatz 51, 106, 194, 198ff., 204
Rhema 50
Rhetorikkurs 186
Rhythmus 17, 60, 108f., 111ff., 126, 137ff., 194ff., 199f., 207f.
Rippenatmung 152

S

Sachtext 71, 197, 199, 239
Satire 1, 71, 222, 225
Satz
  einfacher 1, 6, 13, 131
  erster 1ff., 5, 7, 20, 26f., 30, 33, 47f., 52, 111, 128, 134, 204f.
  letzer 86
  letzter 75, 78, 113f., 143, 147, 203, 208
Satzbogen 61
Satzteile 143
  übereinanderstapeln 111
Satzzeichen 16, 33f., 41, 47, 60f., 64f., 71, 214
Sauerstoff 156f.
Schauspieler 11, 53, 55, 75, 90, 93, 104, 117, 140, 143, 148, 151, 155ff., 186, 222
Schlagzeile 7ff., 13, 16f., 19, 32, 43f., 48, 192ff., 215
Schlüsselbeinatmung 152
Schlusssatz 113, 143
Schnellsprechsätze 165f., 232
Schrift 42, 175
  nichtproportionale 42
  proportionale 42
Semikolon 47
Serifen 42
S-Fehler 157, 177
Siebs 11, 138
Silbenbetonungen 9
Sokrates 5
Spannung 76f., 82, 88, 100, 111, 115, 129, 140, 145, 149, 151, 161, 185, 187, 203f., 214
Sport 95, 136
Sportberichte 70, 73, 127, 222f., 225
Sprachgefühl 57, 59
Sprechen
  freies 127f., 186
  hinten 159f.
  lautes 159, 165f., 232
  schön 184

vorne 158, 160
zwei Personen 141
Sprecherziehung 176
Sprechmelodie 33, 94f.
Sprechstimmlage 105, 116, 163ff.
Sprechtechnik 151
Sprechübungen 95, 177f.
Sprechzeichen 38ff., 47, 61, 64, 230
Stammsilbe 11ff.
Statement 114, 128
Staupause 40, 43, 54, 66ff.
Stilmittel 71, 75, 96, 104, 127
Stimmbildner 160, 162, 181
Stimmbildung 155f., 158
Stimme
  falscher Sitz 158
  hohe 118
  kehlig 159f., 164
  tiefe 87
  tiefer 118
  verhaucht 162, 163
  vorne 159
Stimmfarbe 115ff., 126, 141
Stimmführung 2, 40, 60f.
Stimmlage 95, 105ff., 126, 163f., 200
Stimmlippen 155
Stimmstörungen 164, 178f.
Stimmumfang 105, 116, 164
Substantiv 5, 6, 8, ff., 17, 51, 60, 136

T

Telefonnummer 137f.
Telefonnummern 138
Tempo 51, 61, 64, 76,ff., 80ff., 86ff., 89, 105, 107f., 110, 126f., 202f., 206ff.
Tempoverschiebung 77, 80f.
Text 1ff., 5, 7, 12, 17f., 20, 25ff., 31, 33, 35f., 38ff., 46ff., 53, 58f., 64, 68, 70ff., 80, 83, 85, 91, 94ff., 101ff., 109, 112ff., 116ff., 122f., 126ff., 138, 153ff., 166, 181ff., 191, 196f., 199, 202, 204, 208ff., 215, 219, 222, 225, 228, 230f., 235, 236f., 239
  emotionalisierender 71, 78
  literarischer 128f., 175

  Literarischer 203, 209, 215, 228
Textzusammenhang 10, 18, 21, 26, 34, 65, 130
Theatertext 24, 75
Thema 9, 50, 58f., 75, 119, 130, 148, 159, 200f.
Themenmarke 128
Titel 42, 46, 96, 97ff., 138, 171f., 210
Ton 2, 15, 19f., 55, 89, 92f., 95, 102, 105, 131, 147, 163, 193, 200, 208, 212, 216, 225
Tonlage 105, 108

U

Überbetonung 25, 26, 80, 91
Überschrift 128ff.
Übung 8, 12, 14, 16, 21, 32, 38f., 44, 47, 85, 96, 100, 160, 166f., 181f.
  sinnentleerte 166
  sinnleere 166
Übungen 153, 159, 167, 168, 176, 188, 191, 230, 232
  sinnentleerte 178
Umbruch 84
Unterkiefer 158, 160f., 165, 177
Unterricht 7, 11, 38, 91, 95, 126, 154f., 163, 168, 181
Unterspannung 187
Unterton 92ff., 97, 117, 218, 229

V

Verb 2, 6, 14, 117, 140
Verben 116
  geteilte 16, 35
Vergleich 11, 30, 31, 44, 52, 72
Verkehrshinweise 126
Verneinung 19ff., 48
Versprecher 7, 166, 179ff., 184, 188, 235, 237
Vorsatz 104, 212
Vortrag 27, 52, 80, 113, 127f., 180, 181, 183f., 187, 219

W

Werbung 22, 28, 82, 86, 88, 101ff., 114, 117, 219f.
Wetterbericht 72, 74, 126, 196
Witze 140f., 144ff., 148, 181
Wort
  letzes 16
  letztes 15f., 35, 154f.
Wortbetonung 11ff., 114
Wörter 2f., 5ff., 11ff., 18, 21, 23, 26, 32, 38, 63, 72, 80, 95, 114, 147, 168f., 172, 174, 176, 178, 181, 183f., 192, 194f., 228
  zusammengesetzte 11, 13, 170, 172

Z

Zahlen 130, 132f., 135, 137f.
Zahlwort 39
Zeitempfinden 52
Zusammensetzung 75
  adverbiale 18
Zwerchfell 151f.

Hörbeispiele

Übungen zum Thema	
1-6	Betonung
7	Pausen
8	Nachrichten
9	Betonung
10-16	Pausen
17	Melodiebogen
18	Wörtliche Rede
19, 20	Satzzeichen
21-23	Unterton
24-26	Werbung
27, 28	Tempo, Lautstärke
29	Werbung
30-37	Unterton
38	Werbung
39, 40	Stimmlage
41-44	Rhythmus
45	Stimmfarbe
46-49	Zwei Personen sprechen
50-52	Zahlen
53-61	Witze und Doubletake
62	Hinten sitzende Stimme
63	Fester Unterkiefer
64	Verhauchte Stimme
65, 66	Phonetik
67-69	Nachrichten
70	Wetterbericht

71, 72	Sachtext
73-79	Literarische Texte
80, 81	Fabel
82, 83	Werbung
84	Satire
85	Zwei Personen sprechen

Printed in Great Britain
by Amazon